Keller **Arbeitspolitik im öffentlichen Dienst**

Modernisierung des öffentlichen Sektors **Sonderband 36**

Herausgegeben
von

Jörg
Bogumil — Ruhr-Universität Bochum, Fakultät für Sozialwissenschaft

Dietrich
Budäus — Universität Hamburg, Arbeitsbereich Public Management

Gisela
Färber — Hochschule für Verwaltungswissenschaften, Speyer

Wolfgang
Gerstlberger — University of Southern Denmark, Department of Marketing & Management, Research Group Integrative Innovation Management

Sabine
Groner-Weber — Bundesministerium für Verkehr, Bau und Stadtentwicklung, Grundsatzabteilung, Berlin

Werner
Jann — Universität Potsdam, Wirtschafts- und sozialwissenschaftliche Fakultät

Achim
Meerkamp — Vereinte Dienstleistungsgewerkschaft, Bundesvorstand, Berlin

Renate
Meyer — Wirtschaftsuniversität Wien, Institut für Public Management

Erika
Mezger — Deputy Director, European Foundation for the Improvement of Living and Working Conditions (Eurofound), Dublin

Frieder
Naschold † — Wissenschaftszentrum Berlin für Sozialforschung

Isabella
Proeller — Universität Potsdam, Lehrstuhl für Public und Nonprofit Management

Christoph
Reichard — Universität Potsdam, Wirtschafts- und sozialwissenschaftliche Fakultät

Heinrich
Tiemann — Staatssekretär des Auswärtigen Amts a.D., Berlin

Göttrik
Wewer — Geschäftsführer der Nationalen Anti-Doping Agentur Deutschland, Bonn

Gedruckt mit freundlicher Unterstützung der Hans-Böckler-Stiftung.

Berndt K. Keller

Arbeitspolitik im öffentlichen Dienst

Ein Überblick über
Arbeitsmärkte und Arbeitsbeziehungen

Eine Studie der Hans-Böckler-Stiftung.

Die ‚gelbe Reihe' »Modernisierung des öffentlichen Sektors« im Internet:
www.gelbereihe.de

Bibliografische Information der Deutschen Nationalbibliothek

Die Deutsche Nationalbibliothek verzeichnet diese Publikation in der Deutschen Nationalbibliografie; detaillierte bibliografische Daten sind im Internet über http://dnb.d-nb.de abrufbar.

ISBN 978-3-8360-7286-1
ISSN 0948-2555

Copyright 2010 by edition sigma, Berlin.

Alle Rechte vorbehalten. Dieses Werk einschließlich aller seiner Teile ist urheberrechtlich geschützt. Jede Verwertung außerhalb der engen Grenzen des Urheberrechtsgesetzes ist ohne schriftliche Zustimmung des Verlags unzulässig und strafbar. Das gilt insbesondere für Vervielfältigungen, Mikroverfilmungen, Übersetzungen und die Einspeicherung in elektronische Systeme.

Druck: Rosch-Buch, Scheßlitz   Printed in Germany

Inhalt

1.	**Einleitung und Problemstellung**	7
1.1	Einleitung	7
1.2	Problemstellung	13
2.	**Beschäftigung und Arbeitsmärkte des ÖD**	19
2.1	Entwicklung der Beschäftigung	20
2.2	Strukturverschiebungen und Determinanten der Personalausgaben	28
2.3	Atypische Beschäftigung: Formen und Erklärung	32
2.4	Schlussfolgerungen und Ausblick	39
3.	**Arbeitgeber und ihre Verbände**	43
3.1	Kommunale Arbeitgeberverbände	44
3.1.1	Die Ebene der Kommunen	44
3.1.2	Der Dachverband	48
3.2	Die Organisation der Länder	51
3.3	Die Willensbildung auf Bundesebene	53
3.4	Erklärungen	55
3.5	Verhandlungsstrukturen und aktuelle Veränderungen	63
4.	**Gewerkschaften und Interessenverbände**	69
4.1	Gewerkschaften	69
4.2	Interessenverbände	78

5.	**Das System der Tarifverhandlungen und seine Veränderungen**	85
5.1	Strukturen der Kollektivverhandlungen und ihre Veränderungen	85
5.2	Folgen der institutionellen Veränderungen	90
5.3	Materielle Veränderungen bei Kommunen und Bund	99
5.4	Materielle Veränderungen bei den Ländern	108
5.5	Der Krankenhausbereich	114
5.6	Streiks im ÖD	117
6.	**Interessenpolitik der Beamtenverbände**	125
6.1	Strukturen und Optionen der Interessenvertretung	125
6.2	Aktuelle Entwicklungen	130
7.	**Schluss**	137
	Literatur	142
	Abkürzungsverzeichnis	156
	Verzeichnis der Abbildung und Tabellen	159

1. Einleitung und Problemstellung

1.1 Einleitung

Die Arbeitsbeziehungen im öffentlichen Dienst (im Folgenden ÖD) finden in der fachwissenschaftlichen und öffentlichen Diskussion der Bundesrepublik von jeher kaum Beachtung. Die anhaltende Fixierung auf die „industriellen Beziehungen" der Privatwirtschaft, vor allem des produzierenden Gewerbes, ist jedoch theoretisch unbegründet und empirisch unberechtigt: Der ÖD weist eine Reihe von wesentlichen rechtlichen und empirischen Besonderheiten auf, die eine Übertragung von Erkenntnissen aus privatwirtschaftlichen Kontexten unmöglich machen.[1] So hat der Staat als korporativer Akteur eine ungewöhnliche Doppelfunktion: Er ist nicht nur – wie in der Privatwirtschaft – Gesetzgeber, d.h. er normiert und reguliert nicht nur die Rahmenbedingungen, sondern ist zugleich auch (der größte und wichtigste) Arbeitgeber, der an der kollektiven Aushandlung bzw. Festsetzung der Arbeitsbedingungen aller Arbeitnehmer des ÖD unmittelbar und aktiv beteiligt. Daher gilt: „It is important to recognize at the outset ... that the public sector is a special case of bargaining and employment practice" (Katz et al. 2008, S. 345).

1. Von grundlegender Bedeutung für jede Untersuchung der Arbeitsbeziehungen ist die rechtliche und tatsächliche Trennung der Beschäftigten in Statusgruppen (Dualismus von privatrechtlichem Arbeitnehmerstatus von Arbeitern und Angestellten sowie öffentlich-rechtlichem Dienstverhältnis der Beamten). Erst 2005 beseitigte ein völlig neuer Tarifvertrag die traditionellen rechtlichen Unterschiede zwischen Arbeitern und Angestellten (vgl. Kap. 5), so dass die aktuellen Teile unserer Analyse lediglich zwischen Tarifbediensteten und Beamten differenzieren.

Beamte verfügen nach herrschender Rechtsprechung und Rechtslehre im Gegensatz zu allen anderen Arbeitnehmern nur über eine eingeschränkte Koalitionsfreiheit: Sie haben das Recht, sich in Interessenverbänden zusammenzuschließen (Art. 9. Abs. 3 GG), nicht aber das Kollektivverhandlungs- und Streikrecht, das stärkste Mittel der Interessendurch-

---

[1] Der varieties of capitalism-Ansatz (Hall/Soskice 2001; Hamann/Kelly 2008) unterstellt im internationalen Vergleich implizit eine institutionelle Kongruenz der Regulierungsprinzipien zwischen Privatwirtschaft und ÖD in Bezug auf Koordination und Komplementarität, allerdings ohne den ÖD explizit in die Analyse einzubeziehen.

setzung. Diese an traditionellen deutschen Staats- bzw. Verwaltungsvorstellungen orientierte Unterscheidung lässt sich in ihren Grundzügen bis weit vor die Bismarcksche Reichsverfassung zurückverfolgen. Sie wurde in der Gründungsphase der Bundesrepublik durch die Restaurierung der „hergebrachten Grundsätze des Berufsbeamtentums" (Art. 33 Abs. 5 GG)[2] beibehalten bzw. wieder hergestellt und prägte seitdem entscheidend auch die Arbeitsbeziehungen. Zu ihren wesentlichen, an das Weber'sche Bürokratiemodell erinnernden rechtlichen Grundsätzen gehören: Lebenszeitprinzip, Leistungs- und Laufbahnprinzip, Alimentationsprinzip, parteipolitische Neutralität, Fürsorgepflicht, Versorgungsleistungen.

Die Notwendigkeit bzw. Sinnhaftigkeit dieser grundlegenden Unterscheidung von Statusgruppen wird seit den späten 1960er Jahren immer wieder in Zweifel gezogen (Studienkommission 1973; Ellwein/Zoll 1973, Bull 2006). Die formalrechtliche Trennung ist häufig von der Funktion her kaum noch zu rechtfertigen und aus der konkreten Aufgabenstellung nicht mehr abzuleiten (Derlien 2008a); die individuelle Zuordnung seitens des Dienstherrn folgt häufig finanziellen bzw. finanzpolitischen Kalkülen und nicht festen rechtlichen Grundlagen. In der Realität vermischten sich die Tätigkeitsfelder und -inhalte der Dienstverhältnisse zunehmend; es kam zu einer wechselseitigen Angleichung bzw. Nivellierung.

Da trotz der andauernden Kritik keine fundamentalen Änderungen der rechtlichen Rahmenbedingungen erfolgten und auch in absehbarer Zukunft keine verfassungsändernden Mehrheiten mit dem Ziel einer Vereinheitlichung des Dienstrechts zu erwarten sind, ist diese grundlegende Unterscheidung für die folgende Analyse der Arbeitsbeziehungen konstitutiv; sie ist Teil einer im Vergleich zur Privatwirtschaft hochgradigen, jedoch sektorspezifisch ausgeprägten Form von „Verrechtlichung".

Anders formuliert: In international komparativer Perspektive lassen sich drei Muster bei der Regulierung von Arbeitsbeziehungen des ÖD unterscheiden (Traxler 1998a, Traxler et al. 2001; Masters et al. 2008):

– Collective bargaining als einziges oder dominierendes Verfahren,
– mehr oder weniger einseitig-autoritative Regulierung durch öffentliche Befugnisse
– sowie Mischformen.

---

2   Art. 33 Abs. 4 GG bedeutet die institutionelle Gewährleistung des Berufsbeamtentums: „Die Ausübung hoheitsrechtlicher Befugnisse ist als ständige Aufgabe in der Regel Angehörigen des öffentlichen Dienstes zu übertragen, die in einem öffentlich-rechtlichen Dienst- und Treueverhältnis stehen" (Funktionsvorbehalt).

Die Bundesrepublik gehört (ebenso wie Großbritannien und die USA) definitiv zur dritten Gruppe mit zwei unterschiedlich ausgeprägten, nahezu hybriden Subsystemen, deren quantitative Relation sich im Zeitverlauf kaum verändert. Im Gegensatz zu anderen EU-Mitgliedsländern gibt es keine Zunahme der „importance of bilateral methods ... in the form of collective bargaining" (Nomden et al. 2003, S. 420).

Im internationalen Vergleich der EU- oder OECD-Länder stellt die Existenz einer besonderen Statusgruppe mit spezifischen Rechten und Pflichten („besonderes Dienst- und Treueverhältnis") keine Besonderheit dar; deutliche Unterschiede bestehen aber hinsichtlich ihrer Größe (Demmke 2006). In der Bundesrepublik sind über ein Drittel aller im ÖD Beschäftigten Beamte (vgl. Kap. 2). Die formal-rechtliche Trennung der Regulierungsmodelle verläuft nicht zwischen Privatwirtschaft und ÖD, sondern innerhalb des ÖD, in dem das den institutionellen Rahmenbedingungen der Privatwirtschaft entsprechende Tarif- und das andersartige Gesetzesmodell nebeneinander bestehen („Zweigleisigkeit des Dienstrechts").

2. Die Arbeitsbeziehungen der Privatwirtschaft sind traditionell – im Gegensatz etwa zu den „monistischen" der angelsächsischen Länder (international vergleichend Bamber et al. 2010) – „dual" gestaltet (einführend Müller-Jentsch 1997; Keller 2008a). Dieses Strukturprinzip bedeutet, dass die rechtlich-institutionellen Grundlagen, Verfahren und Instrumente sowie korporativen Akteure der Interessenvertretung auf betrieblicher und überbetrieblich-sektoraler Ebene formalrechtlich voneinander getrennt sind; faktisch weisen sie jedoch enge Beziehungen bzw. wechselseitige Abhängigkeiten auf („widersprüchliche Einheit").

Auch im ÖD besteht eine „duale", jedoch unterschiedlich fundierte Struktur:

- In Bezug auf die „betriebliche" Mitbestimmung der Arbeitnehmer gilt nicht wie in der Privatwirtschaft das Betriebsverfassungsgesetz (BetrVG), sondern eigenständige, öffentlich-rechtliche Regelungen in Form der Personalvertretungsgesetze des Bundes (BPersVG) und der Länder (LPersVG) (aus juristischer Perspektive Altvater et al. 2008; Altvater/Peiseler 2009). Aufgrund dieser rechtlichen Zersplitterung ist keine Einheitlichkeit der Interessenvertretung gegeben; die Existenz von Interessengegensätzen zwischen Leitung der Dienststelle und Vertretung der Beschäftigten wird prinzipiell auch im ÖD anerkannt. Die PersVG stellen sektorspezifische, funktionale Äquivalente zum BetrVG dar; sie garantieren ähnliche, in ihrer Intensität sorgsam abgestufte „collective-voice"-Rechte der Mitbestimmung, Mitwirkung, Anhörung, Beratung und Unterrichtung zur Einschränkung der „management prerogatives" wie das BetrVG, vor allem in sozialen, personalen und innerdienstlich-organisatorischen, nicht hingegen in wirtschaftlichen Angelegenheiten (im Überblick Dörr 2009). Beide Varianten der „betrieblichen" Partizipation sind verrechtlichter, repräsentativer und kollektiver – und nicht vertraglicher, direkter und individueller Natur. Die öffentlichen Arbeitgeber ziehen die bestehenden Regelungen nicht prinzipiell in Zweifel. Die Deckungsraten, d.h. der Anteil der durch Personalräte vertretenen an allen Beschäftigten, liegt bei über 90 % (vgl. Kap. 5.2).

Die korporativen Akteure auf der Ebene der einzelnen Dienststelle sind Personalräte als von Gewerkschaften und Interessenverbänden formal unabhängige Vertretung aller Beschäftigten und Leitung der Dienststelle.[3] Personalvertretungen sind – wie betriebliche Interessenvertretungen in der Privatwirtschaft – gesetzlich verpflichtet zur „vertrauensvollen Zusammenarbeit" mit der Leitung „zum Wohle der Beschäftigten und zur Erfüllung der der Dienststelle obliegenden Aufgaben" (§ 2 Abs. 1 BPersVG); diese rechtlichen Vorgaben fördern das Entstehen sowie den Bestand kooperativer Arbeitsbeziehungen. Personalräte unterliegen aufgrund dieser Generalklausel einer strikten Friedenspflicht, d.h. sie dürfen im Gegensatz zu Gewerkschaften keine Arbeitskämpfe führen. Die Zahl ihrer Mitglieder steigt mit der Zahl der Beschäftigten. Die Zusammensetzung folgt dem Gruppenprinzip, d.h. Tarifbedienstete und Beamte sind gemäß ihrem Anteil an den Beschäftigten der Dienststelle vertreten (Prinzip der proportionalen Repräsentation). In Bezug auf Beamte bestehen einige Einschränkungen der Rechte.

– Auf der überbetrieblich-sektoralen Ebene hat der unterschiedliche Rechtsstatus der Beschäftigten erhebliche Konsequenzen für die Institutionen und Formen der Interessenvertretung: Für die Tarifbediensteten gilt, wie in der Privatwirtschaft, uneingeschränkt das Prinzip der Tarifautonomie (Art. 9 Abs. 3 GG). Gewerkschaften und Arbeitgeber(-verbände) führen Kollektivverhandlungen, die mit Streikdrohungen und Streiks verbunden sein können (vgl. Kap. 5). Für die Dienstverhältnisse der Beamten hingegen besteht eine einseitige Re-

---

3 Analoge Regelungen zur überbetrieblichen (oder Unternehmens-)Mitbestimmung der Privatwirtschaft (vor allem Drittelbeteiligungsgesetz von 2004, Mitbestimmungsgesetz von 1976) existieren im ÖD im engeren Sinne nicht, da sie die hoheitlichen Rechte des Parlaments einschränken würden bzw. mit dessen Entscheidungsprärogative unvereinbar wären. Hingegen bestehen in öffentlichen Unternehmen, die unterschiedliche Rechtsformen haben, Beteiligungsrechte.

gelungsgewalt des Dienstherrn bzw. der Parlamente; die Interessenverbände verfügen lediglich über bestimmte Anhörungs- und Beteiligungsrechte bei der Vorbereitung allgemeiner Regelungen der beamtenrechtlichen Verhältnisse (vgl. Kap. 6); diese Rechte zur Mitgestaltung der politischen Entscheidungen werden in den Beamtengesetzen garantiert.

3. Eine weitere Besonderheit des ÖD ergibt sich aus seinen rechtlich-institutionellen Rahmenbedingungen. Der im Grundgesetz verankerte föderalistische Staatsaufbau der Bundesrepublik bewirkt eine spezifisch vertikal gestaltete, strikt geregelte Verteilung aller öffentlichen Aufgaben, Finanzen sowie Beschäftigten zwischen Bund, Ländern und Gemeinden/Gemeindeverbänden. Die Länder bilden autonome Einheiten, welche die Verantwortung für wesentliche Teile des Aufgabenspektrums (u.a. Erziehung, Wissenschaft, Polizei) übernehmen und innerhalb des ÖD der größte Arbeitgeber sind (vgl. Kap. 2).

Im Gegensatz zu anderen föderalistisch organisierten Ländern (wie Australien, USA oder Kanada) hatte dieser Staatsaufbau bis in die jüngste Vergangenheit keine Konsequenzen für die Regulierung der Arbeitsbeziehungen, die auch im ÖD durch zentral-einheitliche Vorgaben und Verfahren charakterisiert waren. Für die Arbeiter und Angestellten aller Gebietskörperschaften fand im Wesentlichen eine Tarifverhandlung statt, die korrespondierenden, ebenfalls einheitlichen Regelungen für die Beamten erfolgten bis zur Föderalismusreform I durch Gesetzgebung des Bundestages. Diese über Jahrzehnte stabilen Strukturen verändern sich in den 2000er Jahren; verschiedene Trends der Dezentralisierung, vor allem deren erhebliche Konsequenzen sowohl für den Tarif- als auch für den Beamtenbereich sind im Einzelnen zu analysieren (vgl. Kap. 5 und 6).

4. Last but not least: Die deutsche Vereinigung im Jahre 1990 machte eine grundlegende Strukturreform bzw. einen vollständigen Neuaufbau auch des gesamten ÖD in den neuen Ländern erforderlich (als Überblick Seibel et al. 1993, allgemein Schroeder 2000). Die Kommunalverwaltungen mussten restrukturiert und die in der DDR abgeschafften Länderverwaltungen völlig neu aufgebaut werden; die überdimensionierte Zentralverwaltung wurde weitgehend überflüssig. Diese Prozesse des Übergangs von einer sozialistischen, zentralen Plan- in eine kapitalistische, dezentrale soziale Marktwirtschaft erwiesen sich als langwierig und schwierig (u.a. Aufbau einer funktions- und leistungsfähigen Finanz- und Steuerverwaltung, einer rechtsstaatlich-unabhängigen Justizverwaltung, der allgemeinen Länderverwaltungen, einer effizienten Sozialversicherungs- und Arbeitsverwaltung).

Sämtliche in der „alten" Bundesrepublik geltenden tarif- bzw. beamtenrechtlichen Rahmenregelungen, verbandliche Organisationsprinzipien sowie Strukturen und Verfahren der Interessenvertretung wurden im Prozess der Vereinigung ohne wesentliche Änderungen auf die neuen Länder übertragen. Die westdeutschen Verbände sowohl der Arbeitnehmer als auch der Arbeitgeber des ÖD mobilisierten, ähnlich wie die der Privatwirtschaft, erhebliche finanzielle und personelle Ressourcen, um ihre Organisationsdomänen durch Verbandsgründungen frühzeitig und vollständig auszudehnen und ihre neuen Mitglieder in die Verbandsarbeit zu integrieren. Die Arbeitgeber vor allem der kommunalen und Länderebene mussten ihre Verbände völlig neu aufbauen, um verlässliche Partner für Kollektivverhandlungen zu etablieren (Rosdücher 1994). Die Gewerkschaften, die kaum mit den alten FDGB-Organisationen kooperieren konnten, hatten nach anfänglichen Organisationserfolgen mit erheblichen, andauernden Mitgliederverlusten zu tun.

Neben den Verbandssystemen wurden, ähnlich wie in anderen Politikfeldern, die gesetzlichen Rahmenvorgaben (u.a. Tarifautonomie, Mitbestimmung, Bundesbeamtengesetz, Beamtenrechtsrahmengesetz) rasch und vollständig im Verhältnis eins zu eins übertragen, so dass das Institutionengefüge keine formalen Unterschiede aufwies (Henneberger/Keller 1992; Keller 1993b). – Der bereits skizzierte Dualismus der Dienstverhältnisse wurde festgeschrieben. Allerdings blieb nach der generellen Wiedereinführung des in der DDR abgeschafften Berufsbeamtentums der Umfang der Verbeamtung in allen neuen Ländern im Vergleich zu den alten gering und zumeist auf die „klassischen" Kernfunktionen der Hoheitsverwaltung im engeren Sinne beschränkt (u.a. Polizei, Justiz-, Ministerial- sowie Finanz- und Steuerverwaltung).

Die quantitativen Angleichungsprozesse an die westdeutschen Beschäftigungsbedingungen dauerten eine Reihe von Jahren und führten, vor allem aufgrund der zunehmenden finanziellen Restriktionen aller öffentlichen Haushalte, zu einem erheblichen Personalabbau (zu Einzelheiten DIW 1998; Bogumil/Jann 2009).[4] Differenzen in den Einkommens- und Arbeitsbedingungen (u.a. Wochenarbeitszeit, Jahressonderzahlungen) be-

---

4   Das Äquivalent zum ÖD in der DDR galt (mit über zwei Mio. Beschäftigten, einschl. Polizei und Geheimdienst) im Vergleich zum ÖD der Bundesrepublik als quantitativ übersetzt. Neben einem erheblichen Stellenabbau, der strukturelle und politische Gründe hatte, erfolgten Sonderregelungen zur „sozialen Arbeitszeitverteilung". Auf diese Sondersituation, in der nicht nur über die Höhe der Entgelte, sondern auch über die der Beschäftigung verhandelt wurde, gehen wir nicht näher ein (zu Einzelheiten Rosdücher 1997).

standen länger als ursprünglich – nicht nur von Gewerkschaften und Interessenverbänden – erwartet (Bispinck/WSI-Tarifarchiv 2008, S. 206f; 2010, S. 59ff.). Zunächst stand eine möglichst rasche Anpassung der Löhne und Gehälter an das westdeutsche Niveau im Mittelpunkt. Bei enger werdenden Verteilungsspielräumen verschlechterten sich die Durchsetzungschancen sowohl von Einkommensverbesserungen als auch der Vereinheitlichung der Arbeitszeiten. Nach anfänglichen Verbesserungen erfolgten die weiteren Angleichungen schrittweise und in ähnlicher Geschwindigkeit wie in den wichtigen Branchen der Privatwirtschaft.

1.2 Problemstellung

1. Aufgrund seiner Besonderheiten und der resultierenden Unterschiede der Regulierungsformen ist eine gesonderte und eigenständige Behandlung des ÖD notwendig. In dieser Hinsicht stellt seine Vernachlässigung in der Bundesrepublik im internationalen Vergleich eine Ausnahme dar: Vor allem in den angelsächsischen Ländern (Belman et al. 1996; Bach/Winchester 2004) sowie in der komparativen Literatur ist der „public sector" traditionell integrierter Teil einer breit angelegten Analyse des Fach- und Forschungsgebiets der „labor" bzw. „employment relations" (Treu 1987; Gladstone et al. 1989; Olsen 1996; Bach et al. 1999; Dell'Aringa et al. 2001; Bordogna 2008a; 2008b; Casale/Tenkorang 2008).

Diese aus arbeits- und sozialpolitischer Perspektive relevanten Entwicklungen bleiben in den bisher vorliegenden Bänden der Reihe „Modernisierung des öffentlichen Sektors" – ebenso wie in der übrigen Literatur (Killian/Schneider 1998) – weitgehend unberücksichtigt. Demgegenüber wurden Reformkonzepte und -verfahren des „Neuen Steuerungsmodells", der in der Bundesrepublik dominierenden Variante des etablierten, angelsächsischen „new public management", im Laufe der Jahre mehrfach behandelt und umfangreich dokumentiert.[5] Insofern schließt dieser Band eine erstaunlicherweise bestehende, wichtige Lücke des Themenspektrums der „Gelben Reihe" und leistet einen problemorientierten Beitrag zur seit

---

5   Wichtige Komponenten sind u.a.: Dezentralisierung der Ressourcenverantwortung, Budgetierung, Produktdefinition, externer Wettbewerb und interne Vergleiche, Qualitätsmanagement, Bürgerbeteiligung, Kontraktmanagement, Controlling, Personal- und Organisationsentwicklung (als Einführung KGSt 1993). Diese Elemente der deutschen Version von Modernisierung des ÖD sind aus Erfahrungen und Diskussionen anderer EU-Länder weitgehend bekannt (Pollitt et al. 2007).

den frühen/mittleren 1990er Jahren geführten Diskussion um notwendige Verwaltungsreformen und administrative Modernisierung.[6]

Anders formuliert: Im Mittelpunkt stehen die Veränderungen der Regulierung von Arbeit in ihrer eigentümlich-sektorspezifischen Ausprägung, vor allem die Politikhaltigkeit der organisatorischen Entwicklungsformen und -prozesse, die nicht extern vorgegeben, sondern durch spezifische Interessen geleitet und von den korporativen Akteuren beeinflussbar sind bzw. innerhalb bestimmter Bandbreiten gestaltet werden.

2. In Bezug auf die Strukturierung bzw. Gliederung sind folgende Überlegungen Erkenntnis leitend. Der Beitrag bietet nicht, wie zumeist üblich, eine juristische und/oder historische, sondern eine sozialwissenschaftlich fundierte Analyse, die notwendigerweise eine interdisziplinäre Ausrichtung erfährt. Da der ÖD Gegenstand der Untersuchung ist, sind nicht nur soziologische und ökonomische Perspektiven relevant, sondern vor allem politik- und verwaltungswissenschaftliche Dimensionen wichtiger als in Analysen zur Privatwirtschaft.

Den zeitlichen Schwerpunkt des Bandes bilden die seit der deutschen Vereinigung eingetretenen Veränderungen. Dieser Zeitraum von zwei Jahrzehnten ist hinreichend lang, um die mittel- und langfristigen Trends und Perspektiven für die Arbeits- und Beschäftigungsbedingungen erkennen und einschätzen zu können. Ältere Sachverhalte werden nur insofern einbezogen, als sie für aktuelle Entwicklungen konstitutiv und für deren Verständnis notwendig sind.

Im Einzelnen gilt im Sinne einer zunächst negativen Abgrenzung:

- Die Interessenvertretung auf der dezentralen Ebene der einzelnen Dienststelle finden keine explizite Berücksichtigung; im Mittelpunkt steht die überbetrieblich-sektorale Ebene, da auf dieser Ebene nach wie vor die Kollektivverhandlungen für die Tarifbediensteten geführt und auch die Regelungen für die Beamten getroffen werden. Die er-

---

[6] In vergleichender Perspektive gilt: „Das öffentliche Beschäftigungsregime anglo-amerikanischer Länder (Großbritannien, Neuseeland, Australien, Kanada, USA) ist geprägt von einer relativen Offenheit gegenüber den Instrumenten des NPM und dem Verzicht auf kollektive Lohnvereinbarungen. Das öffentliche Beschäftigungssystem deutsch/französischer Prägung (Deutschland, Österreich, Frankreich, Belgien) ist durch die Orientierung an der legalistischen Aufgabenerfüllung, geschlossene Karrieresysteme und kollektive Lohnvereinbarung charakterisiert. Letzteres gilt auch für das skandinavische öffentliche Beschäftigungsregime (Dänemark, Finnland, Norwegen, Schweden), welches sich jedoch im Gegensatz zum deutsch/französischen Regime offener für die Ideen des NPM zeigt und von daher als gemischt gekennzeichnet werden kann" (Tepe et al. 2008, S. 393).

wähnte Tatsache, dass Probleme der Personalräte empirisch bisher kaum bearbeitet wurden (zu den Ausnahmen Keller/Schnell 2003, 2005), erweist sich für unsere Untersuchung als nicht relevant.
– Die offizielle Statistik unterscheidet zwischen unmittelbarem und mittelbarem ÖD.[7] Unsere materielle Analyse konzentriert sich auf den unmittelbaren ÖD, der den weitaus größeren Teil der Beschäftigung umfasst. – Die umfangreichen Privatisierungsmaßnahmen, vor allem in den Infrastrukturbereichen, werden berücksichtigt (vgl. Kap. 2), aber nicht in sämtlichen Folgen detailliert behandelt.
– Die detaillierte Behandlung der Fragen und Probleme, welche die andauernden Prozesse der europäischen Integration für die Arbeitsbeziehungen des nationalen ÖD zweifellos stellen (Jacobi/Keller 1997), würde den Rahmen bzw. maximal möglichen Umfang dieses Bandes sprengen.[8]
– Die Auseinandersetzung um die heterogenen Konzepte von „new public management" (NPM) (Budäus 1994; Damkowski/Precht 1999; Naschold/Bogumil 2000) greifen wir nicht im Einzelnen auf. Sie sollen die Lücke zwischen Beschäftigungsmodellen des privaten und öffentlichen Sektors schließen, vor allem aus Kostengründen mehr Marktelemente in den ÖD einführen sowie die Effizienz in Teilbereichen verbessern. Diese zunächst eng wissenschaftliche, später aufgrund des finanziellen Problemdrucks vor allem politische Diskussion betrifft ausschließlich die dezentrale Ebene. Die ebenso relevante überbetrieblich-sektorale Ebene, auf der eigenständig-relevante, jedoch von NPM-Konzepten unabhängige Entwicklungen stattfinden, findet kaum Berücksichtigung. Die Ausklammerung dieser Ebene stellt ein wesentliches Defizit dar, welches es zu beheben gilt.

---

7 Zum ÖD gehören im Sinne der offiziellen Statistik die Gebietskörperschaften (Bund, Länder, Gemeinden und Gemeindeverbände) und die Zweckverbände, die den unmittelbaren ÖD ausmachen, sowie die rechtlich selbständigen öffentlich-rechtlichen Einrichtungen unter Aufsicht von Bund, Ländern, Gemeinden und Gemeindeverbänden. (u.a. Bundesagentur für Arbeit, Deutsche Bundesbank, Sozialversicherungsträger und Träger der Zusatzversorgung), die den mittelbaren ÖD bilden.

8 Möglich sind zwei Perspektiven, ein „horizontaler" Vergleich der ÖD von Mitgliedstaaten (u.a. des Streikrechts oder der Entwicklungen auf lokaler Ebene) (Auer et al. 1996, European Foundation 2010) sowie ein „vertikaler", der die notwendigen Veränderungen nationaler ÖD als Folge von EU-Rahmenvorgaben und Entscheidungen (u.a. Implementation der Arbeitszeitrichtlinie, Einrichtung eines sektoralen Sozialdialogs) thematisiert.

Außerdem ist die empirische Bedeutung des betriebswirtschaftlich geprägten NPM nach wie vor ungeklärt, aber weniger weit reichend, als von ihren Protagonisten ursprünglich erhofft. Aktuell dominiert eine zunehmende Skepsis. Zwischen der Entwicklung von Konzepten und ihrer schwierigen, unvollständigen Implementation besteht eine erhebliche Diskrepanz. Die zunächst vor allem auf die kommunale, später auch auf die Länder- und Bundesebene zielenden Versuche stießen wegen der weitgehenden Autonomie der Länder und Gemeinden und der großen Zahl von Veto-Spielern innerhalb dieser föderalistischen Strukturen auf erhebliche Umsetzungsschwierigkeiten (Eliassen/Sitter 2008, S. 140).[9] Der erwartete Paradigmenwechsel vom traditionalen Weberschen Bürokratie- zum NPM-Modell findet jedenfalls nicht statt (Bogumil/Jann 2009).

In komparativer Perspektive gelten folgende Befunde: „... the NPM has appeared to vaporize ... Reality eventually sets in, as limitations become clear" (Masters et al. 2008, S. 322). Die Bundesrepublik, in der diese Konzepte vergleichsweise spät aufgegriffen wurden, gehört zu einer „low NPM group" (Hebdon/Kirkpatrick 2005, S. 547). Im internationalen Vergleich zeigt sich eine weitere erstaunliche Diskrepanz:

„In der Tat kam es in Orientierung an den Prinzipien des New Public Management ... zu einer Vielzahl von Reforminitiativen ..., aus denen der institutionelle Rahmen der Arbeitsbeziehungen weitgehend ausgespart blieb – obwohl diese Prinzipien, namentlich die Verlagerung von Kompetenzen auf nachgeordnete Behörden sowie Vermarktlichung und Privatisierung von Leistungen, sich konsequenterweise auch als Richtschnur für analoge Regelungen der Arbeitsbeziehungen anbieten." (Traxler 1998a, S. 241).[10]

Anders formuliert: Bestimmte, im Folgenden zu behandelnde Trends, u.a. die von den Arbeitgebern geforderte Flexibilisierung und Dezentralisierung, kommen zwar auch in NPM-Konzepten vor, sind aber unabhängig zu analysieren. Insofern ergänzen wir die Diskussion um den ausgesparten, zentralen Teil der Arbeitsbeziehungen.

---

9   Eine andere, vergleichende Studie kommt zu einem ähnlichen Ergebnis: „After more than ten years of NSM modernization in Germany, there is no single element of the NSM, which has been implemented by a majority of German local governments" (Kuhlmann 2008, S. 585). Einige Kommunen haben sogar wesentliche Teile ihrer Reform zurückgenommen; in Bezug auf ihre ehrgeizigen Ziele ist „the partial failure of the reform" (Kuhlmann et al. 2008, S. 854) zu konstatieren.

10 An anderer Stelle: „So kann New Public Management im öffentlichen Sektor weitgehend unabhängig von den gegebenen Institutionen der Arbeitsbeziehungen implementiert werden" (Traxler 1998a, S. 258).

3. Der Band hat folgende Gliederung bzw. Struktur:
- Zunächst (Kap. 2) gehen wir auf die Entwicklung der Arbeitsmärkte des ÖD ein. Ihre Analyse steht zwar nicht im Mittelpunkt (im Sinne von „employment relations"), erweist sich aber als Grundlage für das Verständnis von Entwicklungen und Trends der Arbeitsbeziehungen bzw. „labor relations" als notwendig und unverzichtbar. (zu einer ähnlichen Vorgehensweise – bei anderer Zielsetzung der Analyse – Bull 2006). Anders formuliert: Das Personal stellt eine wesentliche Ressource des Staates dar, die zur effizienten Wahrnehmung öffentlicher Aufgaben bzw. Leistungserbringung unverzichtbar ist und daher der gesonderten Analyse bedarf.
- Anschließend behandeln wir, bevor wir auf die einzelnen Politikfelder eingehen, die korporativen Akteure der Interessenvertretung auf der überbetrieblich-sektoralen Ebene unter besonderer Berücksichtigung ihrer Organisationsformen und -probleme. Wir gehen zunächst (Kap. 3) auf die Arbeitgeber ein, insb. ihre Verbände, nicht hingegen auf das Management „vor Ort". Die Informationen und Kenntnisse über diese zentralen Akteure sind – im Gegensatz zur Arbeitnehmerseite – nach wie vor lückenhaft, was u.a. auf defensive Informationspolitik und mangelnde Öffentlichkeitsarbeit zurückzuführen ist. Auch die erwähnte, intensiv geführte Diskussion um die Einführung Neuer Steuerungsmodelle bzw. New Public Management hat diese Wissenslücke nicht wirklich beseitigen können. Daher ist eine im Vergleich zu den Verbänden der Arbeitnehmer ausführliche Behandlung der Arbeitgeber(-verbände) sinnvoll und gerechtfertigt.
- Danach stehen die Interessenvertretungen der Arbeitnehmer im Mittelpunkt (Kap. 4). Die unverzichtbare Analyse der Gewerkschaften muss aufgrund der skizzierten rechtlich-institutionellen Besonderheiten des ÖD um die Behandlung der Interessenverbände der Beamten ergänzt werden – und reicht insofern deutlich über den traditionellen Gegenstandsbereich der Arbeitsbeziehungen hinaus. Diese Verbände finden erstaunlicherweise in der inzwischen recht umfangreichen, sozial- und wirtschaftswissenschaftlichen Verbandsforschung keine Beachtung (zu den Ausnahmen gehört Ellwein 1980).– Bei der Untersuchung der Verbände erfolgt zunächst jeweils eine Analyse ihrer Mitgliederstrukturen („logic of membership"), danach stehen ihre Interessenpolitiken im Mittelpunkt („logic of influence").
- In den folgenden Kapiteln behandeln wir die unterschiedlichen Formen der Einflussnahme, d.h. Kollektivverhandlungen und formale Anhörungsrechte sowie informelle Beteiligung. Wir unterscheiden

jeweils explizit zwischen den etablierten Strukturen und Verfahren, ihren aktuellen Entwicklungen und deren mittel- und langfristigen Konsequenzen. Im Mittelpunkt (Kap. 5) steht zunächst die Tarifpolitik, vor allem ihre materiellen Ergebnisse sowie die eingetretenen Veränderungen.
- Die Interessenpolitik der Beamtenverbände bedarf aus den genannten rechtlich-institutionellen Gründen der besonderen Behandlung (Kap. 6), bei der es u.a. um die faktischen Konsequenzen der rechtlichen Unterschiede geht.
- Abschließend (Kap. 7) befassen wir uns kurz mit relevanten Entwicklungen und deren Folgen für Stabilität und Wandel der Arbeitsbeziehungen.

Insgesamt orientieren wir uns an der bekannten Reihenfolge Akteure – Strukturen – Prozesse. Gelegentlich wählen wir zum besseren Verständnis bzw. zur Verdeutlichung der weitgehend unbekannten Eigenheiten des ÖD als Referenzpunkte Beispiele sowohl aus der Privatwirtschaft als auch aus den ÖD anderer Länder. Internationale Vergleiche, die wir nicht systematisch anstellen, dienen gelegentlich der Plausibilisierung und Verdeutlichung ausgewählter Sachverhalte.

4. In methodischer Hinsicht basiert der Band zunächst auf einer umfangreichen Literatur- und Dokumentenanalyse. Sie erschließt systematisch nicht nur die offiziellen Publikationen in Form verstreut vorliegender Monographien, Sammelbände und Aufsätze, sondern auch die umfangreichen Quellen des so genannten grauen Marktes, z.B. Meldungen, Verlautbarungen und Positionspapiere der Verbände beider Seiten sowie Meldungen in der überregionalen Presse, die zumeist aus aktuellem Anlass, wie dem Abschluss von Tarifverträgen, erfolgen. Eine Reihe von teilstandardisierten Interviews mit Verbandsvertretern ergänzt die methodische Vorgehensweise.

In methodologischer Hinsicht ist der Beitrag dem struktur-individualistischen Paradigma bzw. einer „weichen" Variante von rational choice (Coleman 1990; Esser 1999) verpflichtet; es geht um die „constraints and opportunities" der korporativen Akteure, vor allem um die Veränderungen der Rahmenbedingungen und deren Konsequenzen.

2. Beschäftigung und Arbeitsmärkte des ÖD

Wir beginnen nach den einleitenden Bemerkungen die Analyse der Arbeitsmärkte mit einer kurzen Übersicht über die hochgradig aggregierten Daten, die wir anschließend nach den für unsere folgende Analyse relevanten Kriterien untergliedern (u.a. Status, Ebenen, Geschlecht, Strukturverschiebungen, Personalausgaben, atypische Beschäftigungsverhältnisse). Eine detaillierte Analyse ausgewählter Teilbereiche des ÖD (wie Bildung, Erziehung oder Gesundheit) (Kroos et al. 2010) ist ebenso wenig Gegenstand der Untersuchung wie systematisch angelegte internationale Vergleiche (Hils/Streb 2010; zu Mess- und Abgrenzungsproblemen Tepe 2009).

Die Funktionsweise der Arbeitsmärkte ist stärker als in der Privatwirtschaft dadurch gekennzeichnet, dass neben dem Lohn als Steuerungs- bzw. Ausgleichsmechanismus von Angebot und Nachfrage nicht-marktgesteuerte Allokationsformen wirken und zu einer hochgradigen Verrechtlichung und Formalisierung der Arbeitsbeziehungen führen (Keller/Henneberger 1999). Hierzu gehören:

- gesetzliche Vorgaben (u.a. Beamtengesetze, Rechtsverordnungen),
- formale und informelle Normen und Regeln (u.a. Dienstvereinbarungen, Tarifverträge),
- Institutionen (Personalrat und Dienststelle, Gewerkschaften, Interessenverbände und Arbeitgeberverbände).

Diese nicht-preislichen Koordinationsmechanismen führen dazu, dass die Entgelte selbst Teil eines institutionalisierten Regelungsinstrumentariums werden. Generell verlieren Marktbedingungen zugunsten politischer Faktoren an Bedeutung. Erst seit den frühen 1990er Jahren erfolgt im Rahmen „neuer Steuerungsmodelle" bzw. eines „human resource management"[1] eine programmatisch stärkere Orientierung an betriebswirtschaftlichen Kalkülen und volkswirtschaftlichen Knappheitsrelationen. Vor allem auf kommunaler Ebene kommt es zu Versuchen einer Umgestaltung und Modernisierung von Behörden, die neben der Steigerung der Effizienz und Effektivität auch mehr Bürgernähe anstrebt (im Überblick Blanke et al. 2005).

---

1 Diese Strategien zielen u.a. auf adäquate berufliche Aus- und systematische Weiterbildung, bessere Motivation und mehr direkte Partizipation der Mitarbeiter, Ausweitung von Team- und Projektarbeit, mehr vertikale Mobilität der Beschäftigten.

2.1 Entwicklung der Beschäftigung

1. Die Zahl der Beschäftigten stieg zwischen den 1950er und 1980er Jahren deutlich. Diese stark expansive Entwicklung, die in anderen entwickelten Industrienationen in ähnlicher Form stattfand (zusammenfassend Rose 1985), wurde vor allem durch den politisch gewollten Ausbau des Sozial- und Wohlfahrtsstaates bzw. die säkulare Verschiebung von der Eingriffs- und Hoheits- zur (Dienst-)Leistungsverwaltung verursacht. Die erheblichen Zuwächse traten keinesfalls linear in sämtlichen Tätigkeitsfeldern auf, sondern zu mehr als drei Vierteln in den Bereichen, die in verschiedenen politischen Konjunkturzyklen hohe Priorität besaßen (zunächst Verteidigung, wenig später Bildung, Wissenschaft und Kultur, dann Gesundheit/ Sport/Erholung, schließlich öffentliche Sicherheit und Ordnung) (Autorengemeinschaft 1985, S. 409ff; Keller 1993a). Diese langfristige Entwicklung war nicht Ausdruck der Wagner'schen bzw. Parkinson'schen Gesetze oder bestimmter Modellvorstellungen der ökonomischen Theorie der Politik über ein ungebremstes Wachstum „der Bürokratie", sondern dokumentierte den grundlegenden Wandel des Verständnisses vom Staat und seinen Aufgaben.

Die Personalzuwächse im Rahmen einer bewussten Ausweitung der Staatstätigkeit (u.a. Planung und Schaffung der Infrastruktur, staatliche Sozialpolitik und dadurch Sozialverwaltung, Wirtschaftsgestaltung) waren nicht kontinuierlich; sie waren in den 1960er und 1970er Jahren (mit durchschnittlich etwa 2,4% pro Jahr) höher als in den 1980er Jahren (mit durchschnittlich 0,6% pro Jahr), insgesamt aber erheblich. Anders formuliert: In den 1960er und 1970er Jahren erfolgten relativ viele Neueinstellungen, seit den 1980er Jahren nur noch wenige.

Im Übrigen wurden die Beschäftigungspolitiken der einzelnen öffentlichen Arbeitgeber nicht koordiniert, sondern bestanden aus einem unverbundenen Nebeneinander unterschiedlicher Partikularinteressen und -strategien. Vertikale Koordination fand wegen der hochgradigen Autonomie der Gebietskörperschaften innerhalb des föderalistischen Staates nicht statt. Außerdem erfolgten die Personalzuwächse prozyklisch (international vergleichend Tepe 2009) und stellten insofern eine Folge der hohen Wachstumsraten in Zeiten des „Wirtschaftswunders" dar (zur Entwicklung bis zur Vereinigung zusammenfassend Brandes/Buttler (1990).

2. Im Gegensatz zu diesem langfristigen Trend des „golden age of the welfare state" findet seit den frühen 1990er Jahren ein drastischer Stellenabbau auf allen Ebenen statt (von 6,7 Mio. im Jahr 1991 auf ca. 4,5 Mio.

Tab. 1: Entwicklung der Beschäftigtenzahlen nach dem Beschäftigungsverhältnis 1960–1990

Jahr	insgesamt	Vollzeitbeschäftigte	Teilzeitbeschäftigte	Veränderung insgesamt in %
02.10.60	3.002.000	2.808.000	194.000	
02.10.61	3.072.000	2.866.000	206.000	+ 2,33
02.10.62	3.150.000	2.917.000	233.000	+ 2,54
02.10.63	3.227.000	2.986.000	241.000	+ 2,44
02.10.64	3.293.000	3.040.000	253.000	+ 2,05
02.10.65	3.351.000	3.080.000	271.000	+ 1,76
02.10.66	3.401.000	3.106.000	295.000	+ 1,49
02.10.67	3.443.000	3.144.000	299.000	+ 1,23
02.10.68	3.430.000	3.117.000	313.000	– 0,37
02.10.69	3.511.000	3.174.000	337.000	+ 2,36
02.10.70	3.644.000	3.266.000	378.000	+ 3,79
02.10.71	3.807.000	3.389.000	418.000	+ 4,47
02.10.72	3.930.000	3.489.000	441.000	+ 3,23
02.10.73	4.051.000	3.568.000	483.000	+ 3,08
30.06.74	4.118.000	3.617.000	501.000	+ 1,65
30.06.75	4.184.000	3.669.000	515.000	+ 1,60
30.06.76	4.193.000	3.660.000	533.000	+ 0,21
30.06.77	4.191.000	3.647.000	544.000	– 0,05
30.06.78	4.260.000	3.696.000	564.000	+ 1,65
30.06.79	4.369.000	3.770.000	599.000	+ 2,56
30.06.80	4.420.000	3.802.000	618.000	+ 1,17
30.06.81	4.498.000	3.846.000	652.000	+ 1,76
30.06.82	4.532.000	3.851.000	681.000	+ 0,76
30.06.83	4.540.000	3.838.000	702.000	+ 0,18
30.06.84	4.554.000	3.821.000	733.000	+ 0,31
30.06.85	4.594.000	3.824.000	770.000	+ 0,88
30.06.86	4.625.000	3.826.000	798.000	+ 0,67
30.06.87	4.634.000	3.838.000	796.000	+ 0,19
30.06.88	4.626.000	3.809.000	817.000	– 0,17
30.06.89	4.617.000	3.774.000	843.000	– 0,19
30.06.90	4.676.000	3.804.000	873.000	+ 1,28

Quelle: Statistisches Bundesamt, Fachserie 14: Finanzen und Steuern, Reihe 6: Personal des öffentlichen Dienstes 1981, Stuttgart-Mainz 1983, S. 74 und ebenda 1990, Stuttgart 1992, S. 204 sowie eigene Berechnungen.

Ende der 2000er Jahre).[2] Die durchschnittliche jährliche Abnahme lag lange bei über 3% (Kriete-Dodds 2005, S. 1297). Betroffen waren zunächst vor allem die neuen Länder, deren Personalausstattung nach und nach an die der alten angeglichen wurde (DIW 1998; IWD 1998), sowie aufgrund von sukzessiv eingeleiteten, umfangreichen Liberalisierungs- und Privatisierungsmaßnahmen vor allem die Sondervermögen Deutsche Bundesbahn/Deutsche Reichsbahn und Deutsche Bundespost; später kamen kommunale Krankenhäuser und weitere Teile kommunaler Dienstleistungen hinzu (Bogumil/Jann 2009, S. 249-252; Deckwirth 2008).

Die relative Stärke der Abnahme hängt wesentlich von der Wahl des Basisjahres ab; die Entwicklung der frühen 1990er Jahre war stark von den Folgen der deutschen Vereinigung mit einem historischen Höchststand der Beschäftigung im ÖD geprägt. Selbst wenn man argumentiert, dass die Konsolidierungsphase erst Mitte der 1990er Jahre abgeschlossen war, ist der Rückgang beträchtlich. Insgesamt war er bei den Gemeinden stärker ausgeprägt als bei Bund und Ländern. Die Privatisierungen im Bereich der Infrastrukturleistungen machten fast die Hälfte der Abnahmen aus, so dass von einem „general thinning of service intensity" (Derlien 2008a, S. 172) nur begrenzt die Rede sein kann. In Bezug auf die Statusgruppen (vgl. Kap. 1) waren Beamte wesentlich weniger betroffen als Tarifbeschäftigte (Czerwick 2007, S. 80ff.). Im internationalen Vergleich stellen nicht die Abnahmen an sich, wohl aber ihr Umfang eine Ausnahme dar;[3] zudem setzten sie relativ spät ein.

Die aus Fiskal- und Effizienzgründen sowie wegen der Einhaltung der (vermeintlich strikten) Konvergenzkriterien der Wirtschafts- und Währungsunion – und weniger aus grundsätzlich-langfristigen politischen Überlegungen – fortschreitende „Ökonomisierung des öffentlichen Sektors" (Bogumil 2003, S. 209) lässt sich an der (saldierten) Entwicklung der Beschäftigtenzahlen deutlich ablesen. Der explizite Bezug auf NPM-Konzepte ist weniger wichtig als Kostenreduzierung und „klassische" Kürzungspolitiken (Kuhlmann et al. 2008, S. 857).

---

2 „More generally, the desire to reduce public expenditure reflects the now widespread acceptance of the neo-classical view that public expenditure crowds-out private expenditure and thus diminishes the size of the public sector ..." (OECD 1996, S. 8).

3 Im internationalen Vergleich gilt, „that stabilization and not radical downsizing has been the dominant pattern of public administration employment policies" (Tepe 2009, S. 19).

Tab. 2: Entwicklung der Beschäftigtenzahlen nach dem Beschäftigungsverhältnis 1991–2009

Jahr	Beamte	Soldaten	Angestellte	Arbeiter	Insgesamt
1991	1.390	257	2.822	1.131	5.600
1992	1.458	246	2.774	1.104	5.582
1993	1.511	231	2.708	998	5.448
1994	1.556	213	2.647	945	5.361
1995	1.587	194	2.585	884	5.251
1996	1.607	191	2.535	832	5.165
1997	1.624	192	2.470	776	5.062
1998	1.619	191	2.425	741	4.977
1999	1.619	190	2.374	708	4.891
2000	1.616	187	2.352	681	4.835
2001	1.604	185	2.318	648	4.755
2002	1.616	185	2.322	623	4.747
2003	1.635	187	2.301	598	4.721
2004	1.645	188	2.216	566	4.615
2005	1.643	185	2.182	538	4.548
2006	1.647	184	2.695		4.526
2007	1.640	185	2.667		4.492
2008	1.628	184	2.649		4.461
2009	1.674	185	2.688		4.547

Zahlen in 1.000, einschließlich mittelbarer öffentlicher Dienst, ohne Bundesbahn/Bundeseisenbahnvermögen, gerundet. Rundungsdifferenzen sind möglich. Seit 2006: Angestellte und Arbeiter sind in der Kategorie Arbeitnehmer zusammengefasst.
Quelle: Statistisches Bundesamt, Fachserie 14, Reihe 6, div. Jahrgänge.

Im ÖD ist nach wie vor eine erhebliche Zahl von Arbeitnehmern tätig. Allerdings ist die Zahl im internationalen Vergleich, nicht nur mit den skandinavischen Ländern sondern mit der Mehrzahl der EU- oder OECD-Länder, keinesfalls überproportional hoch. Da es sich lediglich um ca. 12 % aller abhängig Beschäftigten handelt (ifo Institut 2004), trifft das Gegenteil zu: Die Bundesrepublik befindet sich im hinteren Mittelfeld. Das bis weit in die 1990er Jahre in der öffentlichen Diskussion häufig vorgebrachte Argument einer quantitativen „Übersetzung des ÖD" taucht in Anbetracht des eingetretenen erheblichen Personalabbaus bzw. einer auffälligen „Konsolidierung" nicht mehr auf. Auch die Vermutung der Existenz von erheblichem „organizational slack" im ÖD dürfte empirisch kaum zu erhärten sein.

In den 2000er Jahren findet im Rahmen eines veränderten Staatsverständnisses ein Rückzug des Staates („rolling back the state") im Sinne eines auch quantitativen „downsizing" statt. Im Mittelpunkt nicht mehr das Ziel eines Ausbaus des Wohlfahrts- und Sozialstaats und auch nicht das Konzept des „aktivierenden Staates", sondern im Sinne neo-liberaler Forderungen die Entwicklung zum „lean state", dessen prototypische Vorbilder ursprünglich die angelsächsischen Länder waren. Im Gegensatz zu dieser Entwicklung eines „retrenchments" und „regulators of last resort" lautet die letzten Endes nur politisch zu entscheidende Frage, welche Ansprüche die Bürger quantitativ und qualitativ an die einzelnen Bereiche des ÖD stellen. Über diese Grundsatzentscheidung müssten sich die Kosten und damit die Höhe der Steuern bestimmen (vgl. Kap. 7).

Der massive Stellenabbau hat Konsequenzen für die aktuell Beschäftigten. Er führt zu einer Verschlechterung ihrer Arbeitsbedingungen (u.a. in Form einer Verdichtung der Leistungsanforderungen und Flexibilisierung der Arbeitszeiten) und damit der Lohn-/Leistungsrelationen, da er nicht mit einem entsprechenden systematisch angelegten Abbau der zu erbringenden Aufgaben bzw. Dienstleistungen einhergeht, sondern eher mit dem Gegenteil (zu ähnlichen Entwicklungen in Österreich Atzmüller/ Hermann 2004, S. 30). – Insgesamt bedeuten die Veränderungen mehr als nur inkrementelle Anpassungen; sie zeigen einen grundlegenden Wandel in den Arbeitsbeziehungen an.

3. Eine Differenzierung nach Ebenen (Bund, Länder, Gemeinden) zeigt, dass die Länder (mit rund der Hälfte) die relativ meisten Arbeitnehmer beschäftigen. Diese spezifische Zuordnung in vertikaler Perspektive ist auf die im Grundgesetz vorgegebene strikte Aufgabenverteilung im föderalistisch organisierten Staatswesen (vgl. Kap. 1) zurückzuführen. Die weitgehend autonomen Länder sind u.a. für die personal- und kostenintensiven Bereiche „Bildungswesen, Wissenschaft, Forschung" zuständig, die den Einsatz hoch qualifizierter und daher entsprechend entlohnter Arbeitnehmer in den Laufbahngruppen des gehobenen und höheren Dienstes erfordern.

Eine Untergliederung nach den skizzierten Statusverhältnissen (vgl. Kap. 1) ergibt, dass ca. 1,9 Mio. (37%) der Beschäftigten Beamte (einschl. Richter) sind und ca. 2,6 Mio. (63%) Tarifbedienstete. Der Anteil der Beamten, der im internationalen Vergleich (Demmke 2006) nicht ungewöhnlich hoch ist, bleibt im Zeitverlauf relativ stabil. Er kann sich rechnerisch sogar leicht erhöhen, da die auf vertraglicher Basis tätigen Arbeitnehmer, wie erwähnt, von dem erheblichen Abbau der Beschäftigung, u.a. infolge von Privatisierungsmaßnahmen, in stärkerem Maße betroffen sind als die in einem öffentlich-rechtlichen Dienstverhältnis stehenden Beamten. – Im Übrigen war in langfristiger Perspektive die traditionelle Dienstverhältnisstruktur durch eine deutliche Verminderung des Anteils der Arbeiter und eine erhebliche Erhöhung des Anteils der Angestellten charakterisiert (Derlien 2008a).

4. Der Anteil der Frauen an den Beschäftigten stieg seit den frühen 1950er Jahren von ca. 19% nahezu kontinuierlich auf 53% Ende der 2000er Jahre (Statistisches Bundesamt 2010). Diese Entwicklung, die sowohl familien- als auch arbeitsmarktpolitische Gründe hat, steht in Übereinstimmung mit der in anderen OECD-Ländern (Bach/Kessler 2007, Gottschall 2009). Allerdings ist innerhalb dieser „Feminisierung des Arbeitsmarktes" die geschlechtsspezifische Verteilung in Bezug auf relevante Merkmale nach wie vor ungleich:

- Der Anteil von Frauen an den Vollzeitbeschäftigten liegt nur knapp über 40%, an den Teilzeitbeschäftigten hingegen bei weit über 80%. Teilzeittätigkeit hat sich gerade im ÖD zum neuen „Normalarbeitsverhältnis" für Frauen entwickelt.
- Außerdem sind sie nach wie vor in den unteren und mittleren Qualifikations- bzw. Laufbahngruppen (des einfachen und mittleren Dienstes) und damit in den geringer entlohnten Tätigkeiten über- bzw. in Führungs- und Leitungspositionen unterrepräsentiert. Zwar findet keine unmittelbare Diskriminierung bei den Entgelten statt, wohl aber mittelbare infolge von Teilzeitbeschäftigung sowie durch den geringeren Anteil von Frauen in den so genannten Beförderungsämtern. Der Grundsatz „equal pay for equal work" ist nicht umfassend realisiert.
- Weiterhin ist der Frauenanteil in den einzelnen Aufgabenbereichen unterschiedlich hoch (u.a. soziale Sicherung, Gesundheit, Bildung versus Verteidigung und öffentliche Sicherheit).
- Schließlich sind Frauen unter den atypisch Beschäftigten überrepräsentiert; sie haben häufiger als Männer befristete Arbeitsverträge und tragen ein höheres Beschäftigungsrisiko.

Insgesamt handelt es sich also um eine „segmentierte Integration der Frauen" (Gottschall 2009, S. 471) in das konservative wohlfahrtsstaatliche Beschäftigungsmodell. Die hochgradige vertikale, geschlechtsspezifische Segregation der Teilarbeitsmärkte, die zumindest indirekt auf nach wie vor bestehende, d.h. faktische Benachteiligung schließen lässt, ist umso erstaunlicher, als mehr Frauen höhere formale Bildungsabschlüsse erreichen und über entsprechendes Humankapital verfügen. Im internationalen Vergleich gilt:

> „The Nordic countries represent the cutting edges in the promotion of equal opportunities for women and part-time work. Germany, France and Spain are in some ways the stragglers." (Derlien 2008b, S. 287)

Seit Mitte der 1980er Jahre ergreifen Arbeitgeber des ÖD Maßnahmen zur beruflichen Gleichstellung von Frauen, etwa durch Aufstellung von Frauenförderplänen, die im Vergleich zur Privatwirtschaft zeitlich eher einsetzten und inhaltlich weiter fortgeschritten waren (Bednarz-Braun/Bruhns 1997). Diese aktive Förderung von Chancengleichheit, die neben reinen Empfehlungen auch aus mehr oder weniger verbindlichen Quotenregelungen sowie aus anderen Maßnahmen wie der Einrichtung von Gleichstellungsstellen und Frauenbeauftragten bestand, stieß jedoch auf Implementationsprobleme. – Seit 2001 gilt das Bundesgleichstellungsgesetz, welches das Frauenfördergesetz von 1994 ablöste und das Leitprinzip einer Gleichstellung von Männern und Frauen verfolgt. Zudem ist die Bundesrepublik als EU-Mitgliedsland den Prinzipien des gender mainstreaming verpflichtet (www.gender-mainstreaming.net).

Eine gezielte Politik der Chancengleichheit bzw. des Abbaus bestehender Benachteiligungen ist Ausdruck einer gewissen Vorbildfunktion bzw. Vorreiterrolle (Bull 2006), die der ÖD auch in Bezug auf Familienfreundlichkeit hat (Lindecke 2005). Insgesamt war die Gleichstellungspolitik im ÖD weit reichend und erfolgreicher als in der Privatwirtschaft (Bull 2006, S. 46).

5. Eine im Laufe der Jahrzehnte wiederholt, u.a. von Gewerkschaften und Interessenverbänden, diskutierte Frage ist die nach der Entwicklung der Entgelte im ÖD (zur Zusammenfassung älterer Studien Keller 1983, S. 285-302). In diesem Rahmen können Vergleiche sowohl zwischen Privatwirtschaft und ÖD als auch innerhalb des ÖD, etwa zwischen den Statusgruppen, angestellt werden. Die erheblichen methodischen Schwierigkeiten derartiger Vergleiche sind seit langem bekannt (Deutscher Bundestag 1972); die Ergebnisse können nicht unbedingt Validität beanspruchen, (Belman/Heywood 1996). Bei Vergleichen der Einkommen zwischen Privatwirtschaft und ÖD ist u.a. zu berücksichtigen, dass das formale Ausbildungs- und Qualifikationsniveau im ÖD höher ist.

In langfristiger Perspektive nahm der ÖD eine mittlere Position bei der Einkommensverteilung ein und war nicht von den Entwicklungen in der Gesamtwirtschaft abgekoppelt; eine strukturelle oder permanente Über- oder Unterbezahlung fand nicht statt (zusammenfassend Keller 1993a). Diese Situation veränderte sich in der jüngeren Vergangenheit. Die Entgelte der Tarifbediensteten stiegen in den 2000er Jahren deutlich langsamer als in den meisten Branchen der Privatwirtschaft sowie in der Gesamtwirtschaft (Schnabel 2007; WSI-Tarifarchiv 2009; ähnlich Dribbusch/Schulten 2007). Die Verteilungsposition des ÖD verschlechtert sich. Ar-

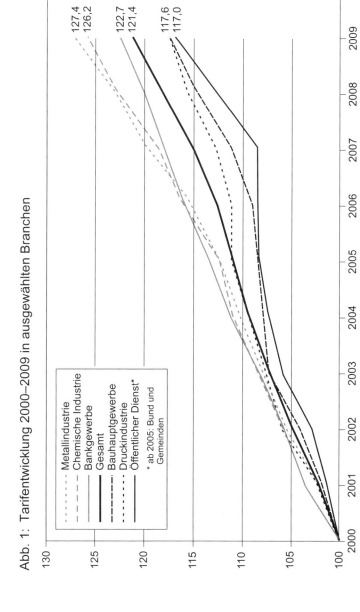

Abb. 1: Tarifentwicklung 2000–2009 in ausgewählten Branchen

alte Bundesländer; 2000 = 100
Quelle: Hans-Böckler-Stiftung 2010

beitgeber und ihre Verbände verweisen in diesem Zusammenhang nicht nur auf die Finanzkrise und die Notwendigkeit der Konsolidierung, sondern wiederholt auf die in Zeiten hoher Arbeitslosigkeit zu berücksichtigende Arbeitsplatz- bzw. Beschäftigungssicherheit des ÖD im Allgemeinen und der Beamten im Besonderen. Dabei wird nicht angegeben, wie weit die Zugeständnisse der Arbeitnehmer gehen sollen.

Die Lohn- bzw. Entgeltstrukturen sind im ÖD traditionell komprimierter bzw. die Lohnspreizung weniger ausgeprägt als in der Privatwirtschaft (Keller 1983). Die unteren Einkommens- bzw. Qualifikationsgruppen verdienen eher mehr, die höheren Gruppen eher weniger als vergleichbare Beschäftigte in der Privatwirtschaft; Differenzen ergeben sich u.a. nach Status, Bildungsabschluss, Geschlecht sowie im Ost-West-Vergleich (zu aktuellen Daten Tepe/Kroos 2010).

■ 2.2 Strukturverschiebungen und Determinanten der Personalausgaben

1. Die langfristig eingetretenen deutlichen Strukturverschiebungen zugunsten der höheren Qualifikationsgruppen sind auf der Angebotsseite zurückzuführen auf die Bildungsexpansion seit den 1960er und 1970er Jahren sowie auf der Nachfrageseite auf die gestiegenen Anforderungen an die Qualifikation der Arbeitskräfte. Eine spürbare horizontale Mobilität besteht zwischen den Statusgruppen; demgegenüber findet vertikale Mobilität fast ausschließlich innerhalb der einzelnen Laufbahngruppen statt. Der Austausch bzw. Wechsel zwischen ÖD und Privatwirtschaft ist quantitativ nach wie vor gering und auf spezifische Tätigkeiten (u.a. technische und Steuerberufe) beschränkt.

Auf der Ausgabenseite der Haushalte verursacht die personal- und arbeitsintensive Erstellung von Dienstleistungen einen höheren Anteil der Personalkosten an allen Ausgaben als in zahlreichen Branchen der Privatwirtschaft. Die grundgesetzlich vorgegebene Aufgabenverteilung im föderalistisch organisieren Staatswesen weist den Ländern u.a. die personal- und damit kostenintensiven Aufgabenbereiche „Bildungswesen, Wissenschaft, Forschung" zu; deshalb differiert der Anteil der Personal- an den Gesamtausgaben erheblich zwischen den Gebietskörperschaften (Bund ca. 11%, Länder ca. 38%, Kommunen ca. 27%). Nach deutlichen Zunahmen in den 1960er und 1970er Jahren ist seit den 1980er Jahren zunächst eine Stagnation bzw. aktuell sogar eine leichte Abnahme zu verzeichnen.

Tab. 3: Entwicklung der Personalausgaben bei Bund, Ländern und Gemeinden 1970–2006[a]

Jahr	Bund			Länder			Gemeinden		
	Ausgaben gesamt	Personalausgaben	Anteil in %	Ausgaben gesamt	Personalausgaben	Anteil in %	Ausgaben gesamt	Personalausgaben	Anteil in %
1970	45,0	7,4	16,5	39,7	16,2	40,7	28,9	7,8	26,9
1980	110,3	16,4	16,4	106,7	44,7	44,7	41,9	21,9	29,5
1990	194,4	22,1	11,4	153,2	64,0	41,8	106,9	33,3	31,2
1991	205,4	24,9	12,1	208,9	78,5	37,6	141,7	45,9	32,4
1992	218,4	26,3	12,1	225,5	86,7	38,4	161,4	51,4	31,8
1993	233,9	26,9	11,5	238,3	91,9	38,6	168,3	53,0	31,5
1994	240,9	26,9	11,2	242,7	94,0	38,7	171,1	52,7	30,8
1995	237,6	27,0	11,4	250,4	98,2	39,2	174,5	54,0	31,0
1996	232,9	27,0	11,6	256,9	99,9	38,9	170,7	53,5	31,4
1997	225,9	26,8	11,9	255,4	100,6	39,4	165,7	52,7	31,8
1998	233,6	26,6	11,4	243,2	91,4	37,6	141,9	39,0	27,5
1999	246,9	26,9	10,9	245,2	93,0	37,9	144,1	39,3	27,3
2000	244,4	26,5	10,8	249,3	93,8	37,6	145,1	39,2	27,0
2001	243,1	26,8	11,0	255,1	94,5	37,0	147,9	39,3	26,6
2002	249,3	27,0	10,8	257,0	96,9	37,7	149,2	40,0	26,8
2003	256,7	27,2	10,6	258,6	97,8	37,8	149,8	40,1	26,7
2004	251,6	26,8	10,6	256,2	97,3	38,0	151,0	40,5	26,8
2005	257,5	26,4	10,3	259,9	97,1	37,4	153,2	40,7	26,6
2006	258,8	26,1	10,1	260,0	95,3	36,7	157,4	40,7	25,9

a - Angaben in Mrd. €
Quelle: Bundesministerium der Finanzen, http://www.bundesfinanzministerium.de.

Die Veränderungen der Personalausgaben resultieren im Wesentlichen aus:

- der Variation der Beschäftigtenzahl bzw. des Beschäftigungsumfangs und der Zahl der Versorgungsempfänger (personaler Mengeneffekt),
- der Variation der Personalstruktur durch Veränderung der Altersstruktur sowie durch Verschiebung der Qualifikationsstruktur bzw. des Stellenkegels sowohl zwischen den als auch innerhalb der Laufbahngruppen der Beamten bzw. deren Äquivalenten bei den Tarifbeschäftigten (personaler Struktureffekt),
- den allgemeinen, tarifvertraglich vereinbarten bzw. besoldungs- und versorgungsrechtlich erfolgten Veränderungen der Einkommen (monetärer Mengeneffekt),
- den Strukturmaßnahmen, mit denen eine gesonderte Verbesserung der Beschäftigungsbedingungen einzelner Gruppen erfolgt (u.a. Verbes-

serung der Beförderungsmöglichkeiten, Stellenanhebungen, Gewährung und Erhöhung von Zulagen und Zuschlägen).

Diese materiellen Verbesserungen können im Sinne einer „Entgeltdrift" als Äquivalent zur Lohndrift in der Privatwirtschaft interpretiert werden. Diese gruppenspezifischen Interessen konnten früher separat, d.h. unabhängig von einzelnen Tarif- und Besoldungsrunden, durchgesetzt werden; sie waren für die Gewerkschaften aus organisationspolitischer Perspektive interessant, weil diese Realisierung von Partialinteressen die Position der anderen Gruppen absolut nicht verschlechterte (Keller 1983; 1993a). Inzwischen sind der Verfolgung von Gruppeninteressen aufgrund der finanzpolitischen Konsequenzen enge Grenzen gesetzt; sie müssen innerhalb der Tarifpolitik Berücksichtigung finden, wodurch die innerverbandlichen Konflikte zwischen Mitgliedergruppen verschärft werden. Diese so genannten Strukturverbesserungen hatten kollektiven Charakter, d.h. sie kamen allen Gruppenmitgliedern zu gute, während die aktuellen, noch im Einzelnen zu behandelnden „leistungsbezogenen Entgeltbestandteile" (vgl. Kap. 5.3) individueller Art sind bzw. sein sollen.

2. Die Personalstands- und Kostenzuwächse reflektieren weitgehend politische Prioritäten sowie in geringerem Umfang die Bevölkerungsentwicklung und sozialpolitische Maßnahmen. Sowohl gruppenspezifische Verbesserungen durch Strukturmaßnahmen (so genannter Struktureffekt) als auch globale Erhöhungen im Rahmen der Tarif- und Besoldungspolitik (so genannter Preiseffekt) wurden vor allem in konjunkturell günstigen Zeiten erreicht. Inzwischen setzt die finanzielle Situation Rahmenbedingungen und engt Entscheidungsspielräume ein.

Die konjunkturell und vor allem strukturell bedingte Entwicklung führt zur Verschlechterung der Lage der öffentlichen Haushalte auf der Einnahmeseite. Daher greifen Arbeitgeber beim Personal zu Anpassungsmaßnahmen. Hierzu gehören:

- restriktive personalpolitische Maßnahmen (z.B. mehrmonatige Stellenbesetzungssperren, partielle oder totale Einstellungsstopps, Beförderungssperren, zeitweise Kürzung der Anwärterbezüge, Verzögerungen bei der Besoldungsanpassung, so genannte Nullrunden),
- teilweise oder vollständige Nicht-Wiederbesetzung frei werdender Stellen bzw. Ausnutzen der so genannten natürlichen Fluktuation vor allem in Form von Pensionierungen, Ausgliederung öffentlicher Einrichtungen und Outsourcing,
- Maßnahmen, die auf eine stärkere Variabilisierung der Arbeitszeit und Flexibilisierung des Arbeitskräfteeinsatzes (u.a. Teilzeit, Befristung) gerichtet sind,

– lineare Reduzierung der Planstellen oder Anbringen so genannter k.w.-Vermerke („künftig wegfallend") in den Stellenplänen.

3. Neben den unterschiedlich ausgeprägten Flexibilisierungsstrategien (intern versus extern, numerisch und funktional) (OECD 1986) greifen öffentliche Arbeitgeber verstärkt zu Privatisierungen, die ex definitione nur ihnen zur Verfügung stehen. Diese Maßnahmen können unterschiedliche Rechtsformen annehmen. Vor allem kommunale Arbeitgeber führen in Anbetracht wachsender Haushaltsdefizite Privatisierungen durch, u.a. bei Entsorgungs- und Versorgungsleistungen, öffentlichem Personennahverkehr, Krankenhäusern.[4] Sie treten mit diesen Teilbereichen häufig aus den Arbeitgeberverbänden des ÖD aus und schließen sich privaten an, um in den Geltungsbereich anderer, für sie günstigerer Tarifverträge zu gelangen (so genannte Tarifkonkurrenz). Outsourcing bestimmter Aufgaben (u.a. von Reinigungsdiensten oder Catering) ist eine ähnliche, in anderen Bereichen des ehemaligen ÖD eingesetzte Strategie.

Derartige Maßnahmen, die politisch motiviert sind, erfolgen im regulierten Infrastrukturbereich vor allem bei den ehemaligen Sondervermögen Bahn und Post durch Überführung der „natürlichen Monopole" in Aktiengesellschaften.[5] Diese besondere Form der Deregulierung kann speziellen privatwirtschaftlichen Interessen, wie denen des Handwerks, zugute kommen. Sie führt im Rahmen veränderter Arbeitsorganisation häufig zu Arbeitsplatzabbau in erheblichem Umfang sowie zur Leistungsverdichtung und stößt deswegen auf heftige Kritik der Gewerkschaften und Interessenverbände. Generell gilt: „The trade unions' influence will typically be reduced by privatisation" (Bös 1998, S. 60).

Umfang und Formen differieren erheblich zwischen Ländern und sind in der Bundesrepublik weniger weit fortgeschritten als etwa in Großbri-

---

4 Weiterhin reduzieren öffentliche Arbeitgeber wesentliche Teile ihrer freiwillig erbrachten Leistungen (u.a. Büchereien, Museen, Theater und Opern, Hallenbäder), was einen Beschäftigungsabbau einschließt. Oder sie erhöhen die Gebühren (z.B. Eintrittsgelder).

5 Der Übergang der Arbeitnehmer, vor allem der Beamten als besonderer Statusgruppe, in ein gänzlich anderes, an privatwirtschaftlichen Maximen orientiertes Beschäftigungssystem gestaltete sich in rechtlicher Hinsicht schwierig. Die Lösung bedeutete u.a. den umfassenden Schutz des früheren Beamtenstatus durch zusätzliche Verträge sowie die Einführung und Implementation eines neuen Modus der Festlegung von Entgelten und übrigen Arbeitsbedingungen. Das so genannte Beleihungsmodell, welches eine Änderung des Grundgesetzes (Art. 143 GG) voraussetzte, erlaubte die Überführung von Beamten in privatwirtschaftliche Beschäftigungsverhältnisse ohne Verlust der besonderen Statusrechte. Demgegenüber gestaltete sich die Überführung der Arbeiter und Angestellten einfach.

tannien und den USA (Martin 1993). Diese „Entstaatlichungspolitik", die Liberalisierung und Vermarktlichung durch Einbezug privater, kommerzieller Träger sowie eine Rückbesinnung auf staatliche Kernaufgaben („schlanker Staat") intendiert, setzte in der Bundesrepublik zunächst nur zögernd ein und wurde konsensuell-korporatistisch ausgehandelt (Esser 1998); sie gewann später als in vergleichbaren Ländern an Dynamik, verlief insgesamt moderater, vorsichtiger und war weniger ideologisch motiviert. Im internationalen Vergleich gilt,

> „that public ownership of industrial corporations was relatively insignificant... Unlike the situation that applied in a number of other European countries, a policy of privatization was not, from an economic standpoint, of paramount importance in making sure that Germany remained competitive in world markets." (Esser 1998, S. 118)

Die Privatisierungsmaßnahmen haben deutliche Folgen für Arbeitsmärkte und Arbeitsbeziehungen, die in der Literatur kaum analysiert werden. Auf den Arbeitsmärkten verstärken sie die bereits bestehende Segmentierung, da die Steuerung der privatisierten und deregulierten Teilarbeitsmärkte nunmehr durch andere, stärker an privatwirtschaftlichen Methoden und Maximen orientierten Regeln erfolgt. Innerhalb der Arbeitsbeziehungen entstehen Probleme für mehrere Akteure, vor allem für die Beschäftigten und ihre Interessenorganisationen (u.a. ungünstigere Tarifverträge im Sinne so genannter Sparten-Tarifverträge, Änderung der Mitbestimmungsbasis, Änderung der Arbeitsorganisation und -bedingungen). Vorteile aus Arbeitgeber- bzw. Managementsicht sollen, wie erwähnt, in mehr und größerer „Flexibilität" in Bezug auf Status, Entgelte und vor allem in „flexibleren" Arbeitsbedingungen liegen. Die Grenzen zwischen öffentlichem und privatem Sektor verschieben sich durch die Neudefinition; die ehemals klaren Grenzen werden undeutlicher. – Inzwischen bestehen Trends in die entgegen gesetzte Richtung, d.h. vor allem zu einer Rekommunalisierung u.a. der Energieversorgung.

■ 2.3 Atypische Beschäftigung: Formen und Erklärung

1. Die Strukturen der Beschäftigung verändern sich nicht nur in der Privatwirtschaft sondern auch im ÖD in mehrfacher Hinsicht deutlich durch die Einführung „flexibler" Vertrags- und Beschäftigungsformen.[6] Gerade

---

6 Eine aktuelle Studie zur Situation in Großbritannien kommt zu einem sehr ähnlichen Ergebnis: „Job relocation and outsourcing affected employees in both the

im ÖD dominierte traditionell das so genannte Normalarbeitsverhältnis, welches durch folgende Merkmale gekennzeichnet ist (Keller/Seifert 2007): Vollzeittätigkeit mit entsprechendem Einkommen, Integration in die sozialen Sicherungssysteme, unbefristete Beschäftigung, Identität von Arbeits- und Beschäftigungsverhältnis, Weisungsgebundenheit des Arbeitnehmers vom Arbeitgeber.

Im Gegensatz zu häufig in der öffentlichen Diskussion angestellten Vermutungen gibt es inzwischen auf allen Ebenen des ÖD auch eine zunehmende Zahl so genannter atypischer Beschäftigungsverhältnisse:[7]

- Der Anteil der Teilzeitbeschäftigten steigt seit mehreren Jahrzehnten nahezu kontinuierlich und beträgt Ende der 2000er Jahre ca. 31% (Statistisches Bundesamt 2010). Das Angebot von Teilzeitoptionen diente in den 1960er und frühen 1970er Jahren bei leergefegten Arbeitsmärkten zunächst der Erschließung eines Potentials neuer, vor allem weiblicher Arbeitskräfte, später bei hoher, persistenter Arbeitslosigkeit der Schaffung zusätzlicher Beschäftigungsmöglichkeiten; aktuell spielt die Inanspruchnahme von Altersteilzeitregelungen eine Rolle.
   Der Anstieg erfolgte zunächst im Tarif-, später nach sukzessiven Änderungen der rechtlichen Voraussetzungen (Battis 1986) in geringerem Umfang auch im Beamtenbereich.[8] Der Anteil der Teilzeit- an der Gesamtbeschäftigung ist höher als in der Gesamtwirtschaft und korrespondiert mit der entgegen gesetzten Strategie eines Abbaus von Vollzeitarbeitsplätzen (so genannter Substitutionseffekt). Bereits der nominelle Anstieg der Beschäftigtenzahlen der 1980er Jahre war im Wesentlichen auf die vermehrte Einstellung von Teilzeitkräften zurückzuführen.
   Der ÖD ist an der erheblichen Ausweitung der Teilzeitarbeit in den Dienstleistungssektoren überproportional beteiligt. Frauen machen,

---

    public and private sectors in 2005. Within the public sector, cost-cutting initiatives undermined job security, previously considered a defining feature of a good employer, while future plans suggest that insecurity is set to continue." (Bewley 2006, S. 351; ähnlich auch Bach/Winchester 2004, S. 285)

7 Wir unterscheiden – im Gegensatz zu Czerwick (2007) – explizit und systematisch zwischen atypischer und prekärer Beschäftigung; nicht jede atypische Beschäftigung ist unbedingt prekär (zur differenzierten Abgrenzung und ihrer Notwendigkeit Keller/Seifert 2007).

8 Die ursprünglich praktizierte so genannter Zwangsteilzeit, d.h. einer Beschäftigung auf Teilzeitbasis gegen den Willen der Betroffenen, war nicht rechtskonform und wurde unterbunden.

wie erwähnt, den überwiegenden Teil der Teilzeitkräfte aus; neben gleichstellungspolitischen Maßnahmen spielt aktuell die so genannte Altersteilzeit, die auch als Instrument des sozialverträglichen Personalabbaus genutzt werden kann, eine wichtige Rolle. Vorreiter sind die Länder im Bildungsbereich, aber auch die Kommunen.

– Der Anteil der befristeten – anstelle der früher üblichen unbefristeten – Beschäftigung wird seit Mitte der 1970er Jahre erheblich ausgeweitet. Der ÖD nimmt trotz des dauerhaften Charakters der Erstellung öffentlicher Dienstleistungen traditionell sogar eine Vorreiterrolle ein (Büchtemann 1989, S. 548).[9] Die Befristungsquote, der Anteil der befristeten an allen privatrechtlichen Beschäftigungsverhältnissen (ohne

Tab. 4: Entwicklung der Teilzeitbeschäftigung 1960–2009[a]

Jahr	Bund	Länder	Gemeinden	*Insgesamt*
1960	1,3	5,4	10,3	*6,1*
1965	1,6	7,1	14,6	*7,7*
1970	2,2	9,3	17,9	*9,9*
1975	3,4	11,3	20,5	*11,8*
1980	4,1	14,0	20,6	*13,5*
1985	5,3	17,9	22,1	*16,1*
1990	6,7	20,6	23,3	*17,9*
1991	3,6	17,2	19,8	*15,8*
1995	4,5	20,9	25,1	*19,9*
2000	7,3	24,6	32,2	*24,7*
2001	7,9	25,5	33,2	*25,7*
2002	8,7	26,6	34,1	*26,8*
2003	9,8	27,6	37,4	*28,5*
2004	10,6	28,4	36,2	*28,8*
2005	11,2	29,7	36,5	*29,6*
2006	11,7	30,4	37,1	*30,2*
2007	11,6	30,7	37,6	*30,8*
2008	12,6	31,4	37,9	*31,1*
2009	12,7	31,6	38,2	*31,4*

a – Angaben in Prozent, gerundet.
Quelle: Eigene Berechnungen nach Daten des Stat. Jahrbuchs, diverse Jahrgänge.

---

9 In Großbritannien fand eine ähnliche Entwicklung statt, die folgendermaßen zusammengefasst wird: „... there is evidence that insecure work is more characteristic of public service than it is of the private sector, which perhaps lends credence to the belief that the ‚flexible firm' is a theoretical model which has most relevance to public sector experience..." (Morgan et al. 2000, S. 78).

Auszubildende), liegt im zweistelligen Prozentbereich und damit ebenfalls deutlich höher als in der Privatwirtschaft (Ahlers 2004, S. 78; Giesecke/Groß 2006, S. 247).[10]

„Während die öffentliche Verwaltung und soziale Dienstleistungen (die nicht ausnahmslos zum ÖD gehören, B.K.) etwa zwei Drittel aller Neueinstellungen auf Basis eines befristeten Vertrages vornehmen, sind es im produzierenden Gewerbe ‚lediglich' 40 %. In manchen Dienstleistungsbranchen lassen sich somit Befristungen als ‚Normaleinstellungsverhältnis' bezeichnen." (Bellmann et al. 2009, S. 361)

Zeitverträge sind bei Gemeinden und Ländern häufiger als beim Bund.[11]

„Die erleichterten Befristungsregelungen des öffentlichen Dienstes (§ 14 I Nr.7 TzBfG; HRG/WissZeitVG; großzügige Rechtsprechung des BAG im Schulbereich) sind die Gegenreaktion auf die praktisch unkündbaren unbefristeten Arbeitsverhältnisse ... und werden mithin verstärkt genutzt." (Preis 2008, S. 634)

Die Gelegenheiten zum Wechsel in reguläre, stabile Beschäftigungsverhältnisse sind im ÖD ungünstiger als in der Privatwirtschaft (Bellmann et al. 2009, S. 388). Aktuell gilt:

„Die im Zuge der Abfederung der Wirtschaftskrise abermals massiv gestiegene Verschuldung von Bund, Ländern und Kommunen verstärken den Konsolidierungsdruck nochmals deutlich. Die Kehrseite der Flexibilisierung durch Befristungen für die Arbeitgeber sind die höheren Fluktuations-, Einarbeitungs- und Weiterbildungskosten sowie die Gefahr illoyalen Verhaltens der befristet Beschäftigten." (Hohendanner 2010, S. 8)

- Weiterhin können Teilzeit- und befristete Beschäftigung auch kombiniert werden, vor allem bei Neueinstellungen, z.B. im Hochschulbereich. Dadurch findet eine Kumulation der Beschäftigungsrisiken statt.

---

10 Mitte der 2000er Jahre waren die Relationen 13,1% zu 7,4% (Tepe/Kroos 2010, S. 4).

11 Die zunehmende Bedeutung befristeter Beschäftigung wird noch deutlicher bei einer Analyse des Bewegungsgeschehens. Bereits in der zweiten Hälfte der 1980er Jahre erfolgte fast die Hälfte (44%) aller Neueinstellungen mit zunächst befristetem Arbeitsvertrag. „Bezogen auf das Neueinstellungsgeschehen ist das unbefristete Arbeitsverhältnis somit kaum mehr als der „Regelfall" im Arbeitsleben anzusehen. Auch hier zeigt sich erneut die besonders intensive Befristungspraxis im Bereich des Öffentlichen Dienstes. Dort erfolgten 1987/88 mehr als die Hälfte (55 %) aller Stellenbesetzungen mit Zeitvertrag, während der Befristungsanteil bei Neueinstellungen in der Privatwirtschaft mit gut einem Drittel deutlich niedriger liegt" (Büchtemann 1989, S. 549).

– Der Anteil geringfügiger Beschäftigung, die in der Gesamtwirtschaft seit den Hartz-Reformen in Form von Mini- und Midijobs zugenommen haben, ist wegen methodischer Probleme schwierig zu bestimmen. Nach aktuellen Analysen bewegt sich der Prozentsatz im ÖD im zweistelligen Prozentbereich (Czerwick 2007, S. 130f; 2008).

Insgesamt hat sich der ÖD aus finanzpolitischen Überlegungen sogar zum Vorreiter im Hinblick auf Einsatz und Ausbau „flexibler" Beschäftigungsformen entwickelt.[12] Der Anteil der Normalarbeitsverhältnisse im oben definierten Sinne liegt unterhalb von zwei Dritteln aller Beschäftigungsverhältnisse (Statistisches Bundesamt 2008). Gemeinsame Merkmale der atypischen Formen bestehen darin, dass sie in den unteren Qualifikations- bzw. Laufbahngruppen weiter verbreitet sind als in den oberen, Frauen häufiger betroffen sind als Männer sowie Tarifbedienstete häufiger als Beamte. – Folgen bestehen nicht nur in kurzfristiger Sicht hinsichtlich der geringeren Beschäftigungsstabilität und Entgelte, sondern auch in langfristiger Perspektive im Sinne einer Zunahme der Risiken der sozialen Sicherung, vor allem der Alterssicherung, die, von wenigen Ausnahmen abgesehen, vor allem von Umfang und Länge der vorherigen Erwerbstätigkeit abhängt.

Diese hohen Anteile atypischer an der Gesamtbeschäftigung des ÖD sind in der Öffentlichkeit kaum bekannt und finden in politischen Diskussionen, etwa während laufender Tarifverhandlungen, keine Beachtung bzw. Berücksichtigung. Diese „Ökonomisierung der Beschäftigungsverhältnisse" (Czerwick 2007, S. 136) vergrößert einerseits die Flexibilisierungspotentiale, vor allem in ihren numerischen und temporalen Dimensionen, bzw. erhöht die Dispositionsmöglichkeiten der Personalpolitiken, vor allem des Personalstandes sowie des Arbeitskräfteeinsatzes; sie führt andererseits zu einer weiter gehenden Segmentierung der Arbeitsmärkte.

Auf keinen Fall sind die Arbeitsmärkte des ÖD so bürokratisch, hochgradig legalisiert, rigide und inflexibel, wie sie in der öffentlichen Diskussion häufig dargestellt werden. Die von Repräsentanten der öffentlichen Arbeitgeber wiederholt vorgebrachte Behauptung von der „absoluten Kri-

---

12 Im internationalen Vergleich ergeben sich ähnliche Entwicklungen: „An increasing proportion of the activities hitherto carried out under the direct responsibility of the State have been subcontracted or privatized. The traditional concept of the public employee engaged for life and protected by the State has been considerably eroded, giving way to a much less uniform pattern of employment in the public sector with more variable conditions of service and types of employment status. The resulting uncertainties have given rise to discontent and in some cases to serious labour disputes" (Casale/Sivananthiran 2010, S. 26).

sensicherheit" der Arbeitsplätze aufgrund der Unkündbarkeit und der damit begründeten Verschlechterung der Arbeitsbedingungen (Einbußen bei Jahressonderzahlungen wie Weihnachts- und Urlaubsgeld, geringe Entgeltsteigerungen) (vgl. Kap. 6) gilt nur noch eingeschränkt – für einen Teil der Beschäftigten.

2. Die bisherigen Ausführungen belegen, dass der komplexe Gesamtarbeitsmarkt des ÖD – ähnlich wie die der Privatwirtschaft – keinesfalls eine homogene Einheit darstellt, wie die neoklassische Arbeitsmarkttheorie nahe legt, sondern in hohem Maße strukturiert ist.[13] Segmentation ist definiert „als relativ dauerhafte, gegen kurzfristig wirksame Marktkräfte nahezu resistente, regelhafte Gestaltung des Arbeitsmarktprozesses" (Sengenberger 1987, S. 50). Segmentierung bezeichnet also eine auf Dauer angelegte Strukturierung und Differenzierung des Gesamtmarktes in Teilmärkte als Ergebnis der im Arbeitsmarktprozess wirksamen ökonomischen und politischen Kräfte. Alle Reformmaßnahmen müssen diese Segmentation berücksichtigen, wenn sie Aussicht auf Erfolg haben wollen.

Neben dem bereits skizzierten formalen Dualismus der Beschäftigungsverhältnisse bewirken innerhalb der Statusgruppen die verschiedenen, hierarchisch angeordneten Laufbahngruppen der Beamten (einfacher, mittlerer, gehobener und höherer Dienst)[14] sowie deren funktionale Äquivalente bei Angestellten und Arbeitern bzw. Tarifbediensteten eine dauerhafte, hochgradige Strukturierung in Teilarbeitsmärkte. Die durchgeführten strukturellen Veränderungen (wie Aufhebung der rechtlichen Unterschiede zwischen Arbeitern und Angestellten, vgl. Kap. 1) werden allenfalls langfristig zu gewissen Veränderungen im Sinne einer andersartigen Segmentation führen; die noch im Einzelnen zu behandelnde Heterogenisierung der Arbeitsbeziehungen nach den drei Ebenen (vgl. Kap. 5 und 6) wird ebenfalls gewisse Differenzierungen zur Folge haben.

Die Allokation der Bewerber zu den jeweiligen Segmenten erfolgt strikt nach ihrer Formalqualifikation, d.h. nach dem individuellen Bildungsabschluss. Die klar definierten, wenigen Eintrittspositionen („ports of entry") befinden sich auf der jeweils untersten Stufe der Stellenhierar-

---

13 Die gängige Arbeitsmarktforschung geht von der neoklassischen Arbeitsmarkttheorie sowie deren Weiterentwicklungen aus; sie ist auf die Privatwirtschaft fokussiert und berücksichtigt den ÖD nach wie vor nicht (Franz 2009, Sesselmeier et al. 2010). Zu den Ausnahmen gehören für die Bundesrepublik Brandes/Buttler 1990; Henneberger 1997; 2004 sowie für die USA DiPrete 1989.

14 Die Ämter sind nach Ausbildungsabschluss in vier Laufbahngruppen gegliedert: Einfacher Dienst (Hauptschulabschluss), mittlerer Dienst (Realschulabschluss), gehobener Dienst (Abitur), höher Dienst (Universitätsabschluss).

chie; individuelle Aufstiege bzw. vertikale Mobilität erfolgen ausschließlich nach administrativen Regeln (wie Seniorität bzw. Lebensalter) intern entlang strukturierter Aufstiegsleitern, so dass Beförderungsketten entstehen. Lohnkonkurrenz wird weitgehend eliminiert, Schutz vor Marktkräften, u.a. im Sinne von Beschäftigungssicherheit auf dem internen Markt, ist gegeben. – Gerade innerhalb des ÖD existieren voneinander abgeschottete, status- und qualifikationsspezifische Teilarbeitsmärkte; die horizontale Mobilität zwischen diesen Teilmärkten ist stark eingeschränkt.

Die Strategien des Aufbaus einer vergleichsweise leicht steuerbaren, weil flexiblen und disponiblen Manövriermasse am Rande verstärken die stets vorhandenen Spaltungen der Beschäftigungsverhältnisse in stabile und instabile Segmente, wobei erstere den abnehmenden Regel-, letztere den zunehmenden Ausnahmefall darstellen. Anders formuliert: Die traditionellen Formen stabiler Vollzeitbeschäftigung bilden noch die Mehrheit, umfassen aber einen geringeren Teil der Arbeitnehmer als früher. Diese Entwicklung bedingt im ÖD wie in der Privatwirtschaft eine allmähliche „Erosion des Normalarbeitsverhältnisses".

Die skizzierte Praxis führt zu einer erheblichen Internalisierung der Vorteile (zu ähnlichen Trends in anderen Ländern Marsden 1993; Wise 1996), die sich in einer weiter gehenden Verfestigung eines Teils der Arbeitnehmer als Stammbelegschaft mit rechtlich garantierter oder tariflich vereinbarter faktischer Arbeitsplatzsicherheit bis zum Ende des Erwerbslebens (häufig auf Vollzeitbasis) äußert. Diese zunehmende Abschottung der internen Arbeitsmärkte ist für alle Beteiligten vorteilhaft und daher nur schwer zu ändern. Andererseits trägt sie zu einer Externalisierung der Nachteile bei: Ein disponibler und flexibel einsetzbarer Teil von Arbeitnehmern gewinnt als Randbelegschaft an Bedeutung. Diese Trends sind nicht neu, haben sich aber seit den 1990er Jahren verfestigt und beschleunigt.

M.a.W.: Es kommt zu einer Heterogenisierung der Arbeitsmärkte in rechtlicher wie faktischer Hinsicht bzw. zu einer zunehmenden Segmentierung in gesicherte und ungesicherte Beschäftigungsverhältnisse, oder – im Sprachspiel einer anderen Arbeitsmarkttheorie – in Insider und Outsider (Lindbeck/Snower 1988; 2001). Für die Insider ändern sich zwar die konkreten Arbeitsbedingungen, u.a. in Form einer Arbeitsverdichtung infolge des Personalabbaus (u.a. in Krankenhäusern), nicht aber der generelle Status ihrer Beschäftigungsverhältnisse; für die Outsider hingegen verschlechtern sich die Aussichten auf dauerhafte Anstellung im ÖD bzw. verschärft sich die Konkurrenz zu Karrierebeginn. – Prozesse der Abschottung des internen vom externen Markt bzw. einer über den Arbeitsmarkt vermittelten sozialen Schließung verschlechtern die Zugangs- bzw. Eintrittschancen für junge Bewerber, die Entrants.

2.4 Schlussfolgerungen und Ausblick

1. Die skizzierten Trends führen zu folgenden Schlussfolgerungen: Öffentliche Arbeitgeber können entgegen ihren Behauptungen gegenüber Medien und Öffentlichkeit durchaus auf Kostensteigerungen reagieren. Die angestrebte, vor allem numerische Flexibilisierung, wird mit anderen, „weichen" Instrumenten erreicht als bei privaten Arbeitgebern, d.h. nicht direkt und kurzfristig mit betriebsbedingten Kündigungen, sondern eher mittel- und langfristig.

Diese Aktionen können die Personalpolitik auf ein Zufallsprinzip ohne geplante Steuerung des Abbaus reduzieren („Sparpolitik nach dem Rasenmäherprinzip"); die Erfüllung öffentlicher Aufgaben ist nicht mehr von gesetzlichen und politischen Erfordernissen, sondern von Zufälligkeiten abhängig. Die Maßnahmen sind eher Instrumente symbolischer (Spar-) Politik als Ausdruck politischer Prioritätensetzung und Planung; sie haben häufig ad-hoc-Charakter und werden von den Verbänden (vgl. Kap. 3) nicht koordiniert.

Die Arbeitgeber des ÖD sind nicht mehr die „Modellarbeitgeber" (Bach/Kessler 2007) der Nachkriegsjahrzehnte[15] und haben ihre ehemalige Vorbildfunktion für den Gesamtarbeitsmarkt längst aufgegeben; sie gleichen ihre Beschäftigungsstrategien und -präferenzen denen der Privatwirtschaft an. Der ÖD ist nicht mehr der „employer of last resort" – und nimmt keine makroökonomischen Stabilisierungs- und arbeitsmarktpolitischen Integrationsaufgaben mehr wahr. Die Folgen der quantitativen wie qualitativen Restrukturierungen gehen über den ÖD hinaus: Die insgesamt ungünstige Arbeitsmarktsituation mit anhaltender Massenarbeitslosigkeit verschlechtert sich auch wegen des massiven Personalabbaus im ÖD.

International-komparative Studien belegen, dass zwar distinkte Regimes öffentlicher Beschäftigung existieren (liberales, gemischtes, legalistisches), jedoch infolge der Änderungen des Rechtsstatus und der Beschäftigungsbedingungen Annäherungstendenzen von ÖD und Privatwirtschaft festzustellen sind (Tepe et al. 2008). Insgesamt gilt:

> „The traditional orientation of the state as a good employer is insufficient; it might be counterproductive if „good" is equated with „protective". To face this challenge implies a growth in professional know-how of those in

---

15 In dieser Zeit war der Staat „a ‚model employer' setting an example to the private sector by endorsing principles of fairness, involvement and equity in its treatment of the workforce. These principles were associated with the encouragement of trade union membership, support for centralized systems of collective bargaining and other forms of workplace representation ..." (Bach 2010, S. 153f.).

charge of personnel management, comparable to that demanded by growing international competitiveness from private sector managers. It also requires greater political consistency on the part of the governing bodies vis-à-vis the pressures coming from public opinions and from public employees themselves." (Treu 1997, S. 270)

Die ehemals prägende Dichotomie „öffentliche versus private Arbeitgeber" löst sich allmählich auf und beschreibt die aktuelle Arbeitsmarktsituation nicht mehr zutreffend.

Die Strukturveränderungen sind vor allem Folgen veränderter Strategien der öffentlichen Arbeitgeber. Unter dem Druck zunehmender Haushaltsdefizite bzw. wachsender Staatsverschuldung dominieren kurzfristige, markt- und kostenorientierte Strategien, vor allem Arbeitskostenkalküle gegenüber langfristigen, politischen Überlegungen über Umfang und Qualität staatlichen Handelns. Öffentliche Arbeitgeber wollen nicht nur mit privaten sondern in begrenztem Umfang auch miteinander in Konkurrenz auf lokalen und regionalen Arbeitsmärkten treten.

2. Last but not least: In den vergangenen Jahren stieg das Durchschnittsalter der im ÖD Beschäftigten auf rund 44 Jahre Ende der 2000er Jahre (Statistisches Bundesamt 2010); der Anteil der aus Altersgründen ausscheidenden Arbeitnehmer nimmt aufgrund der prozyklisch-expansiven Personal- bzw. Einstellungspolitiken der 1960er und 1970er Jahre zu. Daher besteht zum einen ein erheblicher Ersatzbedarf, den die Personalpolitiken zumindest bei bestimmten, gleichermaßen hohen wie knappen Qualifikationen (wie technischen Berufen) kaum befriedigen können, da die Alterskohorten, die in den Arbeitsmarkt eintreten, kleiner werden (demographischer Wandel). Zum andern wird die Finanzierung der Alterssicherungssysteme zunehmend zum finanz- und sozialpolitischen Problem: Mittel- und langfristig steigen die Ausgaben für die Alters- und Hinterbliebenenversorgung (so genannte Versorgungslasten) sowohl wegen der Einstellungspolitik früherer Jahrzehnte als auch infolge zunehmender Lebenserwartung deutlich; dadurch entstehen erhebliche Belastungen für alle öffentlichen Haushalte, vor allem die der Länder (Färber 2010).

Die Beamten leisten aufgrund des für sie geltenden Alimentationsprinzips, eines zentralen Elements der bereits skizzierten hergebrachten Grundsätze des Berufsbeamtentums, traditionell keine eigenen Beiträge zur Rentenversicherung; sie erhalten allerdings niedrigere Einkommen als vergleichbare Tarifbedienstete. Das Problem wird dadurch verschärft, dass die Arbeitgeber lange Zeit keine bzw. kaum entsprechende kapitalgedeckte Rückstellungen bildeten. Allerdings werden seit Inkrafttreten des Versorgungsreformgesetzes 1998 von jeder Besoldungserhöhung 0,2%

zur Einführung bzw. Bildung einer so genannten Versorgungsrücklage abgezogen;[16] deren Umfang kann die entstehenden Lücken allerdings nicht decken.

Das Problem der so genannten amtsangemessenen Versorgungsleistungen bzw. der steigenden Versorgungsquote für die öffentlichen Haushalte ist seit langem hinreichend bekannt (BMI 1996; Färber 1996; 1997), ohne dass entsprechende Maßnahmen zur nachhaltigen Finanzierung eingeleitet wurden. Im Gegensatz hierzu bestehen für alle Tarifbediensteten Alterssicherungssysteme, die denen der Privatwirtschaft entsprechen (Färber 1996). Seit Inkrafttreten der Föderalismusreform I, welche die Kompetenz der Gesetzgebung vom Bund auf die Länder übertrug (vgl. Kap. 6.2), können die Länder die Versorgungsleistungen innerhalb der im Grundgesetz vorgegebenen Rahmenbedingungen autonom regeln.

---

16 Eine Angleichung zwischen der Beamtenversorgung und der gesetzlichen Rentenversicherung (so genannte Harmonisierung der Alterssicherungssysteme) forderte schon die von der Bundesregierung eingesetzte „Sachverständigenkommission Alterssicherungssysteme" in den frühen 1980er Jahren. In Zusammenhang mit dem Rentenreformgesetz 1992 kam es im Rahmen der Beamtenversorgungsreform 1992 zu Anpassungsmaßnahmen (vor allem Linearisierung und Streckung der nicht mehr linear, sondern degressiv gestaffelten Steigerungssätze der Versorgungsansprüche, schrittweise Erhöhung der allgemeinen Altersgrenze, Einführung gestaffelter Versorgungsabschläge bei vorzeitiger Inanspruchnahme der Antragsaltersgrenze).

3. Arbeitgeber und ihre Verbände

Ein wichtiger Unterschied zwischen Privatwirtschaft und ÖD besteht, wie bereits skizziert (vgl. Kap. 1) in der Tatsache, dass der Staat nicht nur die rechtlichen Rahmenbedingungen setzt, sondern zugleich Arbeitgeber ist.

„... the simple notion of ‚three actors' in industrial relations – workers, employers and government – is inadequate, since the state so to speak occupies two seats at the table." (Hyman 2008, S. 264f.)

Über die Arbeitgeber des ÖD und ihre Verbände liegen, wie ebenfalls bereits erwähnt, kaum Informationen bzw. Informationen vor (eine Ausnahme ist Keller 2010). Wesentliche Besonderheiten ergeben sich bereits aus den spezifischen rechtlich-institutionellen Rahmenbedingungen: Die Organisation der Interessen als Arbeitgeber folgt traditionell strikt der vorgegebenen und für den gesamten Aufbau des föderalistischen Staates wesentlichen Unterscheidung in Bund, Länder und Gemeinden. Damit dominiert das Regionalprinzip der horizontalen Integration; das Fachprinzip der vertikalen Integration wird ausschließlich verbandsintern befolgt.

Ein erster, grober Überblick zeigt folgende Struktur, welcher die Gliederung dieses Kap. folgt:

- Auf kommunaler Ebene besteht ein echter Dachverband, die Vereinigung der kommunalen Arbeitgeberverbände (VKA), als Zusammenschluss der Arbeitgeberverbände in den einzelnen Ländern; auf dieser Ebene sind wegen der vergleichsweise großen Zahl am ehesten verbandliche Strukturen vorhanden (Abschnitt 2).
- Die Länder organisieren sich in einer eigenständigen Arbeitgebervereinigung, der Tarifgemeinschaft deutscher Länder (TdL), (Abschnitt 3).
- Auf der Ebene des Bundes besteht keine verbandsähnliche Organisation, der Bundesminister des Innern ist traditionell für die Interessenvertretung zuständig (Abschnitt 4).

Die Ausführungen dieses Kapitels beziehen sich auf den Tarifbereich mit dem Regelungsverfahren Kollektivverhandlung, da Arbeitgeberverbände nur in diesem Teil des ÖD vorhanden sind. Wir analysieren neben den Mitgliederstrukturen jeweils auch die Tarifpolitik und gehen (für die kommunale Ebene) sowohl auf den Dachverband als auch dessen Mitgliedsverbände ein. – Im Übrigen haben die Organisationsstrukturen, die über mehrere Jahrzehnte stabil waren, erhebliche Konsequenzen für Struktur und Verlauf der Kollektivverhandlungen (einschl. Zentralisierung und Koordinierung) (Keller et al. 2001).

3.1 Kommunale Arbeitgeberverbände

3.1.1 Die Ebene der Kommunen

Auf der Ebene der Kommunen bestehen in allen Ländern als rechtsfähige Vereine des privaten Rechts kommunale Arbeitgeberverbände (KAV) als Vereinigungen von Arbeitgebern im Sinne des Tarifvertragsgesetzes. Die von der Beschäftigtenzahl her größten und dadurch vom Stimmanteil in der Spitzenorganisation her wichtigsten sind die der größten Länder (Nordrhein-Westfalen, Bayern, Baden-Württemberg, Niedersachsen). Die KAV erfüllen ebenso wie ihr Dachverband, der Vereinigung der kommunalen Arbeitgeberverbände (VKA), ausschließlich Funktionen von Arbeitgeberverbänden hinsichtlich der Tarifbediensteten, nehmen jedoch nicht die Aufgaben der Kommunen als Dienstherrn von Beamten wahr. Für diesen weniger als 200.000 Personen umfassenden und damit vergleichsweise kleinen Bereich ist der kommunale Spitzenverband zuständig, bei dem der jeweilige Dienstherr Mitglied ist.

Der Zweck der KAV besteht in der Wahrung der gemeinsamen Interessen ihrer Mitglieder als Arbeitgeber und im Interessenausgleich zwischen ihnen sowie ihren Arbeitnehmern. Diese Aufgaben erfüllen die KAV insbesondere durch den Abschluss von Tarifverträgen und durch Hilfe und Beratung ihrer Mitglieder in allen Fragen des Arbeits- und Tarifrechts sowie bei Rechtsstreitigkeiten vor den Arbeits-, Sozial- und Verwaltungsgerichten.

Die Mitgliedschaft einer KAV, welche wegen der privatrechtlichen Basis freiwillig ist, können u.a. erwerben: Gemeinden; Gemeindeverbände; Zweckverbände und Verwaltungsgemeinschaften; Öffentliche Spar- und Girokassen; Anstalten und Stiftungen des öffentlichen Rechts. Damit ist infolge einer großen organisatorischen Breite eine gewisse Heterogenität der Interessen vorgegeben, die durch innerverbandliche Vorkehrungen und Mechanismen reduziert bzw. vereinheitlicht werden müssen.

Die für die interne Politikformulierung und -koordinierung zuständigen Organe eines KAV können laut Verbandssatzungen sein: Mitgliederversammlung, Hauptausschuss, Vorstand und Gruppenversammlungen bzw. -ausschüsse. Hierbei können Unterschiede zwischen den KAV hinsichtlich Zusammensetzung und Aufgaben der Organe bestehen. Statuarische und exekutive Funktionen werden stets deutlich voneinander getrennt.

Die Mitgliederversammlung setzt sich zusammen aus je einem Vertreter der Verbandsmitglieder oder den Mitgliedern der Gruppenversammlungen bzw. -ausschüsse plus Vorstand; der Vorstand beruft sie mindestens einmal pro Jahr ein. Das Stimmrecht kann nach der Anzahl der beschäftigten Arbeitnehmer gestuft sein. Typisch ist eine Regelung wie die folgende: 1–500 Arbeitnehmer eine Stimme, 501–1.000 Arbeitnehmer zwei Stimmen, mit mehr als 1.000 Arbeitnehmern für je angefangene 1.000 Arbeitnehmer je eine zusätzliche Stimme. Solche Regelungen führen im Übrigen zu einer Vormachtstellung der großen Mitglieder („Verbandsoligarchie").

Derartige differenzierte Stimmrechte sind auch von Unternehmensverbänden der Privatwirtschaft bekannt, bei denen u.a. Unternehmensgröße, Beschäftigtenzahl und Umsatz als Kriterien herangezogen werden können (Rampelt 1979, S. 8f.). Zum Aufgabenbereich gehören vor allem Beschlüsse der Regularien wie Genehmigung des Haushaltsplans, Abnahme der Jahresrechnung und Bestellung der Rechnungsprüfer, Beschlussfassung über Änderungen der Satzung, aber auch die Wahl des Vorstands. – Die Mitgliederversammlung ist, u.a. aufgrund der langen Abstände zwischen ihren Tagungen und wegen ihrer Größe, nicht als das entscheidende Gremium der Willensbildung anzusehen; sie dient eher der formaldemokratischen Legitimation der Verbandsführung als der faktischen Entscheidungsfindung bei aktuellen Problemen.

Der Haupt- oder Verhandlungsausschuss setzt sich im Wesentlichen aus dem Vorstand und den Vorsitzenden der Gruppenversammlungen bzw. -ausschüsse zusammen; er ist damit ein im Vergleich zur Mitgliederversammlung kleines Gremium. Dieser Ausschuss trifft die tarifpolitischen Entscheidungen, vor allem diejenigen, die mehrere Verbandsgruppen betreffen und daher einheitliche Regelungen notwendig machen. Er hat insbesondere Tarifverträge vorzubereiten und abzuschließen sowie die spezifischen Gruppeninteressen zu koordinieren und über deren Vorschläge zu entscheiden.

Der Hauptausschuss stellt aufgrund seiner Größe und satzungsrechtlichen Kompetenzen ein wichtiges Beschluss- und Lenkungsgremium dar. Die unterschiedlichen Interessen der Mitgliedergruppen werden bei der innerverbandlichen Willensbildung dadurch berücksichtigt bzw. eingebunden, dass neben dem Vorstand auch die Gruppenversammlungen bzw. -ausschüsse entweder durch Mitglieder oder durch ihren Vorsitzenden im Hauptausschuss vertreten sind. Durch diese institutionell abgesicherte Breite der Zusammensetzung wird das gesamte Interessenspektrum der Mitglieder in dieser „kleinen Mitgliederversammlung" als handlungsfähigem Entscheidungsorgan repräsentiert. Der Hauptausschuss ist das entscheidende Koordinationsgremium für die Gruppenversammlungen bzw. -ausschüsse.

Der Vorstand wird von der Mitgliederversammlung oder dem Hauptausschuss auf Zeit, d.h. für vier Jahre, gewählt; er soll bei einer geringen absoluten Größe repräsentativ hinsichtlich der Mitgliedergruppen zusammengesetzt sein, was deren Integration sowie den Interessenausgleich zwischen ihnen erleichtert. Der Vorstand erfüllt zum einen formale Aufgaben, u.a. Wahl des Vorsitzenden, Entscheidung über Aufnahmeanträge, Vorbereitung und Einberufung der Mitgliederversammlung; zum anderen entscheidet er häufig in den übrigen Gremien mit, wobei die satzungsrechtlich abgesicherte Mitgliedschaft in verschiedenen Verbandsorganen ebenso hilfreich ist wie die repräsentative und daher austarierte Zusammensetzung.

KAV sind wie Arbeitgeberverbände der Privatwirtschaft „encompassing organizations" (Olson 1982) und von den Interessenlagen ihrer Mitglieder her keinesfalls homogene Gruppierungen. Das zentrale Problem besteht darin, dass die heterogenen Interessen, die innerhalb sowie vor allem zwischen großen Mitgliedergruppen bestehen, mediatisiert und vereinheitlicht werden müssen, um kollektives Handeln zu ermöglichen bzw. um die externe Handlungsfähigkeit des Verbandes zu sichern. In der KAV wählen deshalb die Gruppenversammlungen, d.h. die Versammlungen aller Mitglieder einer Gruppe, für die Dauer von vier Jahren die Mitglieder der so genannten Gruppenausschüsse nach differenziertem Stimmrecht. Gruppenausschüsse, die eine horizontal-innerverbandliche Differenzierung der Willensbildung bezwecken bzw. bewirken, bestehen als ständige Ausschüsse u.a. für folgende Bereiche: Verwaltung (einschl. Flughäfen), Sparkassen, Versorgungsbetriebe, Häfen, Nahverkehr, Kranken-, Heil- und Pflegeanstalten.

Ihre Anzahl und Aufgaben differieren geringfügig nach regional-länderspezifischen Besonderheiten sowie im Zeitverlauf. Generell besteht neben einer grundsätzlich eng begrenzten Anzahl eine weitgehende inhaltliche Parallelität zu den noch zu behandelnden Gruppenausschüssen der Dachorganisation, dem „Verband der Verbände", wodurch interne Komplikationen vermieden werden. Ihre funktionale Differenzierung erlaubt eine arbeitsteilig-kooperative Strategie des Verbandes.[1]

Die Gruppenausschüsse bearbeiten und beraten die besonderen, vor allem tarifpolitischen Angelegenheiten ihrer Gruppenmitglieder bzw. ihres Fachgebiets und unterbreiten den Verbandsorganen Vorschläge; insofern erfüllen sie wichtige Zulieferer- und Vorbereitungsfunktionen. Häufig führen die Gruppenausschüsse in eigener Verantwortung die Tarifverhandlungen, welche ausschließlich ihre Mitglieder betreffen. Sie verfügen so-

---

[1] KAV und deren Gruppenausschüsse können Gastmitglieder ohne Stimmrecht haben, wie kommunale Spitzenverbände oder Unternehmen, bei denen die öffentliche Hand keine Majorität hat, wie bestimmte Krankenhäuser oder Lebenshilfeorganisationen.

wohl satzungsrechtlich als auch tatsächlich über weitgehende Entscheidungskompetenz und -autonomie hinsichtlich der Behandlung von Problemen ihrer Verbandsgruppe, wobei sie als Randbedingung ihres Handelns das allgemeine Tarifgefüge wahren müssen. Die übrigen „legislativen" Verbandsorgane, also Hauptausschuss bzw. Mitgliederversammlung, mit denen zwischenzeitlich Absprachen getroffen werden, legitimieren später die in den Gruppenausschüssen gefallenen Sachentscheidungen.

Im Vergleich zum Gesamtverband sind Gruppenausschüsse von der Interessenlage her relativ homogene Organe der Entscheidungsfindung und -absicherung, was Probleme der Interessenvereinheitlichung wesentlich mildert. Diese innerverbandliche Entscheidungsdezentralisation in fachlich begrenzten Sachfragen hat mehrere Aufgaben: Zum einen garantiert sie einen hohen Beteiligungsgrad der Mitglieder an der Willensbildung und erleichtert deren Integration durch Verpflichtung auf gemeinsame Beschlüsse; zum anderen macht sie potentielle Bewertungsunterschiede frühzeitig deutlich und ermöglicht die Konfliktbewältigung durch internes Interessenclearing. Die Verbandsvertreter beurteilen die langjährigen Erfahrungen mit dieser Organisationsstruktur durchweg sehr positiv.

Personelle und institutionelle Verflechtungen von Verbandsgremien in horizontaler und vertikaler Richtung erleichtern die Formulierung eines einheitlichen Verbandswillens durch Integration der Teilentscheidungen. Eine ursprünglich auf die Arbeitgeberverbände der Privatwirtschaft gemünzte Aussage gilt auch für die des ÖD:

„Durch die Differenzierung der Verbandsorganisation in Subsysteme, deren Bezugsrahmen sich an mitgliederrelevanten Interessendimensionen orientiert (z.B. Fachgruppen), wird deren zeitlich, sachlich und sozial generalisierte Einbeziehung in den Ablauf der Politikformulierung gewährleistet." (Traxler 1980, S. 8)

Abstimmungen sind nach übereinstimmender Auskunft in der Regel nicht kontrovers. Diese Angaben decken sich mit der allgemeinen Erkenntnis (Rampelt 1979, S. 59f.), dass bei Verbänden mit freiwilliger Mitgliedschaft Kampfabstimmungen ebenso selten wie Fraktionsbildungen sind, u.a. weil solche Strategien solidarisches Handeln kaum gewährleisten könnten. Stattdessen setzen sie auf „Konsensbildung als Vereinheitlichungsstrategie" (Traxler 1985, S. 62).[2] Formale Abstimmungen ratifizieren häufig nur bereits auf konsensualer Basis gefallene Entscheidungen.

---

2   Ähnlich bei einem internationalen Vergleich: „... there is universally strong preference for consensual decision-making in association affairs and a correspondingly strong disinclinction to let internal differences be exposed to public view or to the scrunity of union strategies" (Windmuller 1984, S. 14).

3.1.2 Der Dachverband

Die rechtlich selbständigen KAV, deren Verbandsgrenzen mit denen der Länder identisch sind, haben sich zu einer Spitzenvereinigung im Sinne des Tarifvertragsgesetzes zusammengeschlossen, der Vereinigung der kommunalen Arbeitgeberverbände (VKA). Mitglieder können nur Verbände, nicht einzelne Arbeitgeber über direkte Mitgliedschaft werden; ähnlich verläuft die vertikale Integration bei den „Verbänden der Verbände" in der Privatwirtschaft.

Der tarifpolitische und arbeitsrechtliche Dachverband VKA verfolgt den Zweck, „die gemeinsamen Angelegenheiten ihrer Mitglieder und der diesen angeschlossenen Arbeitgeber auf tarif-, arbeits- und sozialrechtlichem Gebiet gegenüber Gewerkschaften, staatlichen Stellen und anderen Organisationen zu vertreten, insbesondere hat sie

1. die Grundsätze der Tarifpolitik festzulegen,
2. Tarifverträge abzuschließen,
3. verbindliche Richtlinien festzulegen oder zu vereinbaren,
4. für den Abschluss von Tarifverträgen durch die Mitglieder verbindliche Grundsätze festzulegen oder zu vereinbaren,
5. den Erfahrungsaustausch zwischen den Mitgliedern zu vermitteln (VKA 2003, § 2).

Die VKA erfüllt wesentliche Koordinationsaufgaben; sie befasst sich mit allen Fragen von allgemein-überregionalem Interesse. Die für die interne Willensbildung zuständigen Organe sind Mitgliederversammlung, Präsidium und Vorstand.

Die Mitgliederversammlung als oberstes Organ tagt jährlich mindestens einmal, tatsächlich häufiger, vor allem während der Tarifverhandlungen. Ihre Aufgabe besteht in dieser Phase vor allem in grundlegenden Entscheidungen, insbesondere Abschluss und Kündigung von Tarifverträgen. Zu ihren generellen Aufgaben gehören u.a.: Wahl des Vorsitzenden der VKA und dessen Stellvertreters, Bildung und Auflösung der Gruppenausschüsse, Beschlüsse über Richtlinien. Die Mitgliederversammlung besteht aus den Vertretern der Mitgliedsverbände, deren Stimmanteil nach ihrer Größe gestaffelt wird, was zu einer Vormachtstellung der Verbände aus den bevölkerungsstarken Ländern führt. Bei der internen Willensbildung wird auf breite Zustimmung Wert gelegt, die durch intensive „Überzeugungsarbeit" erreicht wird und die innerverbandliche Durchsetzung von Beschlüssen erleichtert.

Das engere, für tarifpolitische Entscheidungen maßgebende Gremium ist das Präsidium, welches sich aus den Vorsitzenden der Mitgliedsverbände, den Vorsitzenden der Gruppenausschüsse und dem Hauptgeschäftsführer zusammensetzt. Die laufenden Geschäfte führt der Vorstand.

Die Mitglieder der VKA sind ebenso wie die der Tarifgemeinschaft deutscher Länder (vgl. Kap. 3.2) nur in begrenztem Umfang berechtigt, selbständige Tarifverträge oder sonstige arbeitsrechtliche Vereinbarungen abzuschließen. Sie treten aufgrund formaler Regelungen (VKA 2003, § 6; TdL 2005, § 5) mit dem Erwerb der Verbandsmitgliedschaft wesentliche Rechte aus dem Kanon ihrer Tarifhoheit für die Fälle ab, in denen die Spitzenorganisation Verträge schließt oder sich den Abschluss vorbehält (so genannter Verbandszwang). Ähnlich ist die Situation in der Privatwirtschaft (Bunn 1984, S. 175).

Im Binnenverhältnis zwischen Mitgliedsverbänden und Spitzenorganisation fand in langfristiger Perspektive ähnlich wie bei anderen Arbeitgeberverbänden[3] eine innerorganisatorische Zentralisierung der Entscheidungskompetenzen statt: Der Dachverband schließt die wesentlichen, d.h. bundesweit geltenden Tarifverträge; er wahrt und sichert faktisch die Einheitlichkeit der Tarifpolitik durch Kontrolle der tarifpolitischen Willensbildung, obwohl er formal keinerlei Weisungsbefugnisse gegenüber den Mitgliedsverbänden hat (Erhöhung der Effektivität der Verhandlungen).

Gruppenausschüsse sind nicht nur bei den Mitgliedsverbänden, sondern auch beim Dachverband eingerichtet. Gemäß Satzung (VKA 2003, § 16) bestehen folgende Ausschüsse: Flughäfen, Krankenhäuser und Pflegeeinrichtungen, Nahverkehrsbetriebe und Häfen, Sparkassen, Verwaltung, Versorgungsbetriebe (zu Einzelheiten http:/www.vka.de/vka/home/fachbereiche.shtml). In diese von der Mitgliederversammlung eingerichteten Gruppenausschüsse entsendet jeder Mitgliedverband ein ordentliches sowie ein stellvertretendes Mitglied; in der Regel sind dies die Vorsitzenden und stellvertretenden Vorsitzenden der Gruppenausschüsse der einzelnen KAV. Durch eine sorgsame Austarierung der personellen Zusammensetzung wird eine Repräsentation aller größenbedingten, regionalen, gruppenspezifischen und sonstigen Partikularinteressen im jeweiligen Gruppenausschuss der Spitzenorganisation erreicht sowie die Verpflichtungsfähigkeit der Mitglieder (Weitbrecht 1969) erhöht. Die im Vergleich zu

---

3 Generell gilt: „Decision-making in employers associations is generally a centralized matter, rather removed from the reach of individual member firms except for local or regional associations. Insofar as this situation indicates a concentration of authority in relatively small boards and in top association officials, it reflects the fact that participatory democracy as a form of internal government is not characteristic of employers associations" (Windmuller 1984, S. 16).

anderen Gremien geringe Größe verstärkt die Handlungs- und Entscheidungsfähigkeit im Rahmen einer flexibel gehaltenen Arbeitsteilung. Die Gruppenausschüsse sind auch auf VKA-Ebene Fachausschüsse, welche die inhaltliche Verbandsarbeit faktisch weitgehend leisten und aufgrund ihrer Besetzung über „Sachverstand" und „Kompetenz" verfügen. Die auch auf dieser Ebene dezentralisierten Befugnisse sind recht weitgehend. Die Gruppenausschüsse „haben die ihr Fachgebiet betreffenden Angelegenheiten zu beraten. Soweit nicht ein Organ der VKA zuständig ist, können sie bindende Beschlüsse fassen, um für ihren Bereich die Einheitlichkeit der Arbeitsbedingungen zu sichern" (VKA 2003 § 16). – Diese Vertretungen der Fachinteressen sind aufgrund ihrer relativen Autonomie funktionale Äquivalente zu „Fachverbänden". Sie werden bei Verhandlungen, die ihren Zuständigkeitsbereich betreffen, einbezogen und erteilen fachlichen Rat. Die Häufigkeit der Zusammenkünfte richtet sich nach dem Arbeitsanfall; in der Regel tagen die Ausschüsse ein- bis zweimal jährlich.

Die Mitarbeit erfolgt ehrenamtlich. Dadurch wird die Verpflichtungsfähigkeit der Gruppenmitglieder erhöht, was in Anbetracht der Wichtigkeit der Beschlüsse notwendig ist: Die Gruppenausschüsse fällen de facto Entscheidungen, die innerverbandlich umgesetzt werden müssen. Durch die Mitarbeit in den Gruppenausschüssen treten keine Probleme auf. Schwierigkeiten wegen der zusätzlichen zeitlichen Belastung durch intensive Mitarbeit im Verband sind in der Privatwirtschaft größer, wo „die firmeninterne Tätigkeit allemal höhere Priorität als die Mitarbeit im Verband" (Traxler 1985, S. 62; ähnlich Windmuller 1984, S. 14) besitzt. Im ÖD wird die Tätigkeit in Verbandsgremien als integrierter Teil der übernommenen Aufgaben definiert, zumal das Problem der Vertretung gelöst werden kann.

Wiederholte Entsendung von Mitgliedern ist bei der Mehrzahl der Ausschüsse die Regel; häufig sind Alters- oder Gesundheitsgründe für das Ausscheiden verantwortlich. Das Verhältnis zwischen hauptberuflichen Verbandsfunktionären, der Geschäftsführung und ehrenamtlichen Repräsentanten der Mitglieder beschreiben erstere als in der Regel konfliktfrei.[4]

---

4 Für die Arbeitgeberverbände der Privatwirtschaft gilt hinsichtlich dieses Verhältnisses: „Employers associations... combine in their decision processes direct participation by both professional staff and managerial representatives, the latter drawn broadly from members firms, reflecting not only the operational requirement that the diversity among firms be allowed to express itself in the decision processes hut also the reality that consensus and compromise have to be

Innerhalb solcher „dualistic leadership structures" (Schmitter/Streeck 1981, S. 54) erschwert die geringe Zahl hauptberuflicher Mitarbeiter eine weitgehende Loslösung der Verbandsspitze bzw. der von ihr betriebenen Politik von den Interessen der Mitglieder; auch das Ausmaß der Entscheidungsautonomie sollte nicht überschätzt werden.

3.2 Die Organisation der Länder

Die Länder haben sich zu einer eigenständigen Arbeitgebervereinigung im Sinne des Tarifvertragsgesetzes zusammengeschlossen, der Tarifgemeinschaft deutscher Länder (TdL), die wie die VKA seit 1949 besteht (http://www.tdl.bayern.de).

„The meeting of April 22, 1949, at which the TDL was founded was attended by representatives of six state associations of local governments. They decided, however, that they would set up their own national federation rather than join with the complexity of their organizations, it appears that this was a wise decision." (McPherson 1971, S. 47)

Ziel der TdL ist die „Wahrung der Interessen ihrer Mitglieder an der Einheitlichkeit der Arbeitsbedingungen des öffentlichen Dienstes". Sie verfolgt dieses bewusst flexibel formulierte Ziel vor allem durch den ihr im Wesentlichen vorbehaltenen „Abschluss von Tarifverträgen und sonstigen Vereinbarungen" für ihre Mitglieder. Ihre Organe sind die Mitgliederversammlung, der Vorstand und der Vorsitzende des Vorstandes.

Vertreter der TdL nach außen und damit auch Repräsentant der Länder bei Tarifverhandlungen ist der auf Vorschlag der Finanzministerkonferenz gewählte Vorsitzende des dreiköpfigen Vorstands.[5] Traditionell ist bei der Mehrzahl der Länder der Finanzminister für das Tarifwesen zuständig.[6] Nach einer allgemein akzeptierten Regel soll der für das Dienstrecht der Beamten zuständige Minister zugleich auch für das Tarifwesen verantwortlich sein; diese Konzentration der Kompetenzen erleichtert verstärkt die Wechselwirkungen zwischen Tarif- und Beamtenbereich.

---

recurringly sought among member firms within the employers associations ..." (Bunn 1984, S. 191).

5 Folgende Regelung ist zu beachten: „Vorstandmitglieder können nur Vertreter der Mitglieder sein, wenn zum Geschäftsbereich des Vertreters nach der Geschäftsordnung der Landesregierung die Zuständigkeit für das Tarifrecht der Arbeitnehmer des Landes gehört" (TdL 2008, § 11).

6 Besonderheiten wie die Zuordnung zum Innenministerium in Hessen und dem Saarland oder zu bestimmten Senatskommissionen in den Stadtstaaten sind durch die historische Entwicklung der jeweiligen Geschäftsverteilungspläne zu erklären.

Die TdL finanziert sich wie die KAV und die VKA ausschließlich über Beiträge ihrer Mitglieder, wobei alle Länder denselben Betrag zahlen und über das gleiche Stimmrecht in der Mitgliederversammlung verfügen. Die Tatsache, dass es im Gegensatz zur VKA kein differenziertes Stimmrecht gibt, schließt allerdings nicht aus, dass die größeren Länder im Meinungsbildungsprozess über größeres Gewicht verfügen können. Die Mitgliederversammlung beschließt mit einer qualifizierten Mehrheit von drei Fünfteln der abgegebenen Stimmen. Zu ihrem Aufgabenbereich gehört neben einigen Regularien die Wahl und Abberufung der Vorstandsmitglieder und vor allem die

„Beschlussfassung über Maßnahmen zur Sicherung der Einheitlichkeit der Arbeitsbedingungen der Arbeitnehmer der Länder, insbesondere über Abschluss und Kündigung von Tarifverträgen und sonstigen Vereinbarungen ..." (TdL 2008, § 10)

Die Mitgliederversammlung verfügt damit über vergleichsweise weit reichende Kompetenzen.

Formale Beschlüsse der Mitgliederversammlung, die während der Verhandlungen als Beschlussorgan agiert, kommen überwiegend einvernehmlich zustande. Besonders bei Fragen von grundsätzlicher Bedeutung werden breite Mehrheiten angestrebt. So genannte Kampfabstimmungen finden so gut wie nie statt; Gegenstimmen sind selten. In besonderen Situationen, etwa bei Nicht-Betroffenheit, kommen gelegentlich Stimmenthaltungen vor. Diese Verhaltensstrategien decken sich mit denen anderer Arbeitgeberverbände.

Die Meinungsbildung der TdL verläuft wegen der geringen Mitgliederzahl straffer und zügiger als bei den KAV: Zunächst werden bei den Ländern die Vorstellungen innerhalb der zuständigen (Finanz-)Ministerien koordiniert, wobei die Innenministerien einbezogen werden. Die Länder stehen über ihre zuständigen Ministerien in permanentem Kontakt, der vor allem über die Verbandsgeschäftsstelle vermittelt wird. Nach Bekanntgabe bzw. Übermittlung der gewerkschaftlichen Forderungen werden intern Kostenrechnungen angestellt, Argumente gesammelt und Verhandlungsstrategien festgelegt. Die auf Länderebene zuständigen Minister, Staatssekretäre und Referenten leiten in Vorgesprächen Abstimmungsprozesse unter den Beteiligten ein.

Auf der Ebene der Länder bestehen keine Gruppenausschüsse wie bei KAV und VKA. Die TdL errichtet jedoch Verhandlungskommissionen für besondere Bereiche, wie Finanz- oder Justizverwaltung, die aufgrund der gesetzlich vorgegebenen Aufgabenverteilung zwischen Bund, Ländern und Kommunen in die Zuständigkeit der Länder fallen. Weiterhin bildet die TdL bei Bedarf Ausschüsse (Forstfragen), Kommissionen (Zusatzversorgung, Lehrerkommission, Haushalt) und Projektgruppen (Wissenschaft), die Probleme analysieren und Lösungsvorschläge unterbreiten, aber keine formalen Entscheidungsbefugnisse haben. Die kompetenten und interessierten Mitglieder sind in den jeweiligen Verhandlungskommissionen vertreten. Im Übrigen beteiligt sich die TdL informell an den Gruppenausschüssen der VKA, die für den Bereich der Länder ebenfalls relevant sind, z.B. Krankenanstalten, Nahverkehr; hier spielen Aspekte der Informationsgewinnung eine Rolle, z.B. im Nahverkehr.

3.3 Die Willensbildung auf Bundesebene

Auf der Ebene des Bundes besteht im Gegensatz zu Kommunen und Ländern keine verbandliche Organisation. Einige Probleme, die in Arbeitgeberverbänden auftreten und gelöst werden müssen, erfordern eine Koordination zwischen Ministerien.[7]

Die Federführung liegt wegen seiner Zuständigkeit für alle besoldungsrechtlichen und tarifvertraglichen Regelungen der Beschäftigungsbedingungen beim BMI; bei Verhandlungen gilt das „Prinzip des Einvernehmens" mit dem BMF. „Die Organisation auf Arbeitgeberseite ist durch die Trennung der Verhandlungsverantwortung (Innenministerium) und Finanzverantwortung (Finanzministerium) zu einer größeren Effektivität der Verhandlungen gekommen, weil mehr Möglichkeiten des stufenweisen Herantastens an das Limit notwendig sind und damit Verhandlungen entstehen, die den innerorganisatorischen Anpassungsprozessen eher Rechnung tragen" (Weitbrecht 1973, S. 16). Die institutionelle Grundlage dieser engen und laufenden Zusammenarbeit ist die Bundeshaushaltsordnung, die Personalausgaben nur auf gesetzlicher und tarifvertraglicher Basis vorsieht.

Die unterschiedlichen Vorstellungen hinsichtlich Verhandlungsspielraum und tarifpolitischer Strategie werden in nicht-formalisierten Verfahren intern abgestimmt mit den an den jeweiligen Verhandlungen beteilig-

---

7   Bis 1960 führte der Finanzminister (BMF) die Verhandlungen; seitdem beauftragt die Bundesregierung den Bundesminister des Innern (BMI) förmlich mit der Interessenwahrnehmung. „This responsibility ... was transferred because there was a widespread belief that the Finance Ministry was too exclusively concerned with the goal of minimizing expenditure. Finance continues, however, to have a representative present as observer in all federal negotiations" (McPherson 1971, S. 45f.).

ten anderen Instanzen (vor allem Bundeskanzleramt, Finanz- und Wirtschaftsministerium). An diesen Abstimmungsprozessen können je nach Gegenstand der Verhandlungen auch andere Ministerien mitwirken: Bei personengruppen- und bereichsspezifischen Verhandlungen sind etwa die personalstarken Ressorts eingebunden, z.b. Bundesministerium der Verteidigung wegen der Zivilbediensteten; an anderen Verhandlungen ist etwa das Auswärtige Amt beteiligt. – Bei dieser Willensbildung sind unterschiedliche Bewertungen am ehesten aus dem Wirtschafts- und besonders dem Finanzministerium zu erwarten, so dass eine Koordination bzw. ein Ausgleich spezieller Interessen angestrebt werden muss. Dabei treten parteipolitische Überlegungen zugunsten tarifpolitischer Sachpositionen in den Hintergrund: Alle Beteiligten respektieren die Autonomie der Tarifverhandlungen. Kabinettsinterne Konflikte etwa der Art, dass bei Koalitionsregierungen die beteiligten Ministerien von Politikern verschiedener Parteien besetzt sind und diese versuchen, das Wählerreservoir in ihrer eigenen Partei zu vergrößern, treten nicht auf.

Der BMI ist nicht nur für die Erfüllung der Arbeitgeberaufgaben zuständig; im Rahmen der konkurrierenden Gesetzgebung des Bundes, die vollständig ausgenutzt wird, bereitet er durch die Unterabteilung Besoldungsrecht der Dienstrechtsabteilung seines Ministeriums auch die Gesetzesentwürfe der Bundesregierung zur Besoldungsanpassung und damit der Einkommen der Beamten des Bundes und der Kommunen verantwortlich vor; bis zur Föderalismusreform (vgl. Kap. 6.2) bezogen sich diese Befugnisse auch auf die Beamten der Länder. Damit verfügt der BMI über eine zentrale Position bei der Festsetzung der Einkommen und übrigen Arbeitsbedingungen der öffentlich Bediensteten; er ist zentrale Koordinationsinstanz für besoldungsrechtliche und tarifvertragliche Regelungen und Träger der Arbeitsbeziehungen. Diese Zentralisierung der Kompetenzen erleichtert die komplexen Koordinations- und Abstimmungsprozesse, die langfristig das Ziel einer Angleichung der materiellen Arbeitsbedingungen in Tarif- und Besoldungsbereich verfolgten.

Neben dem Abschluss von Tarifverträgen existieren auch auf der Ebene des Bundes weitere Aufgaben „unterhalb" von Tarifverhandlungen: Ähnlich wie bei den übrigen Arbeitgebern gehören arbeitsrechtliche Angelegenheiten dazu, wobei aber keine Prozessvertretungen übernommen werden; allerdings ist der Beratungsbedarf bei Verbänden größer und stärker ausgeprägt als im Verkehr zwischen Ministerien. Wichtiger sind Aufgaben wie die Beobachtung aktueller Entwicklungen in der Rechtsprechung oder die Ausarbeitung von Richtlinien für die Anwendung tarifrechtlicher Regelungen. Hier nimmt die Unterabteilung Tarifrecht der

Dienstrechtsabteilung eine Zentralfunktion für den gesamten Bundesbereich wahr.[8]

3.4 Erklärungen ■

In Bezug auf die Ausstattung mit Ressourcen gilt: Auf kommunaler Ebene werden die Mittel für die Aufwendungen der Verbände ausschließlich durch Beiträge der Mitglieder aufgebracht. Bemessungsgrundlage bei den KAV ist die Zahl der Arbeitnehmer ihrer Mitglieder; derartige Regelungen sind auch in der Privatwirtschaft üblich (Rampelt 1979, S. 37-42). Im Übrigen implizieren unterschiedliche Beiträge häufig differenzierte Stimmrechte.

Die Beitragsehrlichkeit stellt in der Privatwirtschaft vor allem bei kleineren Unternehmen, im ÖD dagegen kaum ein Problem dar, da in letzterem die Bemessungsgrundlage „objektiv" festzustellen ist. Die jährlichen Mitgliedsbeiträge der KAV bilden die ausschließliche Finanzierungsgrundlage der VKA, wobei auch hier doppelt nach der Verbandsgröße differenziert wird: Der Beitrag setzt sich aus einem Grund- und einem Zusatzbeitrag zusammen, die beide nach der Beschäftigtenzahl berechnet werden (VKA 2003, § 8). Insgesamt ist die Mitgliedschaft sowohl in absoluten Beträgen als auch im Verhältnis zu der bei anderen Verbänden verhältnismäßig günstig.

Die personelle Ausstattung der KAV ist nicht besonders umfangreich. Die KAV haben in aller Regel wesentlich weniger als zehn Mitarbeiter. Dieser Sachverhalt, der geringe Ausgaben des Verbandes zur Folge hat, kann erklärt werden durch die interne „Straffung der Verbandsarbeit", durch das erhebliche Ausmaß ehrenamtlicher Mitarbeit, u.a. in den Gruppenausschüssen, sowie durch den geringen Umfang der Öffentlichkeitsarbeit.

---

8   Hinzu kommen bestimmte Serviceleistungen für Anstalten und Stiftungen des öffentlichen Rechts: So sind etwa die bundesunmittelbaren Sozialversicherungsträger wie die Deutsche Rentenversicherung Bund und die Bundesagentur für Arbeit tarifautonom und führen formal eigenständige Tarifverhandlungen; sie werden jedoch vom Bund an dessen Verhandlungen informell beteiligt. Weiterhin sind bestimmte Zuwendungsempfänger des Bundes nicht tarifgebunden, wenden aber das Tarifrecht an; so gibt es etwa bei der Kernforschungszentrum Jülich GmbH Haustarifverträge, die sich entsprechend orientieren.

1. Eigenständige theoretische Erklärungen zu den Arbeitgeberverbänden des ÖD liegen nicht vor. Die wenigen vorhandenen, auf die Privatwirtschaft gerichteten Beiträge sind aufgrund der unterschiedlichen Rahmenbedingungen (vgl. Kap. 1) nur begrenzt und ausschließlich für die Verbände der kommunalen Ebene anwendbar.

Die KAV weisen in wichtigen, vor allem organisationsstrukturellen Dimensionen gewisse Parallelen zu Arbeitgeberverbänden der Privatwirtschaft auf (u.a. Integration und Mediatisierung heterogener Interessen, Verbandsressourcen, Erstellung privater Dienstleistungen).[9] Ein Unterschied besteht darin, dass die in Verbänden organisierten Arbeitgeber des ÖD weder auf Produkt- noch auf Arbeitsmärkten in einem internen oder externen Konkurrenzverhältnis, der Erfolgsbedingung privater Akkumulation, zueinander stehen: Die Produktmärkte sind doppelt differenziert, horizontal durch lokal bzw. regional begrenzte Zuständigkeiten, vertikal durch die zwischen den Gebietskörperschaften auf der Basis grundgesetzlich vorgegebener Regelungen bestehenden Kompetenzabgrenzungen.[10] Die Arbeitsmärkte (vgl. Kap. 2) sind zum einen in der gegenwärtigen, regionalen und allgemeinen Beschäftigungssituation durch ein deutliches Überangebot gekennzeichnet, welches die bei den gegenteiligen Ausgangsbedingungen gegebene Konkurrenz um Arbeitskräfte weitgehend verhindert; zum andern sind die Leistungen der verschiedenen Arbeitgeber seit den frühen 1970er Jahren weitgehend vereinheitlicht. Gewisse Konkurrenzbeziehungen bestehen auf kommunaler Ebene durch die Konkurrenz privater Anbieter in einzelnen Bereichen (u.a. Entsorgung, Nahverkehr). Ob sich aufgrund aktueller, rechtlich-institutioneller Verschiebungen im Rahmen der Föderalismusreform (vgl. Kap. 6.2) gravierende Änderungen ergeben, bleibt abzuwarten.

Wenn die Einzelinteressen nicht primär über den Markt realisiert werden, ist die Organisation im Verband nicht mehr von nur nachrangiger

---

9 Studien über Arbeitgeberverbände der Privatwirtschaft belegen, dass diese neben ihrer Tariffunktion weitere Vertretungsaufgaben übernehmen. „Dazu zählen die Einflussnahme auf die Formulierung der Arbeits- und Sozialgesetzgebung und die Mitwirkung an ihrer Vollziehung im Rahmen der Arbeits- und Sozialgerichtsbarkeit sowie in den Selbstverwaltungsorganen der Sozialversicherung" (Traxler 1985, S. 55). Ähnliches gilt auch für die Arbeitgeberverbände des ÖD, die u.a. ehrenamtliche Arbeitsrichter (Arbeitgeberbeisitzer) bei den Arbeitsgerichten, Landesarbeitsgerichten und dem Bundesarbeitsgericht sowie Sozialrichter bei den Sozial- und Landessozialgerichten stellen.

10 Wir abstrahieren hierbei von seltenen Ausnahmesituationen, die in Grenzgebieten von Bundesländern oder zwischen Großstädten und ihrem Umland (etwa bei Schulen) auftreten können.

Bedeutung wie in der Privatwirtschaft. Unsolidarisches Handeln infolge dominierender Partikularinteressen bzw. autonomer unternehmerischer Individualentscheidungen im Rahmen einer profitorientierten Konkurrenzwirtschaft ist daher kaum zu erwarten. Das „Spannungsverhältnis zwischen individueller und organisierter Interessenverfolgung" (Rampelt 1979, S. 1f.) ist weniger ausgeprägt; die Option, Resultate des kollektiven Verbandshandelns durch Einzelentscheidungen im Unternehmen zu verändern, hat kaum Bedeutung.

Weiterhin sind Interessenunterschiede zwischen kleinen und großen Mitgliedern weniger relevant als in den Branchen der Privatwirtschaft; zudem bestehen keine Mittelstandsprobleme, so dass Probleme der Vereinheitlichung von Interessen für die Verbandspolitik leichter zu lösen sind. Schließlich brauchen auch unterschiedliche konjunkturelle Situationen innerhalb der Solidargemeinschaft kaum berücksichtigt zu werden. Last but not least ist auch das Verhältnis zwischen Arbeitgebern und Staat im ÖD anders strukturiert als in der Privatwirtschaft (vgl. Kap. 1).

Internationale Vergleiche zeigen, dass in einigen Ländern für die Privatwirtschaft die organisatorische Alternative „einheitlicher Unternehmensverband versus besonderer Arbeitgeberverband" relevant ist (Behrens/Traxler 2004). Als Merkmal der Organisation unternehmerischer Interessen gilt dann die funktionale Differenzierung von Unternehmensverbänden in allgemeine Wirtschafts- und spezielle Arbeitgeberverbände, die Produktmarkt- bzw. Arbeitsmarktinteressen vertreten. Die für die Privatwirtschaft typische Doppelorganisation in fachliche und überfachliche Arbeitgeberverbände hat aufgrund der skizzierten Besonderheiten des ÖD keine unmittelbare Entsprechung.

Formal existieren in der Bundesrepublik getrennte und voneinander unabhängige Verbände der privaten und öffentlichen Arbeitgeber.[11] Der ÖD ist der einzige zentrale Sektor, dessen Arbeitgeber nicht in der Bundesvereinigung der Deutschen Arbeitgeberverbände (BDA), dem Dachverband der Arbeitgeberverbände ausschließlich der Privatwirtschaft, organisiert sind: Die öffentlichen Arbeitgeber sehen keine Veranlassung, sich der Verbandsdisziplin zu unterwerfen, die privaten Arbeitgeber haben

---

11 „The general state of affairs can be summarized in the following terms ... where government bodies have formed their own associations to negotiate with unions in the public services at national, regional, and local levels, these associations do not as a rule seek membership in essentially private federations of employers associations, nor are they likely to be admitted" (Windmuller 1984, S. 12).

Vorbehalte wegen der parteipolitischen Bindung und Durchdringung der Interessenvertretung innerhalb des ÖD.[12]

Hinsichtlich der Vertretung der gemeinsamen wirtschaftspolitischen Belange (u.a. Steuerwesen, Wirtschaftsrecht) gegenüber anderen Gruppen, Öffentlichkeit und Staat besteht im ÖD kein unmittelbares Pendant zu den entsprechenden Fachverbänden der Privatwirtschaft, insbesondere nicht zum BDI, dem Dachverband der Unternehmer- bzw. Wirtschaftsverbände, als wirtschaftspolitischer Säule des unternehmerischen Verbandswesens. Eine Mitgliedschaft im BDI kann nicht vorkommen, da im ÖD keine derartigen Verbände existieren.

Auf kommunaler Ebene weisen deutliche Züge eines funktionalen Äquivalents allerdings die kommunalen Spitzenverbände auf, d.h. der Deutsche Städtetag, der Deutsche Städte- und Gemeindebund sowie der Deutsche Landkreistag. Sie bilden die Bundesvereinigung der kommunalen Spitzenverbände, die durchaus auch gemeinsam mit der VKA die Außenvertretung übernimmt und Interessenpolitik betreibt. Auf der Ebene der Länder besteht kaum die Notwendigkeit einer gesonderten Vertretung, da die Länder unmittelbar über den Bundesrat in das Gesetzgebungsverfahren eingebunden sind. – Neben ihren Außen- nehmen die Wirtschaftsverbände auch Binnenaufgaben wahr (Rampelt 1979, S. 24-32); diese Funktionen werden im ÖD weitgehend intern durchgeführt.

Seit langem bestehen auch mehr oder weniger enge, in unregelmäßigen Abständen stattfindende Kontakte der Arbeitgeberverbände des ÖD zur BDA sowie zu den Mitgliedsverbänden; diese Kontakte finden vor allem auf der Geschäftsführerebene statt. Weiterhin dienen informelle Spitzengespräche der Verhaltensabstimmung und verfolgen u.a. das Ziel, Präjudizierungen zu vermeiden, die vor allem während der Tarifverhandlungen auftreten können. Die Existenz dieser nicht institutionalisierten Kontakte ist nicht verwunderlich in Anbetracht gewisser parallel gelagerter Interessen aller Arbeitgeber, etwa in Bezug auf Tarifverhandlungen, Entwicklungen des Arbeitsrechts oder Fragen der Mitbestimmung. Ein „Gedankenaustausch" über wirtschafts- und sozialpolitische Fragen liegt im Eigeninteresse aller Beteiligten. Die Kontakte werden auch als förderlich für die Willensbildung im eigenen Verband angesehen.

---

12 „Basically the question is whether institutions created for the defence of private employer interests can admit public corporations into membership without diluting their essence. In most instances employers' associations have answered the questions in the negative, but there are many exceptions" (Windmuller 1987, S. 42, ähnlich S. 152).

Die Kontakte zu den kommunalen Spitzenverbänden sind enger und wichtiger als die zu Arbeitgeberverbänden der Privatwirtschaft: Alle drei Verbände entsenden je einen Vertreter mit beratender Stimme in die Mitgliederversammlung der VKA. Außerdem schickt die Bundesvereinigung einen Vertreter mit beratender Stimme ins Präsidium der VKA. Derartige, von den Satzungen gewollte, institutionell abgesicherte Verquickungen von Verbänden über personelle Zusammensetzung der Gremien sind auch in den Spitzen- und Dachverbänden der Privatwirtschaft zu finden. Darüber hinaus bestehen zwischen VKA und Städtetag rege informelle Kontakte.

Da die Sonderinteressen der Mitglieder arbeitsteilig-kooperativ durch spezialisierte Verbände vertreten werden, besteht aus der Mikroperspektive ähnlich wie in der Privatwirtschaft Grund zu Doppel- und Mehrfachmitgliedschaften; diese sind wegen der Differenzierung der Interessenvertretung durch die verschiedenen Verbände unproblematisch und sinnvoll.

Insgesamt liegen die Organisationsgrade, die Anteile der organisierten an allen Arbeitgebern, im ÖD höher als in der Privatwirtschaft.[13] Für die kommunale Ebene gilt, dass der Organisationsgrad „traditionell mit 80 bis 90 Prozent sehr hoch ist und auch die wenigen Nicht-Mitglieder die Verbandstarifverträge anwenden" (Rosdücher 1994, S. 417). Auf der Ebene der Länder sank der Organisationsgrad durch den Ausschluss Berlins sowie durch den Austritt Hessens (vgl. Kap. 3.5); er liegt aber immer noch sehr hoch, da alle anderen Länder – trotz einiger wiederholter Austrittsdrohungen – bis dato Mitglieder der TdL sind. Bei einer Operationalisierung des Organisationsgrades über die Zahl der Beschäftigten anstatt der öffentlichen Arbeitgeber ändert sich an diesem Sachverhalt nichts. Schwierigkeiten mit den wenigen nicht-organisierten Arbeitgebern (etwa Versorgungs- oder Energiebetriebe, kommunale Wohnungsbaugesellschaften) sind nicht bekannt. Probleme der Entwicklung von Strategien zur Rekrutierung neuer Mitglieder stellen sich im Gegensatz zu Verbänden der Privatwirtschaft nicht; auch die Sicherung der Loyalität von Mitgliedern gelingt in aller Regel.

Verbände ohne Tarifbindung („OT-Verbände"), die eine strategische Anpassung an veränderte, vor allem wirtschaftliche Umweltbedingungen

---

13 Der Organisationsgrad kann innerhalb der einzelnen Länder differieren. Die größeren Kommunen (mit über 20.000 Einwohnern) sind alle organisiert, ebenso ein beachtlicher Teil derjenigen mit 10.000 – 20.000 Einwohnern, so dass der Organisationsgrad gemessen an der Anzahl der von den Verbandsmitgliedern beschäftigten Arbeitnehmern höher liegt als wenn man ihn an der reinen Zahl der Arbeitgeber misst.

ermöglichen sollen, offerieren bekanntlich eine Verbandsmitgliedschaft mit allen üblichen Rechten und Pflichten aber ohne Tarifbindung. Dieser Mitgliedschafts- bzw. Verbandstypus, der seit den mittleren 1990er Jahren in etlichen Branchen der Privatwirtschaft an Bedeutung gewinnt, ist im ÖD unbekannt; eine Entkoppelung von Tarif- und Dienstleistungsfunktion im Sinne eines Transformationsprozesses von Verbänden hat nicht stattgefunden.

2. Spezifische Ansätze zur Erklärung von Verbandsbildung und Beitrittsmotiven liegen nur vereinzelt vor (zusammenfassend Traxler 1999); sie sind zudem implizit oder explizit an den Rahmenbedingungen der Privatwirtschaft orientiert und daher kaum auf den ÖD anzuwenden. Am ehesten eignet sich die Theorie des kollektiven Handelns (Olson 1968), vor allem wenn man sie auf die kommunale Ebene bezieht.

Olson betont wesentliche Unterschiede zwischen kleinen und großen Gruppen. Er zeigt, dass sich Individuen in großen bzw. latenten Gruppen keinesfalls spontan zusammenschließen, da es sich bei den zu erwartenden Vorteilen um öffentliche Güter handelt, zu deren Erstellung kaum freiwillige Beiträge geleistet werden. Es bedarf besonderer Bedingungen vor allem in Form von Zwang oder selektiven Anreizen, damit rationale und eigeninteressiert handelnde Individuen die Erreichung gemeinsamer Ziele auch tatsächlich durch eigene Beiträge fördern.

Große Gruppen sind im Gegensatz zu kleinen dadurch charakterisiert, dass keine spürbaren Interdependenzen zwischen den Handlungen der Individuen festzustellen sind. Wegen der fehlenden Wahrnehmbarkeit bzw. wechselseitigen Abhängigkeit besteht für Individuen in großen Gruppen kein Anlass, zur Erstellung von Kollektivgütern beizutragen:

- die individuellen Beiträge bleiben unmerklich,
- bei zunehmender Gruppengröße wird es immer kostspieliger und damit praktisch unmöglich, Nicht-Mitglieder vom Konsum auszuschließen,
- daher gibt es keine Anreize für wechselseitige Verhaltenskontrollen.

Aus diesem Zusammenhang von Gruppengröße und individuellem Handeln resultiert das für Organisationen typische free-rider-Problem („Trittbrett- oder Schwarzfahrerproblem"): Individuen beteiligen sich nicht an den Kosten der Erstellung des Kollektivgutes, ohne von dessen Nutzung ausgeschlossen werden zu können.

Die eine Hauptaufgabe der Verbände, der Abschluss von Tarifverträgen, stellt ein Kollektivgut dar, von dessen Erstellung auch Nicht-Mitglieder profitieren können. Bei großen Gruppen wie den KAV muss deshalb ein Verband, der auf freiwilliger Mitgliedschaft beruht und daher keinen Zwang im Sinne von Olson ausüben kann, selektive Anreize zum Beitritt zur Verfügung haben. Aus der Forschung vor allem über Gewerkschaften (Crouch 1982, S. 51ff.), aber auch über Arbeitgeberverbände der Privatwirtschaft (Rampelt 1979, S. 34ff.; Gladstone 1984, S. 29ff.) wissen wir, dass diese Verbände eine breite Palette von privaten Gütern anbieten,

> „zu denen u.a. die Beratung in arbeits- und sozialrechtlichen Angelegenheiten sowie diverse Informationsdienste (z.b. zur wirtschaftspolitischen Entwicklung) zählen ..." (Traxler 1985, S. 56)

Ähnlich ist der Sachverhalt bei den KAV: Ihre Hauptaktivitäten sind Mitwirkung bei der Gestaltung der Tarifpolitik, also bei der Erstellung kollektiver Güter sowie Beratung und Information der Mitglieder, also die Produktion privater Güter. Da die zuletzt genannten Aufgaben im Rahmen der feststellbaren Veränderungen von der Einfluss- zur Mitgliedslogik zugenommen haben, nehmen KAV den Charakter von Dienstleistungsunternehmen an:

- Die Mitglieder haben Anrecht auf schriftliche und/oder mündliche Beratung durch Referenten bzw. Sachbearbeiter des Verbandes bei allen tarif- und arbeitsrechtlichen Problemen; sie machen von dieser Möglichkeit regen Gebrauch, was zu einer hohen zeitlichen Inanspruchnahme des Verbandsapparats führt.
- Mit diesem garantierten Anspruch auf Beratung verbunden ist die Hilfestellung des Verbandes bei Rechtsstreitigkeiten. Die Prozessvertretung der Mitglieder erfolgt entweder ab der zweiten Instanz, bei Fragen von grundsätzlicher Bedeutung auch ab der ersten Instanz an oder prinzipiell ab der ersten Instanz. Rechtsstreitigkeiten führen nur die Mitgliedsverbände, nicht dagegen die Spitzenorganisation. Die Prozessvertretung vor Arbeitsgerichten (einschl. Landes- und Bundesarbeitsgericht), Sozialgerichten (einschl. Landes- und Bundessozialgericht), Verwaltungs- sowie dem Oberverwaltungsgericht erstreckt sich auf das gesamte Gebiet des Arbeits- und Tarifrechts, wobei Kündigungsschutz- und Eingruppierungsprobleme dominieren. Ähnlich wie bei Arbeitgeberverbänden der Privatwirtschaft ist diese Vertretung vor allem für kleinere Mitglieder wichtig, die im Gegensatz zu großen über keine eigene Rechtsabteilung verfügen.
- Weiterhin informiert die Geschäftsstelle des Verbandes die Mitglieder durch Rundschreiben über relevante Entwicklungen vor allem des Tarif- und Arbeitsrechts. Dabei sind vom Adressatenkreis her zu unterscheiden allgemeine Rundschreiben, die an alle Mitglieder gehen, und

Sonderrundschreiben, die sich an einzelne Verbandsgruppen richten. Die allgemeinen Informationen, die eine Größenordnung von ca. 100 pro Jahr und Verband erreichen können, sind häufiger als die speziellen. Die Differenzierung soll eine Überfrachtung der Mitglieder mit Informationen verhindern.

Im Sinne der Analyse von Olson ist einer der ältesten, in der Literatur wiederholt analysierten selektiven Anreize zum Verbandsbeitritt die Unterstützung bei Arbeitskämpfen. Dieses private Gut stellen in der Privatwirtschaft vor allem Gewerkschaften, aber auch Arbeitgeberverbände für ihre Mitglieder bereit. Bei den Arbeitgeberverbänden des ÖD gibt es keine derartigen Einrichtungen in Form so genannter Gefahrengemeinschaften, so dass einer der wichtigeren Anreize nicht zur Verfügung steht. Allerdings sind Streiks im ÖD sehr selten, und Aussperrungen kommen faktisch nicht vor, so dass dieser Unterschied empirisch nicht bedeutend ist.

Neben den Beziehungen zwischen KAV und Einzelmitgliedern ist das Verhältnis zwischen Spitzenorganisation und Mitgliedsverband zu analysieren. Die Mitglieder haben gegenüber der VKA u.a. Rechte auf

– Beratung in allen Fragen, die den Aufgabenbereich der VKA tangieren,
– Unterrichtung über Tätigkeiten der VKA und wichtige Ereignisse, insbesondere über gewerkschaftliche Forderungen und Kündigungen von Tarifverträgen,
– Teilhabe an Dienstleistungen und Einrichtungen der VKA (VKA 2003, § 5). Die VKA verfasst Stellungnahmen zu arbeitsrechtlichen Problemen und unterhält einen eigenen Urteilsdienst zur aktuellen Rechtsprechung für die Mitglieder; Statistiken werden nur über Personalkosten erstellt.

Zwischen Mitgliedsverbänden und Spitzenorganisationen bestehen permanente schriftliche und telefonische Kontakte. Für die innerverbandliche Verhaltenskoordination sorgt vor allem die Geschäftsführerkonferenz, der die hauptamtlichen Geschäftsführer der Mitgliedsverbände sowie der Hauptgeschäftsführer der VKA angehören. Diese personelle Zusammensetzung garantiert, dass alle Interessen im Abstimmungsprozess Berücksichtigung finden. Die Geschäftsführerkonferenz behandelt Probleme von herausragender Bedeutung bzw. allgemeinem Interesse, u.a. tarifpolitische Fragen; sie hat „den Informations- und Erfahrungstausch zu fördern und zur Auslegung von Gesetzen und Tarifverträgen sowie von Richtlinien und Beschlüssen der Organe der VKA Stellung zu nehmen, um die einheitliche Anwendung zu gewährleisten" (VKA 2003, § 17).

Anders als bei den KAV und der VKA liegt das Kollektivgutproblem bei der TdL, die im Gegensatz zu Arbeitgeberverbänden kaum Serviceleistungen für ihre Mitglieder anbietet – und daher nur über wenige Mitarbeiter verfügt. Ähnlich liegt der Sachverhalt bei den zuständigen Abteilungen der Ministerien der Länder. Rechtsberatung spielt keine Rolle, allenfalls werden bestimmte Informationsleistungen erbracht wie Entwicklung der Personalkosten oder des Sozialprodukts. Im Übrigen ist gerade im ÖD häufig juristischer Sachverstand gefragt; das Personal ist fachlich hoch qualifiziert (hoher Akademikeranteil). In der Terminologie von Olson (1968) handelt es sich bei der TdL um eine kleine Gruppe, die kaum Probleme bei der Bereitstellung von Kollektivgütern hätte. Insofern ist die Konzentration auf die Führung von Tarifverhandlungen innerverbandlich unproblematisch.

3.5 Verhandlungsstrukturen und aktuelle Veränderungen ■

1. Über mehrere Jahrzehnte bestand eine Verhandlungsgemeinschaft aller öffentlichen Arbeitgeber, die sich zu je einem Drittel aus Vertretern der drei Ebenen zusammensetzte. Seit den frühen 1960er Jahren betrauten Bund, Länder und Gemeinden auf Basis einer formlosen Übereinkunft den Bundesinnenminister (BMI) mit der Verhandlungsführung (McPherson 1971); der BMI übernahm auch die Einleitung der notwendigen internen und externen Abstimmungen vor und während der Tarifrunden. Die Verhandlungsgemeinschaft schloss, von wenigen Ausnahmen in den 1960er Jahren abgesehen, bis 2003 stets nur gemeinsame Tarifverträge. Ihr oberstes Ziel bestand in der Wahrung der Einheitlichkeit der Arbeits- und Beschäftigungsbedingungen aller im ÖD tätigen Arbeitnehmer; dieses Ziel schien langfristig nur durch gemeinsames Handeln und Überbrückung latenter Differenzen erreichbar zu sein.

Diese organisatorische Stabilität war wegen der vorhandenen Interessenunterschiede bzw. des hohen internen Abstimmungsbedarfs zwischen den Repräsentanten der drei Ebenen durchaus bemerkenswert. Das komplizierte innerorganisatorische bargaining (Walton/McKersie 1991) resultierte vor allem aus seiner Zweistufigkeit: Die Willensbildungsprozesse fanden sowohl auf als auch zwischen den Ebenen statt. Die Arbeitgeber sind von den Ergebnissen in unterschiedlichem Maße betroffen: Infolge der grundgesetzlich vorgegebenen Aufgabenverteilung liegt die Zahl der Beschäftigten und damit der Anteil der Personal- an den Gesamtausgaben bei den Ländern deutlich höher als bei Kommunen und Bund; außerdem sind die Länder der größte Arbeitgeber (vgl. zu Einzelheiten Kap. 2).

Bei traditionell engen und kooperativen Beziehungen zwischen den Arbeitgebern von Bund, Ländern und Gemeinden gelang die ex-ante-Koordination der Interessen in prozedural schwierigen Willensbildungs- und Abstimmungsprozessen, so dass gemeinsames und solidarisches Handeln möglich war. Falls Bewertungsunterschiede auftraten, galt das Prinzip der relativen Betroffenheit: Alle Beteiligten akzeptierten die Position des am stärksten betroffenen Bereichs als Mehrheitsmeinung.

„Diese allerdings nicht institutionalisierte Zusammenarbeit hat sich nach übereinstimmender Ansicht für den Bund, die TdL und die VKA gut bewährt; denn die drei ‚öffentlichen Arbeitgeber' haben dadurch, insbesondere den Gewerkschaften gegenüber, zwangsläufig ein größeres Gewicht. Gegenseitige Präjudizierungen werden vermieden." (Berger 1980, S. 221)

Alle Arbeitgeber erkannten nach übereinstimmender Beurteilung den Wert einheitlicher Tarifverhandlungen und wollten diese unter keinen Umständen aufgeben, da in getrennten Verhandlungen ihre Position durch tarifpolitische Zersplitterung geschwächt würde. Der informelle Charakter der Abstimmungsprozesse erhöhte die Flexibilität der Verhandlungsführung. Im Prozess der Entscheidungsfindung wurde die Kommission immer weiter verkleinert, wodurch die Kompromissfindung erleichtert werden sollte: An der ersten Verhandlungsrunde, bei der die so genannten „Fensterreden" gehalten wurden, waren mehr als 200 Personen beteiligt. Später tagte dann die so genannte „48er Kommission". In der entscheidenden Phase erarbeitete der so genannte „kleine Kreis" („6er Kreis") einen einigungsfähigen Kompromiss. Die Tatsache, dass ein der BDA entsprechender Dachverband zur tarif- und sozialpolitischen Interessenwahrnehmung formal für den ÖD nicht bestand, stellte in Anbetracht der faktisch engen Kooperation keinen gravierenden Nachteil dar.

Die partiell unterschiedlichen Interessen der Vertreter der drei Arbeitgeber[14] führten zu unterschiedlichen Verhaltensformen bei der internen Willensbildung vor und während der Tarifverhandlungen. Charakteristisch für diese Prozesse war ihre Zweistufigkeit, da sie sich sowohl innerhalb als auch zwischen Gruppen vollzogen. Willensbildungsprozesse zwischen Gruppen beeinflussten Verhandlungsverhalten und -ergebnis stärker als die innerhalb einer Gruppe. Unterschiedliche Bewertungen, auf die Rücksicht genommen werden musste, ergaben sich nicht so sehr zwischen den

---

14 Divergierende Interessen konnten z.B. auftreten, wenn die Gewerkschaftsforderungen wie vor allem in den späten 1960er und 1970er Jahren so genannte soziale Komponenten enthalten, von denen die Arbeitgeber wegen ihrer differierenden Personalstrukturen in unterschiedlichem Ausmaß betroffen waren (Keller 1983).

Vertretern des Bundes und der Länder als vielmehr aus der besonderen Situation der Kommunen. Die Gründe waren ihre schlechte finanzielle Situation sowie besondere Streikanfälligkeit. Echte Interessenkonflikte allgemeiner Art (niedriger Abschluss versus politisches Überleben) sowie solche zwischen den Vertretern der Gemeinden, der Länder und des Bundes waren selten (zu Ausnahmen Keller 1983). Das innerorganisatorische bargaining (Walton/McKersie 1991) war auch auf Arbeitgeberseite recht komplex. Die Lösung der gegebenen Verteilungskonflikte wurde partiell von der externen Verhandlungsstruktur auf die interne der Tarifparteien verlagert.

Insofern lag eine andere Situation als bei Arbeitgeberverbänden der Privatwirtschaft vor. Der Unterschied bestand darin, dass die Arbeitgeber des ÖD sowohl auf Arbeits- als auch auf Produktmärkten nur in begrenztem Maße in einem Konkurrenzverhältnis standen; dadurch traten Probleme der Herstellung innerverbandlicher Solidarität weniger auf als bei den Arbeitgeberverbänden in der Privatwirtschaft.

Das Dilemma „zwischen Kompromisserreichung und Verpflichtung der eigenen Organisation" (Weitbrecht 1973, S. 22) wurde ähnlich wie in der Privatwirtschaft gelöst: Die Beschlussorgane, die den Großen Tarifkommissionen der Gewerkschaften entsprachen, waren auf Seiten der Arbeitgeber die Mitgliederversammlungen von VKA und TdL sowie die Bundesregierung. Diese Gremien wurden während der Verhandlungen wiederholt von ihren Repräsentanten informell konsultiert und über den aktuellen Verlauf sowie über Modifikationen der unterschiedlichen Positionen und alternative Möglichkeiten eines Abschlusses informiert. Diese Gremien mussten später dem ausgehandelten Kompromiss formal und mit qualifizierten Mehrheiten zustimmen, wodurch die Folgebereitschaft der Mitglieder gesichert wurde. Während die Mitgliederversammlung der VKA in den wichtigen Phasen in ihren Entscheidungen autonom war, hatte bei der TdL die politische Ebene wesentlichen Einfluss im Prozess der Willensbildung.

2. Aus den Verbandssatzungen, die Integrations- und Legitimationsfunktionen haben, ergeben sich die Pflichten der Mitglieder wie Durchführung abgeschlossener Tarifverträge und sonstiger Vereinbarungen, weitgehender Verzicht auf den selbständigen Abschluss von Tarifverträgen, Verbot der Unterbietung oder Überschreitung von Tarifvertragsbedingungen. Die Ahndung von Verstößen der Mitglieder bzw. bei Spitzenorganisationen der Mitgliedsverbände gegen diese Pflichten kann durch Verbandsstrafen in Form von Geldbußen oder in gravierenden Fällen durch Ausschluss erfolgen (Bunn 1984, S. 189ff.). Allerdings ist diese verbandsautonome

Sanktionierung eine selten praktizierte, allenfalls ergänzende Kontrollleistung, wobei ein Ausschluss noch seltener als eine Geldbuße verhängt wird. Insofern besteht kein wesentlicher Unterschied zu Arbeitgeberverbänden der Privatwirtschaft (Rampelt 1979, S. 59; Schmitter/Streeck 1981, S. 233ff.). Für diese gilt:

„Der Ausschluss selbst stellt für den Verband eine nur wenig attraktive Option dar, da er Integration nur durch erzwungene Desintegration aufrechterhält. Infolge der Abhängigkeit ihrer Wirksamkeit von jener normativer und/oder remunerativer Integrationsmodi können die den Verbänden autonom zur Verfügung stehenden Zwangsmittel nur ergänzende Kontrollleistungen sein." (Traxler 1980, S. 13)

Solidarität der Mitglieder im Binnenverhältnis, vor allem die Befolgung der Tarifgebundenheit, ist eine notwendige Voraussetzung für Handlungs- und Entscheidungsfähigkeit im Außenverhältnis, d.h. gegenüber dem Tarifpartner. Solidarisches Handeln muss bei Mitgliedschaft, die wegen der grundgesetzlich garantierten Vereinigungsfreiheit freiwillig ist, durch andere Mechanismen garantiert werden als den Einsatz der dem Verband autonom zur Verfügung stehenden Zwangsmittel, vor allem durch freiwillige Übereinkünfte aller Beteiligten. – Im Übrigen besteht im ÖD für den Fall einer Realisierung der exit-Option (Hirschman 1974) keine Alternative, d.h. kein konkurrierender Verband; Austritt ist gleich bedeutend mit nicht organisiert zu sein.

3. Auf Länderebene existieren zwei Besonderheiten:

– Die TdL schloss 1994 das Land Berlin aus, weil es gegen Grundsätze der TdL verstieß, indem es im Ostteil Entgeltregelungen für das Tarifgebiet West anwandte. Berlin verhandelt seit Frühjahr 2003 eigenständige Tarifverträge mit den zuständigen Gewerkschaften.
– Das Land Hessen trat im März 2004 aus der TdL aus, nachdem es zu fundamentalen internen Meinungsverschiedenheiten über den Abschluss eines neuen Tarifvertrages gekommen war.

Diese „Organisationskrise" der TdL ist prima facie überraschend, weil zumindest in der Olsonschen rational-choice-Perspektive Konflikte am ehesten bei den Verbänden der kommunalen Ebene aufgrund der großen Mitgliederzahl zu erwarten wären. Eine Erklärung gelingt, wenn man die Dominanz der finanziellen Rahmenbedingungen in den Mittelpunkt rückt und nicht andere, etwa parteipolitische Kalküle. Bei den Ländern ist aufgrund der grundgesetzlich vorgegebenen Aufgabenverteilung – und nicht wegen ihrer spezifischen Haushalts- und oder Personalpolitiken – der Anteil der Personal- an den Gesamtausgaben traditionell wesentlich höher als bei den

Kommunen (vgl. Kap. 2). Erstaunlich ist insofern nicht die Tatsache des Austritts der Länder sondern der späte Zeitpunkt bzw. die lange Dauer der Verhandlungsgemeinschaft.

Die etablierten, hochgradig zentralisierten Strukturen der Kollektivverhandlungen lösten sich nach der Tarifrunde des Jahres 2003 auf (Behrens 2003). Einige unionsregierte Länder (u.a. Baden-Württemberg, Hessen, Niedersachsen) drohten nach einem als zu hoch empfundenen Abschluss mit Austritt aus der TdL, um eigenständige Regelungen in einigen Bereichen (wie Sonderzahlungen) einführen zu können. Daraufhin beschloss die TdL nach internen Auseinandersetzungen, die Mitgliedschaft in der Verhandlungsgemeinschaft aufzukündigen und derartige Koalitionen in Zukunft nur noch auf ad-hoc-Basis als „situative Zweckbündnisse" einzugehen (Dribbusch 2003). Die Folge waren Änderungen der etablierten Strukturen: Die Länder führen ihre Kollektivverhandlungen nunmehr unabhängig von Bund und Kommunen (vgl. Kap. 5); außerdem verhandeln Berlin und Hessen, die nicht mehr der TdL angehören, unabhängig von den anderen Ländern („single employer bargaining").

Heftige Spannungen, die den üblichen, bei Tarifverhandlungen stets notwendigen Abstimmungsbedarf deutlich überschritten, bestanden auf Arbeitgeberseite nicht nur zwischen den Repräsentanten der drei Ebenen, sondern auch zwischen den Vertretern der Kommunen und besonders denen der Länder (vor allem nach Parteizugehörigkeit). Diese Konflikte wurden 2006 erstmals öffentlich, u.a. in zahlreichen Interviews, ausgetragen. Massive Kritik an der Verhandlungsstrategie der TdL, konkret vor allem an deren Verhandlungsführer übte nicht nur die Gewerkschaft, was zu erwarten war. Heftige Kritik bis hin zum Vorwurf der „Unfähigkeit" bzw. Nicht-Bereitschaft zum Kompromiss erfolgte auch – durchaus öffentlich vorgebracht – aus den eigenen Reihen, womit ein neuartiges Element in der Auseinandersetzung auftrat.[15]

Last but not least: Das Land Berlin beabsichtigt, bis Ende 2011 wieder Mitglied der TdL zu werden. Die von der TdL im TV-L (vgl. Kap. 5) ver-

---

15 Zu der hohen Konfliktintensität trugen die anstehenden Landtagswahlen in Baden-Württemberg und Rheinland-Pfalz bei. Mehrere Landespolitiker kritisierten Verhandlungsführung und -strategie, insbesondere seitens der TdL, und unterbreiteten öffentlich eigene Vorschläge für „flexible Lösungen", die eine schnelle Konfliktlösung noch vor den Wahlen ermöglichen sollten. Nach den Wahlen Ende März nahm die Kompromissbereitschaft deutlich ab; es wurde ruhiger um die politisch motivierten Vorschläge, etwa eines separaten Abschlusses der SPD-geführten bzw. mitregierten Bundesländer mit ver.di, obwohl der Streik (vgl. Kap. 5.6) andauerte.

einbarten Einkommenssteigerungen sollen dann automatisch übernommen, das Einkommensniveau der anderen Länder soll sukzessive durch einen so genannten Anpassungsbeitrag erreicht werden (http://www.boeckler.de/ show_chronik.html?chronik_eintrag=/html/102509.html). Dieser Schritt ist nur auf den ersten Blick ungewöhnlich; in der Privatwirtschaft kommen Wiedereintritte in Arbeitgeberverbände durchaus vor. – Das Land Hessen lässt keine derartigen Absichten erkennen. Die Tarifabschlüsse der TdL können stärkere informelle Prägekraft als in den ersten Jahren nach dem Austritt aus der TdL haben.

4. Gewerkschaften und Interessenverbände

Die Verbände der Arbeitnehmer sind als „intermediäre Organisationen" für die Arbeitsbeziehungen auf überbetrieblich-sektoraler Ebene unerlässlich, da sie deren Ausgestaltung und Veränderungen im Rahmen der vorgegebenen Regulierungsverfahren prägen (Keller et al. 2001, S. 71; Derlien/Frank 2004, S. 295). Wir unterscheiden im Folgenden – im Gegensatz zur häufig in der öffentlichen Diskussion verwandten Terminologie – explizit zwischen Gewerkschaften, die im Tarifbereich die Kollektivverhandlungen führen und über das Streikrecht verfügen, und Interessenverbänden, die im Beamtenbereich diese Rechte nicht haben und daher auf andere Strategien und Instrumente der Interessendurchsetzung angewiesen sind (vgl. Kap. 6).

4.1 Gewerkschaften ■

1. Die Organisationsprinzipien von Industrie- („ein Betrieb, eine Gewerkschaft") und Einheitsgewerkschaften, welche in der Privatwirtschaft seit der Rekonstruktion der Gewerkschaften in der Nachkriegszeit dominieren, setzten sich in der Heterogenität des ÖD nicht durch. Stattdessen besteht traditionell eine gewisse, sektorspezifische Fragmentierung bzw. ein „Koalitionspluralismus", welcher im deutschen System der Arbeitsbeziehungen mit seinen Monopolen der Interessenvertretung ex definitione nicht vorkommen sollte. Diese durch die Existenz bzw. Beteiligung mehrerer Einzelgewerkschaften geprägten Strukturen („multi unionism") führen zu komplexen Problemen der Repräsentation in und Koordination von Kollektivverhandlungen.

Traditionell übernahm die größte Organisation im ÖD, die Gewerkschaft Öffentliche Dienste, Transport und Verkehr (ÖTV), die Tarifführerschaft in den so genannten Hauptverhandlungen (zur intensiven Reformdiskussion innerhalb der ÖTV zusammenfassend von Alemann/Schmid 1998). Sie kooperierte vor und während der Tarifrunden informell eng mit den kleineren DGB-Gewerkschaften, welche die so genannten Nebenverhandlungen (vgl. Kap. 5.1) führten, besonders die „Betriebsgewerkschaften" Deutsche Postgewerkschaft (DPG) und Gewerkschaft der Eisenbahner Deutschlands (GdED), aber auch Gewerkschaft der Polizei (GdP), Gewerkschaft Erziehung und Wissenschaft (GEW), Gewerkschaft Handel, Banken, Versicherungen (HBV) (Keller 1993a). – Die unabhängige Deutsche Angestelltengewerkschaft (DAG) hatte ebenfalls Mitglieder im ÖD.

Ihre Organisationsdomäne überschnitt sich mit der mehrerer DGB-Gewerkschaften, vor allem mit dem von HBV und ÖTV, so dass Konflikte vorprogrammiert waren.

2. Im März 2001 schlossen sich fünf bis dato unabhängigen Einzelgewerkschaften (DAG, DPG, HBV, IG Medien, ÖTV) zur Vereinten Dienstleistungsgewerkschaft – ver.di zusammen (Keller 2001; 2004). Dieser Zusammenschluss war Teil einer Welle, welche die lange Zeit konstante Anzahl der DGB-Mitgliedsgewerkschaften innerhalb weniger Jahre von 16 auf acht halbierte. Im internationalen Vergleich von „Mergers and Acquisitions" (Waddington 2005) ist ver.di als ungewöhnliche Variante der Zusammenlegung von Ressourcen einzustufen, da sie die in der überwiegenden Mehrzahl der Länder[1] übliche Trennung der „organizational domains" zwischen Privatwirtschaft und ÖD aufgibt. Diese organisatorische Grundsatzentscheidung ist in Anbetracht sich verwischender Grenzen zwischen den Sektoren (vgl. Kap. 2) nachvollziehbar, führt aber zu zusätzlichen Problemen bei der Aggregation und Durchsetzung von Interessen.

Diese „Multibranchengewerkschaft" steht vor organisationsinternen Problemen wegen der enormen Heterogenität der von ihr zu vertretenden Interessen aus Privatwirtschaft und ÖD. Sie kann diese Schwierigkeiten bei der Aggregation bzw. Vereinheitlichung selbst durch eine weitgehende Ausdifferenzierung ihrer Organisationsstrukturen kaum bewältigen (Keller

Tab. 5: Mitgliederentwicklung der ver.di Mitgliedsgewerkschaften 1990-2000

	DAG	DPG	HBV	IG Medien	ÖTV
1990	573.398	478.913	404.695	184720	1.252.599
1991	584.775	611.969	737.075	244.774	2.138.316
1992	578.352	611.244	629.727	236.306	2.114.522
1993	527.888	578.179	583782	223.600	1.996371
1994	520.709	546.906	545.270	215.155	1.877.651
1995	507.478	529.233	520.166	206.786	1.770.789
1996	501.009	513.322	505.405	197.306	1.712.149
1997	489.266	487.814	488.271	191.610	1.643.692
1998	480.225	474.094	471.333	184.656	1582.776
1999	462.164	457.475	457.720	179.072	1.526.891
2000	458.000	445.968	440.638	175.044	1.476.708

Quelle: Keller 2004, S. 23.

---

1   Ein prominentes, gut dokumentiertes Beispiel ist UNISON in Großbritannien (Terry 2000).

2004). Zudem hat die relativ weitgehende Dezentralisierung der verbandsinternen Entscheidungsprozesse im Rahmen der realisierten Doppel-, d.h. Matrixstruktur zur Folge, dass stets nur bestimmte Fachbereiche von Tarifverhandlungen bzw. -konflikten direkt und unmittelbar betroffen sind, wodurch die Herstellung der notwendigen innerverbandlichen Solidarität eher erschwert wird (zur Selbsteinschätzung Stamm/Busch 2006). Ver.di, die mit Abstand größte Gewerkschaft des ÖD, ist an den Tarifverhandlungen auf allen Ebenen (Bund, Länder, Gemeinden) beteiligt. Ver.di hat eindeutig die Tariffführerschaft inne; verbandsintern erfolgt eine horizontale und vertikale Koordination der Tarifpolitik zwischen den beteiligten, im Prinzip weitgehend autonomen Fachbereichen durch das „Tarifsekretariat Öffentlicher Dienst".

Ver.di, die zweitgrößte Mitgliedsgewerkschaft des DGB, ist eine für das in der Bundesrepublik dominierende Prinzip der Industriegewerkschaft ungewöhnliche „Multibranchengewerkschaft". Sie verfügt aufgrund ihrer heterogenen Organisationsdomänen als „allgemeine Gewerkschaft" („general union") über Mitglieder sowohl im ÖD als auch in der Privatwirtschaft. Ver.di ist in der Phase nach dem formalen Zusammenschluss („post merger period"), wie die überwiegende Mehrzahl der anderen Gewerkschaften, konfrontiert mit beträchtlichen, andauernden Mitgliederverlusten bzw. abnehmenden Organisationsgraden, dadurch entstehenden finanziellen Problemen sowie erheblichen organisatorischen Problemen, u.a. aufgrund der komplexen Matrixstruktur.

Tab. 6: Entwicklung der Mitgliederzahlen von ver.di 2001–2009

Jahr	Gesamt	Mitglieder in Tsd.		
		Beamte	Angestellte[a]	Arbeiter[a]
2001	2.806,5	245,0	1.690,1	871,3
2002	2.740,1	229,5	1.553,7	853,1
2003	2.614,1	218,6	1.467,7	834,0
2004	2.464,5	121,4	1.072,7	574,6
2005	2.359,4	n/a	n/a	
2006	2.274,7	187,2	2.011,0	
2007	2.205,1	180,2	1.951,5	
2008	2.180,2	173,3	1.936,6	
2009	2.138,2	166,9	1.903,4	

a – seit 2005: Angestellte und Arbeiter werden in der Statistik zusammengefasst.
Angaben gerundet.
Quelle: DGB-Mitgliederstatistik.

3. Einige kleinere Gewerkschaften, die Mitglieder des DGB sind, organisieren ebenfalls im ÖD. Diese „Berufsgewerkschaften" schlossen sich ver.di nicht an. Ihre andauernde Selbständigkeit, vor allem der GdP sowie der GEW, ist im internationalen Vergleich nicht ungewöhnlich, da sie aufgrund der spezifischen Aufgaben bzw. zentralen Funktionen ihrer Mitglieder weniger von Personalabbau im ÖD (vgl. Kap. 2) und damit von Mitgliederverlusten betroffen sind als andere Bereiche (Waddington 2005). Anders formuliert: Unabhängig von ver.di gilt auf Arbeitnehmerseite, wie bereits erwähnt, das Prinzip der Industriegewerkschaft im ÖD nicht; stattdessen besteht eine organisatorische Zersplitterung, welche die Strategieabstimmung und Interessendurchsetzung erschweren kann:[2]

- Die GdP ist tarifpolitisch nicht sonderlich aktiv, da der überwiegende Teil ihrer Mitglieder (ca. 85 Prozent) Beamte sind. Bei ver.di sind die Relationen umgekehrt, der Beamtenanteil liegt bei ca. 8 Prozent.
- Die GEW übernimmt, da ca. die Hälfte ihrer Mitglieder Tarifbedienstete sind, in ihrem spezifischen Organisationsbereich die Aufgaben der Tarifverhandlungen (u.a. für tarifbeschäftigte Lehrkräfte), die sie aufgrund der veränderten Verhandlungsstrukturen vor allem mit der TdL führt. Die GEW schloss sich entgegen ihrer ursprünglichen Absicht ver.di nicht an, sondern blieb unabhängig und votierte für eine lediglich partielle Kooperation, u.a. in der Tarifpolitik sowie beim

Tab. 7: Mitglieder der DGB-Gewerkschaften, insbes. Beamte

Gewerkschaft	Mitglieder insgesamt	davon Beamtinnen u. Beamte
IG Bauen-Agrar-Umwelt	336.322	1.080
IG Bergbau, Chemie, Energie	701.053	307
Gew. Erziehung u. Wissenschaft	251.900	121.173
IG Metall	2.300.563	
Gew. Nahrung-Genuss-Gaststätten	205.795	
Gew. der Polizei	167.923	142.076
TRANSNET	227.690	27.019
ver.di	2.180.229	173.328
DGB-Gesamt	6.371.475	464.983

Stand: 31.12.2008
Quelle: DGB-Bundesvorstand 2010, S. 14.

---

2 Die für die privatisierten Bereiche des ÖD, vor allem Bahn und Post, zuständigen Gewerkschaften müssen aus Gründen des organisatorischen Überlebens ihren Mitgliedern folgen und unter privatwirtschaftlichen Bedingungen aktiv werden.

Lobbying (Luz 2008). Die GEW versucht, von ver.di geführte Streiks durch eigene Streikversammlungen und Demonstrationen zu unterstützen; sie ist aber aufgrund ihrer Mitgliederstruktur, die durch einen hohen, relativ konstanten Beamtenanteil (ca. 50%) gekennzeichnet ist, in tarifpolitischer Hinsicht nur begrenzt handlungsfähig. Sie bleibt auf ver.di angewiesen hinsichtlich der Durchsetzungsfähigkeit von Interessen, die in dem für die GEW bedeutenden Bereich der Länder allerdings gering ist. – Insgesamt handelt es sich um Tarifkooperation und nicht um Tarifkonkurrenz; die Beziehungen zwischen ver.di und GEW sind unproblematisch.[3]

Die GEW will sich durch eine umfassende Organisationsreform von der speziellen Lehrer- zur allgemeinen „Bildungs"-Gewerkschaft wandeln. Einerseits sind nach wie vor ca. 65% ihrer Mitglieder im Schulbereich beschäftigt; die außerschulischen Bereiche (KiTa, Jugendhilfe, Berufsbildung, Wissenschaft/Hochschule, Weiterbildung) sind nach wie vor unterrepräsentiert. Andererseits gelang es ihr Ende der 2000er Jahre, im Gegensatz zu anderen Gewerkschaften, den lange anhaltenden Mitgliederrück-

Tab. 8: Mitgliederentwicklung GEW nach Statusgruppen 1994–2009

	Mitglieder in Tsd.				Mitglieder in Tsd.	
Jahr	*Gesamt*	Beamte	Angestellte	Jahr	*Gesamt*	Beamte	Angestellte
1994	*316,2*	119,4	150,5	2002	*264,7*	122,6	95,6
1995	*306,4*	119,7	143,5	2003	*260,8*	123,3	90,1
1996	*296,2*	119,7	132,9	2004	*254,7*	113,6	85,7
1997	*289,0*	120,6	122,5	2005	*251,6*	n/a	n/a
1998	*281,2*	120,6	114,1	2006	*249,5*	120,6	78,7
1999	*273,8*	120,5	108,6	2007	*248,8*	120,7	79,6
2000	*270,3*	121,7	103,8	2008	*251,9*	121,2	79,8
2001	*268,0*	122,0	100,2	2009	*258,1*	123,1	82,6

Hinweis: Die GEW führt die Kategorie Arbeiter/-innen nicht in ihrer Statistik. Angaben gerundet.
Quelle: DGB-Mitgliederstatistik.

---

3 Bis in die 1990er Jahre erfolgte traditionell eine enge informelle Abstimmung zwischen den DGB-Gewerkschaften, die im ÖD organisierten (vor allem ÖTV, DPG, GdED, GEW), wobei die ÖTV die Verhandlungsführerschaft inne hatte (Keller 1993a). Diese Koordination wurde durch die bereits erwähnte Privatisierung von Bahn und Post beendet. Die DPG schloss sich ver.di an, die Nachfolgeorganisation der GdED ist Transnet.

gang zu stoppen und eine „schwarze Null" zu erreichen. Allerdings ist die Altersstruktur der Mitglieder ungünstig, d.h. die Mitgliederwerbung wird neben der Mitgliederbindung zum zentralen Problem für die weitere Entwicklung.

4. Tarif- bzw. Verhandlungsgemeinschaften in unterschiedlicher Zusammensetzung verfügen auch auf Arbeitnehmerseite über eine lange Tradition. Phasenweise gelang trotz unterschiedlicher Organisationsprinzipien (Industrie- versus Berufsverbandsprinzip) und der Mitgliedschaft in verschiedenen Dachverbänden (DBB bzw. DGB) die Überwindung zwischenorganisatorischer Konflikte bzw. die notwendige Koordinierung differierender Interessen der Beschäftigtengruppen in einer gemeinsam formulierten und getragenen (Tarif-)Politik. Langfristig dominierten jedoch die traditionellen Interessengegensätze, so dass Tarifgemeinschaften sich auflösten bzw. ihre Zusammensetzung mehrfach änderten.[4] Im Übrigen sind derartige Verhandlungskoalitionen auch aus anderen, u.a. skandinavischen Ländern bekannt („joint bargaining").

Als Folge dieser formalisierten Kooperationsbeziehungen zwischen Verbänden wurden u.a. so genannte Dreiecksverhandlungen notwendig, die eine Besonderheit des ÖD darstellten und allen Akteuren Schwierigkeiten bereiteten. Mögliche Folgen waren zeitliche Verzögerungen, erhöhte Umständlichkeit und Erschwerung der Verhandlungen; auch zusätzliche Informations- und Kommunikationsprobleme traten vor allem auf Gewerkschaftsseite auf. Die faktische Unmöglichkeit isolierter Abschlüsse mit nur einer Gewerkschaft stellte höhere Ansprüche an die Kompromissfähigkeit des Tarifverhandlungssystems (Keller 1983; 1993a).

Zu Beginn der 2000er Jahre verhandelte ver.di formal getrennt von der Tarifunion, dem „Tarifflügel" des DBB (www.tarifunion.dbb.de); die geschlossenen Tarifverträge waren allerdings materiell stets identisch. Die Tarifunion[5] war zwar in rechtlicher Perspektive tariffähig; sie war aber faktisch kaum streik- und unabhängig von ver.di nur in begrenztem Umfang in der Lage, Interessen eigenständig gegen Widerstand durchzuset-

---

4   ÖTV und DAG in den 1960er bis Mitte der 1970er Jahre; DAG, Verband der angestellten und beamteten Ärzte Deutschlands (Marburger Bund) und Gemeinschaft der Gewerkschaften und Verbände des öffentlichen Dienstes (GGVöD) in den mittleren 1970er und 1980er Jahren; wiederum ÖTV und DAG seit Mitte der 1990er Jahre bis zum Zusammenschluss zu ver.di 2001 (Keller 1983; 1993a).

5   Ihr Vorläufer war die 1969 gegründete Gemeinschaft der Gewerkschaften und Verbände des öffentlichen Dienste (GGVöD), die seit 1974 an den Tarifverhandlungen beteiligt war (Keller 1983). 1999 erfolgte die Umbenennung in dbb-Tarifunion.

zen. Die Beziehungen zwischen den beiden ungleichen Verbänden ließen sich charakterisieren als informelle Zusammenarbeit trotz unterschiedlicher Organisationsprinzipien und erheblicher, scheinbar unüberbrückbarer Differenzen, vor allem in historischer Perspektive (Keller 2006).
Seit 2007 besteht eine Verhandlungsgemeinschaft zwischen ver.di und dbb-Tarifunion. Eine derart enge, vertraglich fixierte Zusammenarbeit traditionell konkurrierender Verbände schien lange Zeit nicht nur aufgrund der unterschiedlichen Organisationsprinzipien, sondern auch wegen der Mitgliedschaft in den konkurrierenden Dachverbänden DGB bzw. DBB unrealistisch bzw. sogar undenkbar. Die Erwartung härterer Verteilungskämpfe in der Zukunft sowie knapper eigener Ressourcen veränderte die lange Zeit fest gefügten Positionen und ermöglichte die Annäherung, die in beiden Verbänden anfangs umstritten war.

Diese formalisierte Kooperation (Kempe 2008) stellt eine an pragmatischen Kalkülen orientierte Form der Koexistenz unter Wahrung der Unabhängigkeit und Eigeninteressen beider Organisationen dar; sie soll die Verhandlungsmacht bzw. Durchsetzungsfähigkeit der Arbeitnehmerinteressen durch „Bündelung der Kräfte" verbessern.[6] Die offizielle Anerkennung wertet den Status der dbb-Tarifunion verbandsintern wie -extern auf; die Bedeutung der Tarifpolitik für den Dachverband DBB wird deutlich. Die dbb-Tarifunion bildet eigene Fachbereiche, welche die Tarifverhandlungen (etwa für Lehrkräfte oder im Gesundheitssektor), an denen verschiedene Mitgliedsverbände beteiligt sind, koordinieren sollen.

Diese Zusammenlegung von Ressourcen ist aber, so die gemeinsam getragene Position der beteiligten Verbände, nicht – wie im skizzierten Fall von ver.di – auf das langfristige Ziel eines Zusammenschlusses („merger") ausgerichtet. Die enge, strategische Zusammenarbeit auf sektoraler Ebene schließt nicht aus, dass Konkurrenz auf Ebene der einzelnen Dienststellen im Rahmen der Arbeit von Personalräten weiterhin besteht – und möglicherweise zu Konflikten sowohl bei Wahlen als auch bei Fragen konkret-individueller Interessenvertretung führt.

Im Gegensatz zu dieser Verhandlungsgemeinschaft führt die 2005 vereinbarte Zweckgemeinschaft zwischen GDBA, die dem DBB angehört(e), und Transnet, einer DGB-Mitgliedsgewerkschaft, Ende 2010 zum Zusammenschluss, der wegen der Zugehörigkeit der Verbände zu unterschiedlichen Dachverbänden als recht ungewöhnlich zu bezeichnen ist. Die offizielle Ankündigung dieses Schrittes führte zum Ausschluss der

---

6 Die Federführung liegt im Tarifbereich bei ver.di, im Beamtenbereich beim DBB. In der Tarifpolitik werden im Gegensatz zu Tarifrunden in der Vergangenheit identische Forderungen formuliert.

GDBA aus dem DBB durch dessen Bundesleitung; die neue Gewerkschaft gehört dem Dachverband DGB an.

5. Einerseits reduziert der Zusammenschluss zu ver.di durch den Beitritt von DAG, DPG, HBV die Anzahl der an Kollektivverhandlungen beteiligten Gewerkschaften. Andererseits setzen im Laufe der 2000er Jahre kleinere, unabhängige (Berufs-)Verbände neben der rechtlichen auch ihre faktische Tariffähigkeit durch – und damit ein wesentliches Ziel ihrer Verbandspolitik, nämlich ihre offizielle Anerkennung als Tarifvertragspartei gegenüber Gewerkschaften, Arbeitgebern und Öffentlichkeit und damit ihre Bestandssicherung. Infolge dieser Entwicklung besteht nach wie vor eine unübersehbare organisatorische Zersplitterung im ÖD. Diese „Ausfransung" an den Rändern der organizational domains bzw. die Zunahme der Tarifkonkurrenz sollte eigentlich, d.h. bei der traditionellen Dominanz von Industrieverbänden, nicht stattfinden. Diese Prozesse der Verselbständigung begannen unmittelbar nach der ver.di-Gründung 2001 mit der Vereinigung Cockpit – VC, die einen mit ver.di bestehenden Kooperationsvertrag aufkündigte und seitdem getrennte Verhandlungen für ihre Mitglieder führt (Behrens 2003; Jacobi 2003). In unserem Zusammenhang ist vor allem der noch ausführlich zu behandelnde Marburger Bund von Bedeutung, der seit 2006 autonom-eigenständige Tarifverträge für Ärzte verhandelt bzw. abschließt (vgl. Kap. 5.5).

≡ Tab. 9: Mitgliederzahlen und Organisationsgrade von Berufsverbänden

Berufsverband	Mitgliederzahlen	Organisationsgrade
Gewerkschaft der Flugsicherung (GdF)	2.900	sehr hoch bei Fluglotsen; unbekannt bei Vorfeldlotsen
Gewerkschaft Deutscher Lokomotivführer (GDL)	34.000	80% der Triebwagenführer sowie >60% des Zugpersonals
Marburger Bund	110.000	40% bundesweit
Unabhängige Flugbegleiterorganisation (UFO)	ca. 5.000	über alle Fluggesellschaften ca. 25%[7]
Vereinigung Cockpit (VC)	8.200	> 80% bei den meisten Fluggesellschaften.

Quelle: Keller 2009, S. 119.

---

[7] In einem Beschluss des Hessischen Landesarbeitsgerichts aus dem Jahr 2003, mit dem die Tariffähigkeit von UFO festgestellt wird, heißt es „[d]er Organisationsgrad der Antragstellerin unter den Flugbegleitern ist im vorliegenden Verfahren trotz mehrerer gerichtlicher Auflagen nicht bekannt geworden" (Hessisches- LAG – Beschluss vom 08.08.2003, Aktenzeichen: 12 TaBV 138/01).

Diese aktuelle organisatorische Fragmentierung der etablierten Strukturen der Interessenvertretung erfolgt in einigen Teilen des ehemaligen, umfassenderen ÖD, die infolge von Liberalisierung bzw. Privatisierung Wettbewerb bzw. Marktdruck ausgesetzt sind. Diese Entwicklung hat – zumindest bisher – keine Parallele in anderen, „klassisch" industriellen Bereichen. Im internationalen Vergleich stellen derartige Vereinbarungen nach wie vor die Ausnahme dar.

Im Gegensatz zu den Entwicklungen bei den DGB-Gewerkschaften bleiben die Mitgliederzahlen der Berufsverbände stabil oder nehmen sogar zu. Ein weiteres Merkmal besteht in der Tatsache, dass diese Verbände nicht dem DGB angehören, wodurch die Konkurrenz zu dessen Mitgliedsgewerkschaften verstärkt wird und eine andere Qualität erhält als die zwischen DGB-Mitgliedern.

Es handelt sich nicht um echte Abspaltungen aus bestehenden Verbänden (im Sinne von „break-away unions" angelsächsischen Typs); die Aufkündigung jahrzehntelang bestehender Verhandlungsgemeinschaften signalisiert das Ende der lediglich partiellen Integration in das collective bargaining-System. Probleme einer wirksamen Vertretung zunehmend heterogener Interessen von Mitgliedergruppen resultieren nicht nur für Industrie- sondern vor allem für „Multibranchen"-Gewerkschaften. M.a.W.: Die „exklusive" Solidarität kleiner, interessenhomogener Gruppen mit hohem Störpotential[8] ist leichter intern zu organisieren und extern durchzusetzen als die „inklusive" Solidarität großer, heterogener Gruppen, deren Verbände auf Vereinheitlichung und Mediatisierung von Interessen angewiesen sind. Das Risiko einer „Entsolidarisierung" von Mitgliedern steigt im zuletzt genannten Fall.

Das organisatorische Folgeproblem dieser „neuen Unübersichtlichkeit" eines Koalitionspluralismus besteht aus ver.di-Sicht langfristig in einer möglichen Verschärfung der innerverbandlichen Probleme. Einige bereits bestehende „Standes"-Organisationen bzw. Berufsgewerkschaften weiterer, vergleichsweise kleiner Gruppen mit relativ homogenen Mitgliederinteressen und hoher Durchsetzungsfähigkeit können aufgrund der von ihren Mitgliedern ausgeübten, wichtigen Funktionen den genannten „Vorbildern" zu folgen versuchen. – Für die langfristige Entwicklung ist vor

---

8   Offe nennt als Voraussetzung für verbandsmäßige Repräsentation gesellschaftlichen Interesses Organisationsfähigkeit und Konfliktfähigkeit eines gesellschaftlichen Bedürfnisses. „Konfliktfähigkeit beruht auf der Fähigkeit einer Gruppe bzw. der ihr entsprechenden Funktionsgruppen, kollektiv die Leistung zu verweigern bzw. eine systemrelevante Leistungsverweigerung glaubhaft anzudrohen" (Offe 1974, S. 264).

allem die konkrete Gestaltung der Beziehungen zwischen den konkurrierenden Verbänden von Bedeutung. Falls in diesen Interorganisationsbeziehungen Formen pragmatisch orientierter Koexistenz dominieren, ist die Konkurrenz weniger problematisch in Bezug auf Formen, Ergebnisse und Auswirkungen auf die Interessenvertretung als im entgegen gesetzten Fall vorherrschender Rivalität (zu Einzelheiten eines „kooperativen Pluralismus" Keller 2009).

■ 4.2 Interessenverbände

1. Die Mehrzahl der Branchen der Privatwirtschaft weist faktische Monopole der Interessenvertretung auf. Im Gegensatz hierzu sind im ÖD wegen der skizzierten Unterschiede zwischen den Statusgruppen der Beschäftigten (vgl. Kap. 1) zwei voneinander unabhängige Dachverbände an der Interessenvertretung der Beamten beteiligt. Der Deutsche Gewerkschaftsbund (DGB), dem acht Gewerkschaften angehören (www.dgb.de/uebersicht/beamte/index_html), ist der „allgemeine", in beiden Sektoren vertretene Dachverband. Demgegenüber ist der Deutsche Beamtenbund (DBB), in dem sich ca. 40 Berufsverbände zusammenschließen (www.dbb.de), traditionell der „spezielle" Dachverband des ÖD. Er will sich auch in Zukunft auf den ÖD konzentrieren, beansprucht allerdings die privatisierten Teile des ehemaligen ÖD als seine Organisationsdomäne. Die Existenz eines auf Dienstleistungsbranchen oder den ÖD spezialisierten Dach- bzw. Spitzenverbandes stellt im Vergleich der EU-Mitgliedsländer eine Ausnahme dar (Visser 2010).

DBB und DGB weisen grundlegende Unterschiede in ihren Organisationsprinzipien auf, konkurrieren um Mitglieder („logic of membership") und verfolgen traditionell aufgrund ihrer Mitgliederstrukturen unterschiedliche Strategien und Ziele („logic of influence"). Der DBB konzentriert sich traditionell auf die Wahrnehmung der Beteiligungsrechte sowie informelle Einflussnahme (vgl. Kap. 6), während für den DGB stets Kollektivverhandlungen im Mittelpunkt stehen (vgl. Kap. 5). Inzwischen hat der DBB seinen Status einer reinen Standesvertretung aufgegeben und versucht, seinen Einfluss im Rahmen der Tarifpolitik auszubauen. Insgesamt besteht zwischen den Dachverbänden kein Verhältnis ideologischer Konfrontation (mehr), sondern eines pragmatischer Koexistenz, welche sich u.a. in der Gründung der Verhandlungsgemeinschaft im Tarifbereich (vgl. Kap. 5.2) niederschlägt. Der DBB verfügt, wie erwähnt (vgl. Kap. 1), nach herrschender Lehre nicht über das Streikrecht und reklamiert es nicht für sich. Die Streikkasse beim DBB wird „solidarisch" durch Beiträge der

Mitglieder aller Statusgruppen finanziert. Die Mitfinanzierung durch Beamte belegt deren materielles Interesse an der Tarifpolitik. Die Politiken sind z.t. parallel gerichtet (u.a. Besoldungs- und Versorgungspolitik, allgemeine Verbesserungen der Arbeitsbedingungen), z.T. entgegengesetzt (u.a. traditionell wie aktuell in grundsätzlichen Fragen einer Dienstrechtsreform). Vor allem in der Einkommenspolitik gelingt den Dachverbänden informell die Herstellung eines weitgehenden Konsens und dadurch eine effektive Interessenvertretung, obwohl der DBB stets die Eigenständigkeit der Besoldungspolitik hervorhebt. Bei anderen relevanten Problemen sind die Interessengegensätze hingegen unüberbrückbar. Dieser latente und bei langfristigen Zielvorstellungen manifeste zwischenorganisatorische Wettbewerb verhindert eine weitergehende Interessendurchsetzung. Aufgrund der status- und gruppenspezifischen Zusammensetzung seiner Mitglieder betreibt der DBB als „Standesorganisation" traditionell eine Politik für den grundsätzlichen und uneingeschränkten Fortbestand des Berufsbeamtentums und seines Funktionsvorbehalts bzw. aktuell zur Verhinderung von Verschlechterungen der Arbeitsbedingungen („Eckpunkte einer Dienstrechtsreform"). Demgegenüber optiert der DGB seit langem für ein an einheitlichen Grundsätzen orientiertes Personalrecht für alle Beschäftigten auf vertraglicher Basis (Keller 1983, S. 303-324); die Herstellung voller Verhandlungsrechte ist politisch allerdings nicht mehrheitsfähig, so dass pragmatisch seit den frühen 1990er Jahren die Forderung „Verhandeln statt Verordnen" erhoben wird.

Mitglieder der Dachverbände sind nicht Individuen, sondern Verbände, die im Prinzip autonom handeln. DGB bzw. DBB haben als Mitgliedsverbände eine Reihe von Gewerkschaften (DGB: GEW, GdP, IG BAU, IG BCE, Transnet) bzw. Organisationen (DBB: insgesamt 40 „Fachgewerkschaften"). Dem DBB gehören an neben den Landesbünden, die in allen Bundesländern bestehen, 14 „Gewerkschaften der im Bundesdienst oder im privaten Dienstleistungssektor Beschäftigten" sowie 26 „Bundesfachgewerkschaften, in denen Beamte, Arbeiter und Angestellte im öffentlichen Dienst und auf kommunaler und Länderebene in Bundesorganisationen organisiert sind" (www.dbb.de/dbb.php).

Verbandsintern besteht jeweils eine spezifische Arbeitsteilung in Bezug auf die Repräsentation der heterogenen Mitgliederinteressen. Die Dachverbände vertreten die allgemein-übergreifenden Interessen (z.B. Einkommensverbesserungen). Die DBB-Mitgliedsverbände sind häufig Berufsverbände und verfügen über einen hohen Grad an Fachlichkeit. Sie sind primär für die Vertretung bzw. Durchsetzung gruppenspezifischer Interessen (etwa von Lehrern, Polizisten, Richtern oder Finanzbeamten)

≡ Tab. 10: Mitgliederzahlen der DBB-Mitgliedsverbände

Name	Zahl d. Mitglieder (ca.)
BDZ – Deutsche Zoll- und Finanzgewerkschaft	25.000
Bund Deutscher Forstleute (BDF)	10.000
Bund der Strafvollzugsbediensteten Deutschlands (BSBD)	25.000
Bund Deutscher Rechtspfleger (BDR)	8.000
bundespolizeigewerkschaft (bgv)	10.005
Bundesverband der Ärztinnen und Ärzte des öffentlichen Gesundheitsdienstes (BVÖGD)	1.500
Bundesverband der Lehrerinnen und Lehrer an beruflichen Schulen (BLBS)	35.000
Bundesverband der Lehrer an Wirtschaftsschulen (VLW)	18.000
Deutscher Amtsanwaltsverein (DAAV)	736
Deutsche Justiz-Gewerkschaft (DJG)	15.000
Deutscher Gerichtsvollzieherbund (DGVB)	3.442
Deutscher Philologenverband (DPhV)	90.000
Deutsche Polizeigewerkschaft (DPolG)	80.000
Deutsche Steuer-Gewerkschaft (DSTG)	71.000
Deutsche Verwaltungs-Gewerkschaft (DVG)	22.000
Deutscher Berufsverband für Soziale Arbeit (DBSH)	5.600
Fachverband Wasser- und Schifffahrtsverwaltung (FWSV)	1.400
Gewerkschaft der Sozialversicherung (GdS)	39.086
Gewerkschaft der Sozialverwaltung (GdV)	5.000
Gewerkschaft Deutscher Lokomotivführer (GDL)	34.000
Gewerkschaft Mess- und Eichwesen (BTE)	800
Gewerkschaft Technik und Naturwissenschaft (BTB)	12.000
Katholische Erziehergemeinschaft (KEG)	13.800
komba gewerkschaft	90.000
Kommunikationsgewerkschaft DPV (DPVKOM)	49.648
Seniorenverband BRH – Bund der Ruhestandsbeamten, Rentner und Hinterbliebenen	70.000
VdB Bundesbankgewerkschaft	7.100
VDL – Berufsverband Agrar, Ernährung, Umwelt	k. A.
Verband Bildung und Erziehung (VBE)	140.000
Verband der Arbeitnehmer der Bundeswehr (VAB)	10.000
Verband der Beamten der Bundeswehr (VBB)	21.000
vereinigung der beschäftigten der berufs- und arbeitsmarktdienstleister (vbba)	12.000
Verband der Beschäftigten der obersten und oberen Bundesbehörden (VBOB)	11.000
Verband der Beschäftigten des gewerblichen Rechtsschutzes (VBGR)	450
Verein der Rechtspfleger im Bundesdienst (VRB)	150
Verband Deutscher Realschullehrer (VDR)	18.000
VDStra. – Fachgewerkschaft der Straßen- und Verkehrsbeschäftigten	k. A.
Verband Hochschule und Wissenschaft (VHW)	3.000
Verkehrsgewerkschaft GDBA	38.500
VRFF – Die Mediengewerkschaft	2.500

Außer 40 Fachgewerkschaften gehören dem DBB 16 Landesbünde an. Diese sind die Spitzenorganisationen auf Ebene der Bundesländer.
Quelle: Oeckl 2010 bzw. Eigenangaben der Verbände.

zuständig, wobei sie im Gegensatz zu den Dachverbänden (vgl. Kap. 6.1) nicht über rechtlich garantierte Beteiligungsrechte verfügen. Infolge dieses Unterschieds existieren heterogene Formen der Interessenvertretung. Spezifische Verbesserungen erfolgten bis in die 1980er Jahre u.a. durch so genannte Strukturmaßnahmen (Keller 1983); seitdem ist ihre Durchsetzung beruflicher und sozialer Interessen unabhängig von der allgemeinen Beamtenpolitik schwieriger. Diese fachlich hochgradig spezialisierten Verbände müssen wegen der im Grundgesetz vorgegebenen Aufgabenverteilung zwischen den Gebietskörperschaften mit ihren Politiken nicht auf der Ebene des Bundes sondern häufig auf der der Länder ansetzen. Die Dachverbände nehmen in diesem Kontext gruppenspezifischer Interessenvertretung lediglich Koordinationsaufgaben wahr.

2. DBB- und DGB-Mitgliedsverbände konkurrieren im ÖD um Mitglieder, traditionell vor allem um Beamte (Ellwein 1980), später auch um Angestellte bzw. aktuell um Tarifbedienstete. Der DBB hat nach eigenen Angaben über 1,2 Mio. Mitglieder und stellt damit innerhalb des ÖD eine echte Konkurrenz für die DGB-Gewerkschaften dar (Ebbinghaus 2003, S. 190).[9] Seine Mitgliedsverbände organisieren, was in der Öffentlichkeit kaum bekannt ist, nicht nur Beamte sondern aktuell auch ca. 360.000 Tarifbedienstete (DBB und Tarifunion 2009), so dass die ehemals strikten Demarkationslinien zwischen den Beschäftigtengruppen nicht mehr bestehen. Diese nunmehr breiter angelegte, strategische Orientierung in Bezug auf die Mitgliederbasis („Stärkung des Tarifflügels") wird u.a. wegen der bereits erwähnten, durchgängig vorsichtigen Personalpolitik in den neuen Ländern notwendig, die den Beamtenstatus nur bei hoheitlichen Aufgaben im engeren Sinne einführten (vgl. Kap. 1). Die skizzierten Privatisierungsmaßnahmen (vgl. Kap. 1) verkleinern ebenfalls die Organisationsdomäne.

---

9   Die Mitgliederzahlen der DBB-Mitgliedsverbände sind – im Gegensatz zu denen der DGB-Mitgliedsgewerkschaften – nicht öffentlich zugänglich. Damit kann u.a. die ansonsten übliche Unterscheidung nach Brutto- und Nettoorganisationsgraden nicht getroffen werden. Desaggregierte Analysen für die Ebene von Einzelverbänden werden erheblich erschwert, zumal die offiziellen Angaben nicht denen der Mitgliedsverbände entsprechen, so dass Probleme der Validität auftreten. Da sich die Beiträge der Mitgliedsverbände zur Finanzierung des DBB auf Basis der Mitgliederzahlen bestimmen, können sich Probleme einer „Beitragsehrlichkeit" der Mitgliedsverbände ergeben. Die Altersstruktur der im ÖD Beschäftigten (vgl. Kap. 2) weist hin auf eine ungünstige Altersstruktur der Mitglieder, vor allem auf einen hohen Anteil von Rentnern und Pensionären.

Seit den mittleren 1990er Jahren geht die Mitgliederzahl der DGB-Gewerkschaften zurück, die der DBB-Verbände hingegen steigt. Diese Entwicklung ist aus zwei Gründen bemerkenswert: Zum einen nimmt, wie bereits ausgeführt (vgl. Kap. 2), die Gesamtzahl der im ÖD Beschäftigten, vor allem der Tarifbediensteten, deutlich ab; die Rekrutierungsbasis der Verbände wird – bei bereits hohen Organisationsgraden – also schmaler. Zum andern waren bis in die frühen 1990er Jahre in DGB-Gewerkschaften stets mehr Beamte organisiert als in DBB-Verbänden. Seitdem kehren sich die Mehrheitsverhältnisse um (Pege 2001, S. 3). Der wesentliche Bestimmungsgrund für diese gegenläufige Entwicklung dürfte die unterschiedli-

≡ Tab. 11:   Mitgliederentwicklung des DBB nach Statusgruppen 1990–2009

	Mitglieder in Tsd.			
Jahr	*Gesamt*	Beamte	Angestellte[a]	Arbeiter[a]
1990	997,7	704,4	74,1	20,5
1991	1.053,0	712,6	292,8	47,6
1992	1.095,4	747,4	305,3	42,6
1993	1.078,8	758,8	297,8	22,2
1994	1.089,2	769,8	299,3	20,1
1995	1.075,7	777,4	279,9	18,3
1996	1.101,6	781,6	299,0	21,0
1997	1.116,7	798,6	298,7	19,4
1998	1.184,1	850,6	309,2	24,2
1999	1.201,9	867,5	302,2	32,2
2000	1.205,2	870,3	302,6	32,3
2001	1.211,1	878,2	299,9	33,0
2002	1.223,7	879,9	299,5	44,3
2003	1.258,0	910,8	305,2	42,0
2004	1.269,8	919,7	308,1	42,0
2005	1.275,4	918,8	314,6	42,1
2006	1.276,3	919,1	357,2	–
2007	1.278,4	919,5	358,9	–
2008	1.280,8	920,4	360,5	–
2009	1.282,6	921,1	361,5	–

a – seit 2005: Angestellte und Arbeiter werden in der Statistik als „Arbeitnehmer" zusammengefasst.
Angaben gerundet.
Quelle: www.dbb.de (ab 1999); Schroeder/Weßels 2003, S. 641 (bis 1998).

che Höhe der Mitgliedsbeiträge sein; ein weiterer Grund könnte in den Privatisierungsmaßnahmen, vor allem bei Bahn und Post, liegen. Rechtsschutz und Fortbildung, die im Sinne von Olson (1968) in individueller Sicht wichtige selektive Anreize zum Verbandsbeitritt darstellen, nimmt beim DBB der Dachverband wahr.

3. Der Organisationsgrad, d.h. der Anteil der organisierten an allen Arbeitnehmern, ist ein wichtiger Indikator für externe Verhandlungsmacht bzw. Durchsetzungsfähigkeit sowie politische Legitimation von Verbänden. Der spezifische Organisationsgrad des ÖD beträgt über 60%[10], wenn

Tab. 12: Mitgliederentwicklung des DGB nach Statusgruppen 1990–2008

Jahr	Mitglieder in Tsd.			
	Gesamt	Beamte	Angestellte[a]	Arbeiter[a]
1990	7.938	798	1.851	5.289
1991	11.800	814	2.790	7.006
1992	11.016	803	3.226	6.896
1993	10.290	773	2.957	6.441
1994	9.768	763	2.784	6.015
1995	9.355	748	2.652	5.727
1996	8.973	663	2.555	5.450
1997	8.623	643	2.457	5.205
1998	8.311	621	2.431	4.961
1999	8.037	574	2.288	4.855
2000	7.773	557	2.222	4.681
2001	7.899	570	2.599	4.526
2002	7.700	549	2.449	4.403
2003	7.363	506	2.323	4.217
2004	7.013	420	1.729	2.963
2005	6.778	490	5.869	
2006	6.586	483	5.711	
2007	6.441	473	5.591	
2008	6.371	465	5.548	
2009	6.265	461	5.457	

a – seit 2005: Angestellte und Arbeiter werden in der Statistik zusammengefasst.
Angaben gerundet.
Quelle: DGB-Mitgliederstatistik (ab 1994); Schroeder/Weßels 2003, S. 637 (bis 1993).

---

10 Bei einer Differenzierung nach den alten Statusgruppen waren vor allem Arbeiter und Beamte hochgradig organisiert.

man die Mitglieder sowohl der DGB-Gewerkschaften als auch der DBB-Verbände berücksichtigt. Er liegt, ähnlich wie traditionell in der überwiegenden Mehrzahl der EU- bzw. OECD-Mitgliedsländer (Beaumont/ Harris 1998, Hebdon/Kirkpatrick 2005; Bordogna 2008b), wesentlich höher als in der Privatwirtschaft, vor allem den privaten Dienstleistungssektoren; die aktuell in der Privatwirtschaft bestehenden Probleme eines „non-union sectors" treten im ÖD nicht auf.

Dieser Zusammenhang, der nach wie vor trotz umfangreicher Privatisierungsmaßnahmen (vgl. Kap. 2) und mehrfacher Strukturreformen der vergangenen Jahre gilt, hat mehrere Gründe (Keller et al. 2001, S. 68). Ein wesentlicher Bestimmungsgrund besteht in günstigeren Organisationsbedingungen: Die Interessenvertretungen der Beschäftigten finden bei öffentlichen Arbeitgebern bzw. deren Repräsentanten häufig höhere Akzeptanz bzw. stoßen auf weniger Ablehnung als in verschiedenen Bereichen der Privatwirtschaft, so dass in der Perspektive der Beschäftigten eine Mitgliedschaft mit geringeren Nachteilen bzw. Opportunitätskosten im Sinne der Transaktionskostentheorie (Williamson 1985; 1996) verbunden ist. Eine Mitgliedschaft kann zudem für die individuelle „Karriere" einem hierarchisch strukturierten Laufbahnsystem Vorteile bzw. selektive Anreize bieten, da Gewerkschaften und Interessenverbände bzw. Personalräte an zahlreichen Personalentscheidungen (wie Einstellung, Beförderung, Arbeitsorganisation) formal wie informell beteiligt sind. Schließlich sind die Dienststellen des ÖD (Behörde, Verwaltungsstelle, Betrieb) häufig größer und beschäftigen eine große Zahl von Arbeitnehmern, wodurch aus Sicht der Verbände die Organisierung im Vergleich zu den häufig kleineren Einheiten in der Privatwirtschaft erleichtert wird.

Die Verbände im ÖD, welche Vereinigungen mit freiwilliger Mitgliedschaft sind, schöpfen also ihr Mitgliederpotential in deutlich höherem Maße aus als die der Privatwirtschaft. Der Organisationsgrad in der Gesamtwirtschaft beträgt derzeit kaum mehr als 20% und hat damit den niedrigsten Stand in der Geschichte der Bundesrepublik erreicht; in der Privatwirtschaft liegt er noch niedriger. Die Gewerkschaften des ÖD lösen das für große Gruppen typische free-rider-Problem (Olson 1968; 1985) zufrieden stellender und verfügen über eine bessere Ressourcenausstattung.

5. Das System der Tarifverhandlungen und seine Veränderungen

5.1 Strukturen der Kollektivverhandlungen und ihre Veränderungen

Das collective-bargaining-System hat seine rechtliche Grundlage in dem im Grundgesetz sowie im Tarifvertragsgesetz verankerten Prinzip der Tarifautonomie, welches die autonome Gestaltung der Beschäftigungsverhältnisse, d.h. der Entgelte und übrigen Arbeitsbedingungen, durch die Tarifvertragsparteien garantiert. In den großen Branchen der Privatwirtschaft (wie Metall oder Chemie) ist es traditionell durch einen im internationalen Vergleich mittleren Zentralisierungsgrad gekennzeichnet (Traxler et al. 2001). Die Tarifverhandlungen finden in der Regel zwischen dem Arbeitgeberverband und der zuständigen (Industrie-)Gewerkschaft statt.

1. Im ÖD sind nicht nur die bereits skizzierten Organisations-, sondern auch die Verhandlungsstrukturen komplexer. Das System der Kollektivverhandlungen war im Gegensatz etwa zu denen in den angelsächsischen Ländern, aber ähnlich wie u.a. in den skandinavischen Ländern, lange Zeit durch weitgehende, territoriale Zentralisierung und hochgradige, gruppenspezifische Integration gekennzeichnet (OECD 1997; Traxler 1998a; Bach et al. 1999).[1] Eine notwendige institutionelle Voraussetzung dieses „multi-employer bargaining" war die Existenz von „encompassing organizations" (Olson 1982) auf beiden Seiten; die enge, vertikale und horizontale Koordination ihrer Aktivitäten (intraorganizational bargaining im Sinne von Walton/McKersie 1991) war schwierig zu organisieren und aufrechtzuerhalten.

Im Gegensatz zu den inzwischen partiell dezentralisierten (vgl. Kap. 5.2) fanden bis zu Beginn der 2000er Jahre zentralisierte Kollektivverhandlungen statt. Für alle Arbeiter und Angestellten wurde im Wesentlichen eine Tarifverhandlung geführt, die nicht, wie in vergleichbaren Ländern zumeist üblich, Unterschiede nach Ebenen (etwa Zentral- versus Lokalverwaltung), Statusverhältnissen (Angestellte versus Arbeiter) oder Funktions- bzw. Tätigkeitsbereichen (etwa Erziehung, Gesundheit, Versorgung) kannte (Bordogna/Winchester 2001; Nomden et al. 2003). Der bis in die frühen 1960er Jahre zurückgehenden Bundes-Angestelltentarif-

---

1 Andere Institutionen, wie pay review bodies in Großbritannien (Bach 2010, S. 161f.), sind unbekannt.

vertrag (BAT) bzw. der Manteltarifvertrag Arbeiter (MTArb) (McPherson 1971) blieben mehrere Jahrzehnte in Kraft und prägten entscheidend die Beschäftigungsbedingungen.[2]

Eine von den korporativen Akteuren durchaus beabsichtigte Folge dieses vergleichsweise zentralisierten Systems war eine weitgehende, hochgradige Standardisierung der Entgelte, einschl. ihrer Strukturen, sowie der übrigen Arbeitsbedingungen (u.a. Arbeitszeiten), was in Anbetracht der föderalistischen Verfassung der Bundesrepublik keinesfalls selbstverständlich war. Infolge dieser relativ homogenen Arbeitsbedingungen waren auch die Lebensverhältnisse der Beschäftigten recht ähnlich. – Diese weitgehende Vereinheitlichung lag auch im Interesse der Gewerkschaften, die dadurch Legitimationsprobleme gegenüber ihren Mitgliedern eher lösen konnten (Keller 1999). Insgesamt war die Bundesrepublik Teil eines im internationalen Vergleich diagnostizierten Musters:

> „Countries which favour the continuation of centralized, relatively uniform pay arrangements tend to take a more monolithic view of the public sector than those that have moved to more flexible systems. Issues of mobility and internal equity ... loom large in the arguments against flexibility, and motivation tends to be viewed from a long-term perspective linked to career management and job security." (Dell'Aringa/Murlis 1993, S. 228)

2. Die Ergebnisse der hochgradig zentralisierten Tarifverhandlungen zwischen der von der ÖTV geführten Koalition auf Arbeitnehmerseite und der Verhandlungsgemeinschaft auf Arbeitgeberseite („pattern setting") hatten lange Zeit unmittelbare Auswirkungen auf andere Bereiche („pattern following"):[3]

– Die materiellen Resultate dieser so genannten Hauptverhandlungen wurden regelmäßig in den formal unabhängigen, so genannten Nebenverhandlungen bei Bundesbahn und Bundespost übernommen, wobei bereichsspezifische Änderungen (u.a. bei zusätzlichen Zulagen oder Regelungen zur Schichtarbeit) erfolgen konnten. Die Folge dieser informellen, gleichwohl unmittelbaren Koordinierung war – trotz der Existenz mehrerer, unabhängiger Verbände – die Schaffung und langfristige Aufrechterhaltung des faktisch umfassendsten Tarifbe-

---

[2] Dabei ist traditionell vor allem zu unterscheiden zwischen Lohn- bzw. Vergütungstarifverträgen und Manteltarifverträgen (u.a. Bundesangestelltentarifvertrag-BAT, Manteltarifvertrag für die Arbeiter des Bundes-MTB II, der Länder-MTL II und der Gemeinden-BMT-G II).

[3] Im Gegensatz zu einer populären Hypothese war nicht die ÖTV sondern die IG Metall lange Jahre der „pattern setter" für die Privatwirtschaft.

reichs („bargaining unit") der Bundesrepublik, der zudem Orientierungsfunktion für weitere Bereiche hatte.
- Die materiellen Ergebnisse wurden, wie wir in Kap. 6 noch detailliert analysieren, quasi-automatisch, d.h. zeit- und inhaltsgleich, in die Gesetzgebung für die Beamten übernommen. Die umgekehrte Reihenfolge von „leader" und „follower" war de jure möglich, kam jedoch faktisch selten vor. Der dominierende Einfluss ging eindeutig von den Resultaten der Tarifverhandlungen aus; materielle Differenzen zwischen Tarif- und Beamtenbereich traten nicht auf, so dass die strikte formal-rechtliche Trennung der beiden Regulierungssysteme empirisch nur von geringer Bedeutung war.
- Die Alters- und Hinterbliebenenversorgung von beamteten und nichtbeamteten Mitarbeitern des ÖD bzw. deren Angehörigen wurden jeweils entsprechend erhöht.
- Darüber hinaus bestand ein informeller, jedoch unmittelbarer Einfluss der Ergebnisse auf die Beschäftigungsbedingungen verschiedener Gruppen außerhalb des ÖD (u.a. bei Kirchen, Sozialverbänden und Wohlfahrtsorganisationen).

3. Seit Mitte der 1990er Jahre erfolgen Veränderungen in Richtung einer allmählich zunehmenden Dezentralisierung und „Flexibilisierung" des collective-bargaining-Systems bzw. seiner standardisierten Vereinbarungen für den gesamten ÖD. Die Auflösung der skizzierten, recht engen und jahrzehntelang stabilen Koppelungen kommt sukzessiv zustande:

- Diese Entwicklung erfolgt vor allem in den schrittweise privatisierten Teilen des ehemaligen ÖD, besonders Bundesbahn/Deutsche Reichsbahn und Bundespost, aber auch in Teilen der auf kommunaler Ebene zu erbringenden Aufgaben (vgl. Kap. 2).
Die ehemalige, einheitlich organisierte Bundespost besteht inzwischen aus drei Teilen (Deutsche Post AG, Deutsche Telekom AG, Deutsche Postbank AG). Die privaten Arbeitgeber, wie vor allem die Deutsche Telekom AG, setzen nunmehr in formal getrennten Verhandlungen eine qualitativ veränderte Tarifpolitik durch und fordern mehr „Flexibilität" in den ehemals vergleichsweise einheitlichen Arbeitsbedingungen. Die Differenzen (vor allem Flexibilisierung der Entgelte und Variation der Arbeitszeiten) nehmen im Laufe der Zeit zu, die Arbeitgeber erreichen eine engere Orientierung an Bedingungen privatwirtschaftlichen Wettbewerbs (u.a. Einführung von Bonusregelungen, stärkere Leistungsorientierung der Entgelte) (Keller 2002). – Auch im Organisationsbereich der Deutschen Post AG, dem Postdienst im engeren Sinne, wächst die private Konkurrenz schritt-

weise, was u.a. zu zwischenverbandlichen Konflikten mit neuen Verbänden über die Einführung eines Mindestlohnes führt.

Die Deutsche Bahn AG besteht nach der Restrukturierung aus drei Geschäftseinheiten (Fahrwege, Personentransport, Gütertransport); die Konkurrenz durch private Anbieter nimmt nur allmählich zu. Transnet, die Nachfolgeorganisation der GdED (vgl. Kap. 4), verliert Mitglieder und befindet sich in Konkurrenz vor allem zur Gewerkschaft Deutscher Lokomotivführer (GDL), die schließlich den Abschluss eigenständiger Tarifverträge für ihr Klientel durchsetzt (Keller 2008b; 2009)

Auf kommunaler Ebene führen bei wachsendem Kostendruck bzw. Sparzwängen Liberalisierungs- und Privatisierungsmaßnahmen (vgl. Kap. 2) zur Ausgliederung bestimmter Aufgabenbereiche, vor allem der Ver- und Entsorgung, aus dem Regelungsbereich des ÖD sowie zum Abschluss einer Reihe eigenständiger, so genannter Spartentarifverträge. Sie weisen durch ihre stärkere Wettbewerbsorientierung und durch Versuche der Kosten-, insbesondere Arbeitskostensenkung eher Parallelen zur Privatwirtschaft als zum ÖD auf (zu Einzelheiten Wendl 1998; Dribbusch/Schulten 2007).[4]

- Im „Kernbereich" des ÖD bedeutet die skizzierte Auflösung der jahrzehntelang bestehenden Verhandlungsgemeinschaft der Arbeitgeber (vgl. Kap. 3.5) das Ende der engen vertikalen Koordination zwischen den Ebenen. Seit 2005 finden getrennte Verhandlungen für Bund und Kommunen sowie seit 2006 für Länder (ohne Berlin und Hessen) statt, die zu unterschiedlichen Abschlüssen führen (u.a. bei Arbeitszeiten und Jahressonderzahlungen). Auf diese besondere Situation der Länder gehen wir noch ausführlich ein (vgl. Kap. 5.4). Die Vereinbarungen auf kommunaler Ebene (zu Einzelheiten Bispinck 2006a) beinhalten flexiblere Arbeitszeiten, deren Länge im Einzelfall von Merkmalen, wie Entgeltgruppe bzw. Einkommen, Kinderzahl oder Lebensalter abhängen kann.[5] Die Probleme der Umsetzung bzw. spä-

---

4   Erste Erosionstendenzen zeigten sich bereits in den 1990er Jahren im Abschluss einiger so genannter Spartentarifverträge; Privatisierungsmaßnahmen wirken in dieselbe Richtung. Quantitative Angaben zu Entwicklung und Verbreitung von Spartentarifverträgen, die u.a. in den Bereichen Gesundheit, Verkehr, Ver- und Entsorgung vorkommen, liegen nicht vor. „Der Tarifdualismus von Dienstleistungsbranchen mit öffentlichen und privaten Betrieben und Einrichtungen stellt ein besonderes Problem dar" (Meerkamp 2008, S. 112).

5   Der erste Abschluss auf kommunaler Ebene, der so genannte „Hamburger Kompromiss", führte differenzierende Kriterien (vor allem Alter, Einkommen und Familienstand) wieder ein, die im „alten" BAT vorhanden waren, aber mit dem

teren Implementation dieser komplizierten, differenzierenden Regelungen sind größer als die relativ einheitlicher Vorgaben, die ohne besondere Komplikationen anzuwenden sind. Außerdem tragen Kollektivverträge, deren Regelungen nach bestimmten Gruppen differenzieren, zur „Entsolidarisierung" bei.

- Außerdem organisiert im Bereich der Krankenhäuser der Marburger Bund (MB), der Verband der angestellten und beamteten Ärztinnen und Ärzte Deutschlands (www. marburger-bund.de). Er führt seit 2005 für die von ihm vertretene Beschäftigtengruppe eigenständige Kollektivverhandlungen, nachdem er die mit ver.di seit Langem bestehende, eingespielte Verhandlungsgemeinschaft aufgekündigt sowie einen Arbeitskampf geführt hatte (Keller 2006). In organisations- bzw. verbandstheoretischer Sicht erreicht der MB durch die autonomen Abschlüsse seine offizielle Anerkennung als eigenständiger, unabhängig von ver.di agierender, tariffähiger Verband. Diese formale Anerkennung bzw. Aufwertung des Verbandsstatus geschieht zu Lasten einer weiteren Zersplitterung der Tarifverträge innerhalb des ÖD in eine Reihe von Spartentarifverträgen (TV-Ärzte). Die lange bestehende Tarifeinheit („ein und nur ein Tarifvertrag pro Unternehmen") innerhalb der Kliniken ist beendet, die Tarifpluralität nimmt zu und dokumentiert einen grundlegenden Wandel der Interessenvertretung im ÖD in Richtung auf gruppenspezifische Repräsentation.

- Schließlich erfolgt seit Anfang der 1990er Jahre eine allmähliche Aufweichung der vormals engen Koppelung von Tarif- und Beamtenbereich, die wir gesondert und ausführlich analysieren (vgl. Kap. 6.2). Die eingangs skizzierten, in formal-rechtlicher Hinsicht differenzierenden Regulierungsverfahren führen im Gegensatz zu früheren Phasen nunmehr zu unterschiedlichen materiellen Ergebnissen.

„modernen" TVöD eigentlich überwunden werden sollten. Im Übrigen hatte dieser Abschluss keine Signalwirkung bzw. keinen Pilotcharakter im Sinne eines „pattern bargaining". Der zweite Abschluss auf kommunaler Ebene erfolgte in Niedersachsen, wo die Arbeitszeiten – anders als in Hamburg – von der individuellen Arbeitsbelastung der Beschäftigten abhängen. Schließlich endete der Konflikt in Baden-Württemberg mit dem Kompromiss einer generellen, nicht nach Beschäftigtengruppen differenzierenden Wochenarbeitszeit zwischen 38,5 und 39 Stunden (zu Einzelheiten Dribbusch 2006).

■ 5.2 Folgen der institutionellen Veränderungen

Wichtige, zur Beschreibung von Unterschieden innerhalb und zwischen Systemen der Arbeitsbeziehungen häufig gewählte Indikatoren sind Deckungsraten. Sie geben entweder den Anteil der Unternehmen oder den Anteil deren Arbeitnehmer an, die von Interessenvertretungen erfasst werden. In „dualen" Systemen ist aufgrund der skizzierten, formalen Trennung der Interessenvertretungen (vgl. Kap. 1) explizit zu unterscheiden zwischen betrieblichen und überbetrieblich-sektoralen bzw. tariflichen Deckungsraten, die unterschiedlich hoch sein können.

Komparativ angelegte, allerdings ausschließlich auf die Privatwirtschaft bezogene Analysen diagnostizieren deutliche Unterschiede sowohl zwischen als auch innerhalb nationaler Arbeitsbeziehungen (Traxler et al. 2001; Bamber et al. 2010). Im Übrigen werden die Deckungsraten vor allem durch den Organisationsgrad der Arbeitgeber bestimmt, d.h. den Anteil der organisierten an allen Arbeitgebern. Sie können durch institutionelle Rahmenbedingungen, nämlich die Existenz bzw. die Anwendung von Allgemeinverbindlichkeitserklärungen („erga omnes-Klauseln"), erhöht werden; derartige Vorkehrungen bestehen in der Mehrzahl der EU-Mitgliedsländer.

Im ÖD kann sich aufgrund der Statusunterschiede zwischen den Beschäftigtengruppen bzw. wegen des Kollektivverhandlungs- und Streikverbots der Beamten (vgl. Kap. 1) dieses Konzept im engeren Sinne nur auf die Tarifbediensteten beziehen; die beamtenrechtlichen Regelungen schließen ex definitione alle Angehörige dieser Statusgruppe ein.[6] Für den ÖD gilt, dass trotz durchgeführter Privatisierungsmaßnahmen und abnehmender Organisationsgrade der Arbeitnehmer die Deckungsraten im Vergleich zur Mehrzahl der Branchen der Privatwirtschaft nach wie vor sehr hoch sind. Aktuellere Studien (Addison et al. 2002; Schäfer 2001; Schnabel 2007) belegen, dass die „betrieblichen" Deckungsraten nach wie vor bei über 90% liegen; dieser hohe Anteil ergibt sich bei beiden Varianten der Berechnung, d.h. sowohl für die Arbeitgeber als auch für die beschäftigten Arbeitnehmer. Für die überbetrieblich-sektorale Ebene können wir von ähnlichen, im Vergleich sehr hohen Anteilen ausgehen, die vor allem durch Flächentarifbindung erreicht werden (Keller/Schnell 2003; 2005; Schnabel 2007; Ellguth/Kohaut 2010).

---

6 „In most (EU, B.K.) member states the difference is light, since only very few are excluded. In some member states, for example in Austria, Germany, Hungary, Luxembourg or Spain, it does, however, make a difference when public employees without bargaining rights are taken out." (Visser 2010, S. 30)

Aufgrund der Tatsache, dass beide Deckungsraten („doppelte Mitbestimmung") im Branchenvergleich ungewöhnlich hoch sind, besteht im ÖD nicht nur rechtlich, sondern auch faktisch ein „duales" System der Interessenvertretung (vgl. Kap. 1), was in verschiedenen Branchen der Privatwirtschaft nicht – oder nicht mehr – unbedingt der Fall ist. Der ÖD gehört nach wie vor zur „Kernzone" der „dualen" Arbeitsbeziehungen.

Tab. 13: Deckungsraten nach Branchen

Tarifbindung der Beschäftigten in Deutschland 2008 – Anteil der jeweils betroffenen Beschäftigten in %

	West	Ost	Gesamt
Öffentliche Verwaltung	98	96	98
Bergbau/Energie	93	88	92
Kredit/Versicherung	87	71	85
Baugewerbe	74	57	70
Grundstoffverarbeitung (Produktionsgüter)	72	43	68
Investitionsgüter	68	41	65
Gesamt	*63*	*52*	*61*
Verbrauchsgüter	64	42	61
sonstige Dienste	63	53	61
Org. ohne Erwerbszweck	62	42	58
Verkehr/Nachrichten	56	48	55
Handel/Reparatur	51	30	47
Dienste für Unternehmen	43	51	45
Landwirtschaft u.a.	54	17	43

Quelle: Hans-Böckler-Stiftung, http://www.boeckler.de/pdf/p_ta_jb_2009.pdf

Die tarifliche Deckungsrate wird von den noch im Einzelnen zu skizzierenden Tendenzen der Dezentralisierung, die ausschließlich Verschiebungen der Verhandlungsebene bedeuten, nicht wesentlich beeinträchtigt; sie nimmt im Gegensatz zu verschiedenen Branchen der Privatwirtschaft, die seit den 1990er Jahren durch Verbandsabstinenz bzw. Verbandsflucht gekennzeichnet sind (Ellguth/Kohaut 2005; 2007), nicht deutlich ab. Der Austritt einzelner Länder aus der TdL führt zwar zu anderen, d.h. durch dezentralere Tarifverhandlungen erreichten Deckungsformen, nicht aber zu „weißen Flecken" auf der Tariflandkarte, wie sie aus der Privatwirtschaft bekannt sind; so genannte vertragslose Zustände treten (bei den Ländern erstmalig) auf, sind aber nicht von Dauer (vgl. Kap. 5.4). Das Instrument der Allgemeinverbindlichkeitserklärung, welches in verschiedenen Branchen der Privatwirtschaft Bedeutung hat (Keller 2008a), spielt im ÖD keine Rolle.

2. Bei einer Änderung des institutionellen Arrangements bzw. des Wandels der „modes of governance" infolge der deutlichen Trends zur Dezentralisierung bzw. Heterogenisierung verschieben sich die Rahmenbedingungen des Handelns für die Verbände. Die effiziente Organisierung der Verhandlungssituation wird schwieriger; die Transaktionskosten im Sinne direkter Verhandlungs- sowie späterer Implementations- und Kontroll- bzw. Überwachungskosten steigen (Williamson 1985; 1996; zusammenfassend Macher/Richmann 2008).[7]

Diese Veränderungen der Kosten „of running the system" gelten im Prinzip für beiden Seiten. Sie betreffen in geringerem Maße die Arbeitgeber und ihre Verbände, die trotz zunehmender Transaktions- sinkende Entgelte bzw. Produktionskosten erwarten – und daher Dezentralisierung fordern und durchsetzen. Für die Gewerkschaften, insb. ver.di, hingegen steigt die Summe aus Transaktions- und Produktionskosten. Diese Entwicklung wirft in Zeiten abnehmender Mitgliederzahlen und damit knapper werdender verbandlicher Ressourcen zusätzliche Probleme eines „economising on transaction costs" auf.

Bei den Transaktionskosten erfolgt eine Zunahme sowohl bei den ex ante- (im Sinne von Informations-, Verhandlungs- und Vertragskosten) als vor allem auch bei den ex post-Varianten (im Sinne von Absicherungs-, Überwachungs- und ggf. Anpassungskosten). Letztere steigen, weil das „Controlling" heterogener, auf dezentraler Ebene geschlossener Kollektivverträge (u.a. der Umgang mit Öffnungsklauseln im Einzelfall sowie der generellen Kontrolle der Einhaltung getroffener Vereinbarungen) komplizierter ist als bei zentral geführten Vereinbarungen.

Die notwendigen transaktionskostenspezifischen Investitionen (u.a. in das spezifische Humankapital der hauptamtlichen Verhandlungsführer in Form zusätzlicher Schulungen und Weiterqualifikation) nehmen zu, ohne dass positive Veränderungen der Produktionskosten, d.h. Verbesserungen der Arbeitsbedingungen, zu erwarten sind. Unter der Randbedingung der stets nur begrenzten Rationalität aller Akteure („intendedly rational, but only limitedly so") nehmen die Unsicherheiten im Rahmen der Aushandlung der notwendigerweise unvollständigen und relationalen Kollektivverträge zu („incomplete contracting"). Daher muss jede Seite die Existenz von mehr Optionen des Verhandlungspartners, einschl. der Möglich-

---

7 „The ex ante costs of drafting, negotiating, and safeguarding an agreement, and, more especially, the ex post costs of maladaptation and adjustment that arise when contract execution is misaligned as a result of gaps, errors, omissions, and unanticipated disturbances; the costs of running the economic system" (Williamson 1996, S. 379).

keit opportunistischen Verhaltens („self-seeking interest with guile") bei der späteren Interpretation der nicht-spezifizierten Vertragsinhalte, in ihren Kalkülen im Rahmen der komplexeren, langfristig angelegten Vertragsbeziehungen berücksichtigen. Ungewiss bleibt das tatsächliche Eintreten der erwarteten „Synergieeffekte" zwischen verschiedenen, nunmehr notwendigen Verhandlungen.

M.a.W.: Eine Dezentralisierung der Verhandlungsebene bzw. ein resultierender tarifpolitischer „Häuserkampf" erfordert den Einsatz erheblicher, zusätzlicher Verbandsressourcen, unter Umständen sogar durch Einstellung zusätzlicher Mitarbeiter. Infolge der Überlastung der Hauptamtlichen kann die Mobilisierung weiterer Ressourcen vermutlich nur bei den Ehrenamtlichen erfolgen; außerdem wird eine neue Prioritätensetzung notwendig. – Insofern ist (auch) in institutionenökonomischer Perspektive das Insistieren der DGB-Gewerkschaften auf der Wiederherstellung bundeseinheitlicher Verhandlungen bzw. Regelungen nachvollziehbar – und aus Sicht der Gewerkschaft konsequent (DGB 2010, Sachgebiet L). Ob diese Forderung eine langfristig realistische Perspektive ist, kann man allerdings mit Fug und Recht bezweifeln: Sämtliche, aus organisatorischen Gründen unternommene Versuche, zu zentralisierten Verhandlungen mit allen Arbeitgebern zurückzukehren, scheitern an deren Widerstand; die Länder sind nicht bereit, ihren Entschluss, die Verhandlungsgemeinschaft zu verlassen, zu revidieren (vgl. Kap. 5.4).

3. Diese Trends einer gewissen Dezentralisierung der Kollektivverhandlungen, die später einsetzen und andere Ursachen haben als ähnliche Entwicklungen in der Privatwirtschaft, führen zu einer „neuen Unübersichtlichkeit" im Sinne einer allmählichen Auflösung der über mehrere Jahrzehnte hochgradig zentralisierten bzw. weitgehend vereinheitlichten Arbeitsbeziehungen. Sie werden heterogener, und zwar sowohl vertikal, d.h. zwischen Kommunen/Bund und Ländern, als auch horizontal, d.h. zwischen einzelnen Ländern, und sogar darüber hinaus nach einzelnen Funktions- bzw. Tätigkeitsbereichen, wie Krankenhäusern. Diese Folgen werden verstärkt durch parallele Entwicklungen im Beamtenbereich (vgl. Kap. 6.2).

Diese Trends setzen sich fort und führen zu einer weiter gehenden „Flexibilisierung" der stark verrechtlichten und vereinheitlichten (Flächen-)Tarifverträge bzw. Beschäftigungsverhältnisse. Sie bewirken zwar eine partielle Verschiebung der Regelungs- und Entscheidungskompetenz von der sektoralen auf die „betriebliche" Ebene, so dass Kollektivverträge nur noch Rahmenregelungen sind, deren konkrete Umsetzung auf „betrieblicher" Ebene erfolgt. Sie führen aber nicht zu einer weitgehenden

Dezentralisierung bzw. „Verbetrieblichung" der Interessen- bzw. Tarifpolitik im strikten Sinne, d.h. ohne zentrale Kontrolle und Koordination. Die Ähnlichkeit mit Regelungsmustern, die aus der Privatwirtschaft bekannt sind, nimmt zu.

4. Diese innerhalb weniger Jahre stattfindende Dezentralisierung bzw. „Flexibilisierung" der Arbeitsbeziehungen bewirkt auch eine häufigere Vereinbarung bzw. Anwendung von weiter reichenden Öffnungsklauseln. Diese dezentral einzusetzenden Instrumente, die aus verschiedenen Branchen der Privatwirtschaft seit den mittleren 1980er Jahren bekannt sind (Schnabel 1998; Nienhüser/Hoßfeld 2004), sollen entweder Anpassungen sektoral-tariflicher Rahmenregelungen an bereichsspezifisch-betriebliche Bedingungen ermöglichen (vor allem bei Arbeitszeiten und Sonderzahlungen) oder unter spezifizierten Bedingungen Abweichungen von tarifvertraglich vereinbarten, einheitlichen Mindeststandards zulassen; diese können z.B. bei der Entlohnung nach unten oder bei den Arbeitszeiten nach oben erfolgen (so genannte Härtefallklauseln). In inhaltlicher Sicht beziehen sich Öffnungsklauseln auf unterschiedliche Gegenstandsbereiche (wie Arbeitszeiten und Entgelte); insgesamt eröffnen sie den Arbeitgebern zusätzliche Handlungsoptionen und Flexibilisierungsspielräume.

Öffnungsklauseln, die zu einem geringeren Maß an Einheitlichkeit von Regelungen führen, bestehen inzwischen in verschiedener Form in beiden Teilen des ÖD;[8] sie sind in ihrer konkreten Ausprägung spezifisch für den ÖD:

- Im Tarifbereich können die Kommunen seit 2005 vom Tarifvertrag abweichende Regelungen der Wochenarbeitszeiten in gesonderten regionalen Tarifverträgen mit den Landesbezirken der Gewerkschaften vereinbaren.[9]
- Im Beamtenbereich sind die Länder seit 2003 nur noch bei der Grundbesoldung an bundesweit einheitliche Vorgaben gebunden; sie können bei den vormals einheitlichen Sonderzuwendungen (Weihnachts-

---

8 Frühe Beispiele finden sich im ÖD der neuen Bundesländer. Die Sondersituation der Personalüberhänge führte zum Abschluss von Tarifverträgen zur Beschäftigungssicherung bei lediglich partiellem Lohnausgleich, deren Umsetzung nur auf bezirklicher bzw. Dienststellenebene erfolgen konnte. Diese Verträge wurden aufgrund ihrer Optionalität nur selten und für spezifische Beschäftigtengruppen (u.a. Lehrer und Erzieherinnen) genutzt (Tondorf 1995; Rosdücher 1997; 1998).
9 Die Vereinbarung dieser Option führte gewerkschaftsintern zu Kritik am Abschluss, u.a. in der ver.di-Bundestarifkommission sowie in mehreren Landesbezirken. Letztere befürchten höhere Transaktionskosten bei Realisierung der Option auf regionale Verhandlungen wegen steigender Koordinationskosten.

und Urlaubsgeld) sowie bei den Arbeitszeiten eigenständige Vorstellungen realisieren (vgl. Kap. 6.2).[10]

5. Die Modifikationen der Verhandlungsstrukturen sind in prozeduraler Perspektive die sektor- bzw. ÖD-spezifische Variante von Veränderungen, die in der Privatwirtschaft seit langem zu beobachten sind und als „organisierte" bzw. „kontrollierte Dezentralisierung" bezeichnet werden (Traxler 1997; 1998b). Es handelt sich definitiv nicht um „wilde Dezentralisierung", da die Tarifparteien die Prozesse der kollektiven Aushandlung von Arbeitsbedingungen – wenngleich nunmehr auf dezentraler statt zentraler Ebene – nach wie vor gemeinsam kontrollieren („joint regulation").

Der Grad der „Fragmentierung" von Kollektivverhandlungen ist trotz abnehmender vertikaler Koordination infolge des Ausscheidens der Länder aus der Verhandlungsgemeinschaft nach wie vor gering bzw. bleibt moderat. Es kommt allerdings zu einer größeren Zahl von Flächentarifverträgen, die wahrscheinlich mittel- und langfristig unterschiedlich ausgestaltet sein werden; außerdem werden gruppenspezifische Verträge geschlossen (z.B. für Ärzte).

Eine umfassende „Erosion" der Tarifvertragsbeziehungen im Sinne ihrer weitgehenden „Verbetrieblichung" in Richtung auf Branchen- oder sogar die Äquivalente zu Firmen- oder Haustarifverträgen, wie sie in der Privatwirtschaft geschlossen werden, findet nicht statt – und liegt offensichtlich nicht im Interesse der Akteure. Eine „Individualisierung" der Verhandlungs- bzw. Regulierungsebene kommt nicht vor. Das Ausmaß der Dezentralisierung ist bemerkenswert im Vergleich mit den früheren Standards auf nationaler Ebene, bleibt aber durchaus begrenzt im Vergleich zu dem in anderen föderalistisch organisierten Ländern (Nomden et al. 2003; Casale/Tenkorang 2008). Im Übrigen gilt in vergleichender Perspektive:

„Empirically, public sector employment in Germany and Spain fit better the NPM ideal of highly decentralized public services. In both cases however the forms of decentralization have little affinity with the proposals constituting the NPM repertoire and neither country is renowned as a NPM protagonist." (Derlien 2008b, S. 289)

---

10 Bei Übernahme einer weitergehenden Differenzierung (Schnabel 1998) handelt es sich im Besoldungsbereich aufgrund der rechtlich-institutionellen Besonderheiten um Klauseln ohne Zustimmungsvorbehalt, im Tarifbereich hingegen um Klauseln mit Zustimmungsvorbehalt der Tarifvertragsparteien; Härtefall- und Kleinbetriebsklauseln kommen im ÖD nicht vor.

Die üblichen, in der international-komparativen Forschung zur Beschreibung von Systemen der Kollektivverhandlungen verwendeten Indikatoren bestätigen diesen Befund:

- Die Deckungsraten, d.h. der Anteil der durch Kollektivverträge erfassten an allen Arbeitnehmern, bleiben, wie bereits erwähnt, vergleichsweise hoch.
- So genannte stille Tarifflucht, d.h. Nichteinhaltung bzw. faktisches Unterschreiten tariflich vereinbarter Standards der Arbeitsbedingungen (Weihnachts- oder Urlaubsgeld, Arbeitszeiten, Urlaub) trotz weiterhin bestehender Mitgliedschaft im Arbeitgeberverband kommt im ÖD im Gegensatz zur Privatwirtschaft (Artus 2001) nicht vor; insofern ist die Verpflichtungsfähigkeit der Verbände (Weitbrecht 1969) nach wie vor gegeben.

Im Gegensatz zu dieser nicht stattfindenden „inneren Erosion" ergeben sich formale Ansätze einer „äußeren Erosion" des collective-bargaining-Systems infolge des Ausscheidens einzelner Länder aus der TdL. Diese Länder schließen aber eigenständige Tarifverträge und verfolgen eine sektorspezifische Variante von „single employer bargaining" (vgl. Kap. 5.4). Insofern besteht ein gewisses Maß an Stabilität; die Sektorebene behält ihre zentrale Bedeutung für die Kollektivverhandlungen.

Insgesamt entsprechen diese Entwicklungen durchaus dem Muster, welches internationale Vergleiche ergeben:

„The public sector ... has developed into the stronghold of organized labor relations because it is sheltered. In most OECD countries, union density is higher in the public than in the private sector ...; in all OECD countries where the right to collective bargaining includes the public sector, this sector's coverage rate exceeds that of the private sector ... As a consequence, the future disorganizing challenge to collective bargaining will vary in two respects: first, cross-nationally, in correspondence with a national bargaining system's properties and its ability to enhance a country's competitiveness; second, cross-sectorally, depending on the degree of exposure to the world market and the relative importance of labor costs." (Traxler 1996, S. 282)

6. Infolge dieser fortschreitenden Dezentralisierung ändern sich im „dualen" System nicht nur die Arbeitsbeziehungen auf sektoraler, sondern auch die auf Dienststellenebene. Personalräte als institutionalisierte Interessenvertretungen mit abgestuften „collective-voice"-Rechten sind, wie bereits skizziert (vgl. Kap. 1), formalrechtlich unabhängig, stehen aber faktisch häufig in arbeitsteiligen Beziehungen zu Gewerkschaften bzw. Interessenverbänden.

Die Verschiebung der tatsächlichen Regelungsebene bzw. -kompetenz hat Konsequenzen sowohl in instrumenteller Sicht als auch für das Handeln der Akteure:

- Dienstvereinbarungen stellen im ÖD das funktionale Äquivalent zu den in der Privatwirtschaft inzwischen üblichen Betriebsvereinbarungen dar. Sie sind dezentrale, von Dienststellenleitungen und Personalräten auszuhandelnde und anzuwendende Regelungsinstrumente zur Umsetzung und Implementation, d.h. zunächst zur Konkretisierung und später zur Kontrolle tarifvertraglich-zentralisierter Vereinbarungen. Sie gewinnen an Bedeutung allgemein in Verbindung mit der Vereinbarung bzw. Anwendung von Öffnungsklauseln (Bispinck/ Schulten 2003) und speziell durch die Implementation des neuen Tarifvertrags TVöD, insbesondere bei Fragen der Eingruppierung und der Prinzipien leistungsabhängiger Bezahlung (Trittel et al. 2010). Sowohl die Anzahl als auch die materielle Regelungsdichte der Dienstvereinbarungen nehmen zu; sie fördern die bereits vorhandenen Trends der Dezentralisierung und vergrößern in der Phase der Implementation die bereits bestehende Heterogenität von Tarifverträgen.
- Infolge der Delegation von Entscheidungs- und Regelungskompetenz an die Ebene der Dienststellen nehmen die Aufgaben der Personalräte quantitativ zu und verändern sich qualitativ, d.h. Personalräte werden zu zentralen Akteuren der Arbeitsbeziehungen. Das Ausmaß der Verschiebung hängt ab von der tatsächlichen Nutzung der eröffneten Gestaltungsoptionen, u.a. im Rahmen der leistungsbezogenen Entgeltkomponenten. – Dieser doppelte Wandel hatte – jedenfalls bisher – weder entsprechende Veränderungen ihrer Ausstattung mit materiellen Ressourcen (u.a. Zahl ihrer Mitglieder, Umfang der gesetzlich garantierten Freistellungen) noch einen Aus- bzw. Umbau ihrer institutionalisierten Partizipationsrechte zur Folge; insofern spiegeln die rechtlichen Rahmenregelungen nicht mehr die veränderte Realität.
- Infolge der Übernahme von Aufgaben, die ursprünglich ausschließlich die Verbände wahrzunehmen hatten, durch die Personalräte können sich die arbeitsteilig gestalteten Beziehungen zwischen den Akteuren bzw. Ebenen der Arbeitsbeziehungen verändern. Die Personalräte nehmen nicht mehr nur Aufgaben des integrative bargaining, sondern auch solche des distributive bargaining (Walton/McKersie 1991) wahr. Die Dezentralisierung muss keinesfalls problem- bzw. konfliktlos verlaufen sondern kann zu Tendenzen einer „Verselbständigung der Personalräte" führen.

Bei der Einschätzung und Beurteilung seitens der Personalräte bestehen deutliche Defizite in Bezug auf erwartete Unterstützungsleistungen durch die Gewerkschaften und Interessenverbände (wie Qualifizierung und Beratung). Außerdem haben sie vor allem Bedenken hinsichtlich einer Überforderung bzw. Überfrachtung mit neuen, zusätzlichen Aufgaben durch die veränderte Gesamtsituation (Keller/Schnell 2003, S. 185; 2005, S. 87). Dieser Befund ist relevant, weil eine wichtige, zumeist implizite Prämisse von Dezentralisierung lautet, dass die „betrieblichen" Akteure sie unterstützen und tragen, d.h. wichtige Akteure bei der Umsetzung und Kontrolle tarifvertraglich vereinbarter Normen sind. Im Übrigen bestehen zwischen Betriebs- und Personalräten keine qualitativen Unterschiede in der Einschätzung dieser Entwicklung.

Diese Trends der Dezentralisierung schließen Verschiebungen der Machtverteilung bzw. der Entscheidungskompetenz ein. Sie verlaufen zeitlich parallel zu Umstrukturierungs- und Modernisierungsprozessen infolge der Umsetzung von Konzepten des neuen Steuerungsmodells (vgl. Kap. 1).[11] In empirischer Perspektive ergeben sich vor allem auf kommunaler Ebene „deutliche Anzeichen eines veränderten Modus der Interessenvertretung" (Oppen et al. 1997, S. 176): Einführung individuell-arbeitsplatznaher Beteiligungsformen, Reduzierung der Gewerkschaften als organisierte Interessenvertretung auf Steuerungs- und Controllingfunktionen bzw. Verlust der strategischen Hegemonie, Verlagerung der Interessenvermittlung von zentralen auf dezentrale Verhandlungen, Übergang des „Gesetzes des Handelns" auf Topmanagement und Politik, zunehmende Pluralität innerhalb der Arbeitsbeziehungen.

Die Konsequenzen dieser aktuellen Entwicklungen gehen über die korporativen Akteure sowie die prozeduralen Dimensionen hinaus. International-komparative Studien belegen, dass ein Zusammenhang besteht zwischen dem Zentralisierungsgrad des collective-bargaining-Systems und der Konflikthäufigkeit; dezentralisierte Systeme weisen ein höheres Konfliktniveau auf (Bach et al. 1999). Daher ist in Zukunft häufiger mit Arbeitskämpfen zu rechnen als in der recht „streikarmen" Vergangenheit (vgl. zu Streiks Kap. 5.6).

---

11 Die Gewerkschaften kritisierten diese Konzepte als eindimensional und betonten die Bedeutung einer aktiven und kontinuierlichen Beteiligung der Personalräte und Gewerkschaften (ÖTV 1997).

5.3 Materielle Veränderungen bei Kommunen und Bund

1. Den bereits erwähnten (Kap. 5.1), mehr als vier Jahrzehnte geltenden Bundes-Angestelltentarifvertrag (BAT) löste nach langwierigen Diskussionen über eine grundlegende Modernisierung der Tarifvertrag für den öffentlichen Dienst (TVöD) ab (zur Vorgeschichte Czerwick 2007, S. 170f.; Schmidt et al. 2010a, S. 46ff.). Beide Verhandlungspartner bezeichnen diesen komplett neuen, nach langwierigen Redaktionsverhandlungen schließlich 2005 in Kraft getretenen Kollektivvertrag übereinstimmend als „Jahrhundertreform"[12] sowie als wesentliche Innovation und grundlegende Modernisierung des Tarifrechts.

Der TVöD gilt im Gegensatz zu seinem Vorgänger, dessen Geltungsbereich auch die Länder einschloss, aufgrund der veränderten Verhandlungskonstellationen ausschließlich für Kommunen und Bund. Die TdL, die bereits 2003 die alten Tarifverträge kündigte, war nicht zur Übernahme des TVöD bereit und bestand auf unabhängigen Verhandlungen mit dem Ziel einer Vereinbarung länderspezifischer Besonderheiten; sie schloss schließlich 2006 den eigenständigen Tarifvertrag für den öffentlichen Dienst der Länder (TV-L), der Parallelen zum TVöD mit länderspezifischen Regelungen aufweist (vgl. Kap. 5.4).

Die Bedeutung des TVöD, der die notwendige „Zukunftsfähigkeit" des ÖD sichern soll, liegt jenseits der in aller Regel dominierenden „quantitativen" Dimensionen von zumeist linearen Lohn- und Gehaltserhöhungen bzw. Entgeltanpassungen[13]; sie besteht vielmehr in erheblichen „qualitativen" Veränderungen des gesamten Tarifrechts in den folgenden Jahren. Weiterhin sollen die Regelungen auch als Vorlage dienen für die als nächste Etappe des Modernisierungsprozesses vorgesehene Strukturreform des Dienstrechts der Beamten. Auf diesen Schritt einigten sich die korporativen Akteure im Rahmen eines Eckpunktepapiers prinzipiell und legten einen

---

12   Zeitlich parallel erfolgt eine ähnlich grundlegende Neugestaltung des Tarifgefüges in der Metall- und Elektroindustrie (Bahnmüller/Schmidt 2009). Ein einheitlicher Arbeitnehmerstatus ist auch Ziel der Entgeltrahmentarifverträge (ERA), die arbeits- und sozialversicherungsrechtliche Angleichungen nachvollziehen.

13   Die Gewerkschaften verzichteten im Vorfeld zugunsten der Reform des Tarifrechts auf die ansonsten üblichen Kündigungen der Vergütungstarifverträge und vereinbarten schließlich Einmalzahlungen für die Jahre 2005 bis 2007. Durch diese spezifische Regelung im Rahmen eines Gesamtpakets erhält der Tarifvertrag, der eine recht lange Laufzeit hat, eine gewisse „soziale Komponente", da die Einkommen der niedrigen Entlohnungsgruppen relativ stärker steigen als die der hohen.

Gesetzentwurf vor, in dem es nicht um die vielfach geforderte Abschaffung des Berufsbeamtentums sondern um seine Reform geht. Weitere wesentliche Neuerungen bestehen in der bereits erwähnten Abschaffung der traditionellen Statusunterschiede zwischen Arbeitern und Angestellten (vgl. Kap. 1) sowie in der Einführung eines qualitativ veränderten Tarifrechts einschl. eines einheitlichen, transparenten Entgeltsystems (mit 15 Entgeltgruppen und sechs Erfahrungsstufen) für alle Tarifbediensteten. Es soll die nach Beschäftigtengruppen unterschiedlichen, zahlreichen Eingruppierungsmerkmale (wie Familienstand oder Lebensalter) der bisherigen Lohn- und Vergütungstabellen nicht nur vereinfachen sondern auch vereinheitlichen. Die traditionelle Staffelung der Entgelte nach automatisch erreichten Dienstaltersstufen (so genannte senioritätsbezogene Entlohnungskomponenten) gemäß BAT bzw. den entsprechenden Manteltarifverträgen für Arbeiter bei Bund, Ländern und Gemeinden werden durch neue, vereinheitlichte Tarifstrukturen abgelöst, die weniger Erfahrungs- bzw. Leistungsstufen umfassen; jüngere Mitarbeiter sollen durch stärkere Berücksichtigung des Leistungsprinzips höhere Einkommen als bisher erzielen. – Durch diese Vorgaben soll der Paradigmenwechsel vom beamtenrechtlichen Alimentations- zum privatwirtschaftlichen Leistungsprinzip erfolgen. Die Abschaffung der Statusunterschiede zwischen Arbeitern und Angestellten folgt im Übrigen einem Trend, der in verschiedenen Branchen der Privatwirtschaft (u.a. Chemie, Metall- und Elektroindustrie) schon früher einsetzte; dennoch erfolgt keine Vereinheitlichung des Dienstrechts (vgl. Kap. 1).

Außerdem vereinbaren die Tarifpartner niedrige Einstiegstarife bzw. für an- und ungelernte Arbeiter die Einführung einer Niedrigentgeltgruppe, die Wettbewerb mit privaten Arbeitgebern ermöglichen bzw. weitere Privatisierung, Outsourcing und Auslagerungen vor allem kommunaler Dienstleistungen verhindern bzw. deren Rekommunalisierung ermöglichen soll. Damit wird auch innerhalb des ÖD ein Niedriglohnsektor für bestimmte Gruppen von „Entrants", d.h. „Beschäftigte mit einfachsten Tätigkeiten", offiziell und fest etabliert, dessen tatsächlicher zukünftiger Umfang derzeit noch nicht abzuschätzen ist; er kann die bereits vorhandene Segmentierung der Arbeitsmärkte, u.a. im Sinne einer stärkeren Differenzierung der Entgelte, verstärken (vgl. Kap. 2). Innerhalb der Gewerkschaften und Personalräte ist und bleibt seine Einführung wegen der „Anpassung nach unten" umstritten.

Schließlich bedeutet der TVöD die „Flexibilisierung" der Arbeitszeiten und damit des Arbeitskräfteeinsatzes, u.a. durch Arbeitszeitkonten. Diese Variante schließt ein die Verlängerung der Arbeitszeiten ohne Lohnausgleich bzw. mit einer indirekten Lohnreduktion für bestimmte Gruppen, den Wegfall von Überstundenzuschlägen sowie die Erweiterung bestehender Arbeitszeitkonten. Mit dieser Verlängerung folgt der ÖD einem aktuellen Trend, der in verschiedenen Branchen der Privatwirtschaft (u.a. der Automobilindustrie) zu beobachten ist.

Tab. 14: Gegenüberstellung neues und altes Tarifrecht

	Neues Tarifrecht	Altes Tarifrecht
Verhältnis Arbeiter/ Angestellte	Ein einheitliches Tarifrecht für alle (TVöD)	Zwei getrennte Tarifwerke für Angestellte und Arbeiter (BAT/BAT-O, MTArb/MTArb-O)
Arbeitszeit im Ost-/ West-Vergleich	Arbeitszeit einheitlich 39 Stunden/ Woche	Arbeitszeit Tarifgebiet West 38,5 Stunden/Woche, Arbeitszeit Tarifgebiet Ost 40 Stunden/Woche
Arbeitszeit-Flexibilität	Flexibilisierung der Arbeitszeit: Ausgleichszeitraum bis zu zwei Wochen; (Arbeitszeitkorridor/Rahmenzeit)	Enger Zeitrahmen für Überstundenausgleich (max. 1 Woche)
Differenzierung der Entgelte	15 Entgeltgruppen in einem Tarifvertrag, alle Beschäftigten wechseln ins neue System (vollständige Ablösung des BAT/BAT-O und MTArb/ MTArb-O)	49 Lohn- und Vergütungsgruppen in verschiedenen Tarifverträgen
Senioritätsprinzip	Steigerung der Attraktivität durch verbesserte Bezahlung zu Beginn des Berufslebens	Bezahlung nach Lebensalter (bis zu 15 Stufen)
Leistungsorientierte Bezahlung	Zukünftig bis zu 8 % der Gesamtentgeltsumme des Arbeitgebers als variable leistungsabhängige Vergütung (Start in 2007 mit 1%)	Keine leistungsabhängigen variablen Bezahlungselemente
Aufstiegskriterien	Aufstieg in eine höhere Entgeltgruppe nur noch funktionsabhängig (nicht nach Zeitablauf)	Bewährungs- und Zeitaufstiege in höhere Lohn- und Vergütungsgruppen (leistungsunabhängig)
Kinder-/Familienzuschlag	Familienstand und Kinderzahl spielen für Bezahlung keine Rolle mehr	Bezahlung auch in Abhängigkeit vom Familienstand und Kinderzahl
Sonderzahlungen	Schaffung einer neuen sozial gestaffelten Jahressonderzahlung mit gegenüber bisheriger Regelung abgesenktem Volumen ab 2007	Weihnachtsgeld (82,14% West/ 61,60% Ost) Urlaubsgeld (255,65 € bzw. 332,34 €)
Eingruppierung	Deutliche Reduzierung der Eingruppierungsmerkmale durch neue Regelung nach Probeläufen Ende 2006	Unüberschaubare Eingruppierungsvorschriften: ca. 17.000 Eingruppierungsmerkmale
Niedriglohnbereich	Schaffung von Konkurrenzfähigkeit durch neue niedrigere Entgeltgruppe	Outsourcing/Privatisierung einfachster Tätigkeiten
Besetzung von Führungspositionen	Einführung der Instrumente Führung auf Zeit (bis zu 12 Jahre) und auf Probe (bis zu 2 Jahre)	Nur dauerhafte Übertragung von Führungsfunktionen möglich

Quelle: Eigene Darstellung nach Bundesministerium des Innern, http://www.bmi.bund.de

In analytischer Perspektive ist der Abschluss eines Kollektivvertrages explizit von der Umsetzung seiner Rahmenregelungen zu unterscheiden; diese wesentliche Differenz zwischen strategischer Entscheidung und Ausgestaltung bzw. Operationalisierung ihrer Inhalte wird in der öffentlichen Diskussion häufig übersehen. Die Mehrdeutigkeit des Vertrages, der einen ausgehandelten, mehr oder weniger formelhaften Kompromiss zwischen den nach wie vor differierenden Interessen sowohl zwischen als auch innerhalb der beiden Parteien darstellt, muss in Eindeutigkeit transformiert werden, um auf Ebene der einzelnen Dienststellen handhabbar zu sein. Für alle Akteure entstehen in diesen ungewöhnlich lange andauernden Nachverhandlungen des Kollektivvertrages erhebliche Transaktionskosten in ihrer ex-post-Variante (vgl. Kap. 5.2), die durchaus zu Änderungen der strategischen Einschätzung der Bedeutung des TVöD sowie seines Beitrags zur grundlegenden Modernisierung des ÖD-Tarifbereichs führen können.

Der Prozess der Implementation des unvollständigen Vertragsteils über das zukünftige Eingruppierungssystem bleibt umstritten und bereitet mehrere Jahre erhebliche Probleme (Meerkamp 2008; Schmidt et al. 2010a).[14] Getrennt ausgehandelte Übergangsvorgaben beinhalten Besitzstands- und Vertrauensschutzregelungen für übergeleitete Beschäftigte. Die Vereinbarungen dieses Übergangsrechts gelten bis zur endgültigen, tarifvertraglichen Vereinbarung von Tätigkeitsmerkmalen für einzelne Beschäftigtengruppen in einer eigenständigen Entgeltordnung (EntgeltO); deren Abschluss gestaltet sich aufgrund differierender Interessen beider Seiten sowie in Zeiten krisenhafter Entwicklungen aller öffentlichen Haushalte – vor allem der der Kommunen – auf sämtlichen Ebenen schwieriger und langwieriger als ursprünglich angenommen, so dass die Übergangsregelungen verlängert werden müssen. Der Konflikt weist durchaus Parallelen auf zu älteren Auseinandersetzungen über so genannte Strukturverbesserungen (u.a. kollektive Höherstufungen bei gleich bleibenden Tätigkeiten) für einzelne Gruppen (vgl. Kap. 2); eine Instrumenta-

---

14 Länger andauernde Konflikte, einschl. Streiks, gab es 2009 auf kommunaler Ebene vor allem im Bereich der Kitas wegen der Eingruppierung der Erzieherinnen in den neuen TVöD. – Auch die eigenständigen Verhandlungen zwischen GEW und TdL zur Tarifierung der bundeseinheitlich geltenden Eingruppierung von angestellten Lehrkräften gestalteten sich über mehrere Runden außerordentlich schwierig; die GEW reagierte mit Aufrufen zu begrenzten Warnstreiks und Protestaktionen und forderte eine Gleichbehandlung mit anderen, im ÖD der Länder angestellten Akademikern.

lisierung der unbestimmten Vorgaben für die Durchsetzung eigener Interessen ist nicht auszuschließen.

Einerseits sollen aus Sicht der Arbeitnehmervertretungen möglichst keine individuellen Verschlechterungen im Vergleich zu den alten, jeweils gruppenspezifisch geltenden BAT-Regelungen eintreten, also eine weit gehende Besitzstandswahrung erfolgen, so dass im Rahmen eines komplexen und heterogenen Zielkatalogs letztendlich das Schutzziel die Gestaltungsziele dominiert. Andererseits sollen aus Sicht der Arbeitgeber Mehrausgaben im Rahmen der allgemeinen Einkommenspolitik vermieden werden (Prinzip der Kostenneutralität). Konsens besteht hinsichtlich des Grundsatzes der Diskriminierungsfreiheit im Sinne einer einheitlichen und anforderungsgerechten Bewertung (Tondorf 2008). Derzeit gilt:

„Der zentrale tarifpolitische Schwachpunkt des TVöD liegt im Fehlen einer neuen Entgeltordnung, weshalb der unvollständige neue Tarifvertrag die intendierte gestaltungs- und ordnungspolitische Funktion allenfalls in Ansätzen erfüllt. Die zugedachte Funktion der Modernisierung konzentriert sich deshalb tatsächlich auf die leistungsorientierte Bezahlung, deren Effekte jedoch schwach bleiben und voraussichtlich nur dann stärker wirksam werden könnten, wenn die Tarif- und Betriebsparteien beider Seiten sich auf ein gemeinsames Modernisierungsprojekt verständigten." (Schmidt et al. 2010a, S. 311)

2. Eine von beiden Tarifparteien als wesentlich erachtete Änderung im Rahmen der Modernisierung des Tarifrechts ist also die sukzessive Einführung „leistungsbezogener Entgeltkomponenten". „Die leistungs- und/ oder erfolgsorientierte Bezahlung soll dazu beitragen, die öffentlichen Dienstleistungen zu verbessern. Zugleich sollen Motivation, Eigenverantwortung und Führungskompetenz gestärkt werden" (§18 Abs. 2 TVöD). Diese eng an aktuellen Vorbildern der Leistungsbewertung in der Privatwirtschaft orientierte stärkere Betonung der individuellen Erfahrung und des Leistungsprinzips soll die traditionelle Bezahlung nach Lebens- bzw. Dienstalter sowie Familienstand (so genanntes Senioritätsprinzip) ablösen sowie eine Motivations- und dadurch eine Leistungs- bzw. Effizienzsteigerung erreichen.

Dieser Versuch, größere Gestaltungsspielräume und mehr „Flexibilität" der Entgelte einzuführen, ist weniger neu als in der Öffentlichkeit wahrgenommen (Reichert et al. 1995); die ersten Vorschläge gehen zurück bis in die 1970er Jahre. Tarifliche und gesetzliche Rahmenregelungen zu monetären Leistungsanreizen bestehen im Prinzip seit Mitte der 1990er Jahre (u.a. für Beamte sowie auf kommunaler Ebene), wurden aber nur selten umgesetzt bzw. genutzt (Tondorf 1997; Tondorf/Jochmann-Döll 2004, S. 428). Sowohl aus der aktuellen Literatur zu Problemen der Implementation als auch aus den Erfahrungen in vergleichbaren Ländern ergeben sich verschiedene Einwände, die grundlegende Zweifel an der Erreichung des zunächst plausibel erscheinenden Ziels aufkommen lassen. Die wichtigsten Kritikpunkte sind:

- Die „leistungsbezogene Entgeltkomponente" ist gering; sie soll allmählich von zunächst einem auf insgesamt acht Prozent des Gehalts in ihrer Endausbaustufe steigen. Ob ein derart niedriger Bonus vor allem in den frühen Ausbaustufen überhaupt motivationsfördernd und dadurch leistungs- und effizienzsteigernd auf die Mitarbeiter wirkt, kann mit Fug und Recht bezweifelt werden; wahrscheinlich werden mehr als inkrementalistische Konsequenzen lange Zeit auf sich warten lassen.
- Die Arbeits- und Organisationspsychologie unterscheidet grundlegend zwischen extrinsischer und intrinsischer Motivation. Die implizit bleibenden theoretischen Annahmen der Vereinbarungen vertrauen einseitig auf die extrinsische Variante, wonach Mitarbeiter sich wesentlich durch materiell-finanzielle Anreize motivieren lassen, und vernachlässigt damit wichtige Faktoren intrinsischer Motivation; dadurch können „crowding out-Effekte" im Sinne einer Verdrängung intrinsischer durch extrinsische Motivation entstehen. Die Übertragung von Instrumenten aus der Privatwirtschaft stellt nicht unbedingt eine geeignete Strategie für den ÖD dar (Matiaske/Holtmann 2007).
- Die Implementation der getroffenen, notwendigerweise allgemein gehaltenen Vereinbarung durch Spezifizierung ihrer erheblichen Spielräume erweist sich auch aus anderen Gründen als komplexer Prozess. Zunächst ist die Wahl der geeigneten Methode zur systematischen Leistungsfeststellung recht schwierig (Trittel et al. 2010); die beiden grundlegenden Regelungsoptionen, die auch kombiniert werden können, sind Zielvereinbarung und systematische Leistungsbewertung (Vesper/Feiter 2008). Weiterhin ist das Problem der gemeinsamen Entwicklung und Anwendung valider und für alle Beschäftigten transparent-nachvollziehbarer Indikatoren zur Messung, Gewichtung und Bewertung der Leistung von Individuen bzw. Arbeitsgruppen bei komplexen Aufgabenstellungen und heterogenen Tätigkeitsmerkmalen (etwa im Bildungsbereich) allenfalls langfristig zu lösen. Schließlich müssen die Formen (Leistungsprämie, Leistungszulage, Erfolgsprämie) sowie die Varianten der Budgetbildung vereinbart werden.

- Das zur Ausgestaltung und Implementation getroffener Regelungen auf Dienststellenebene unbedingt notwendige Human Resource Management ist im ÖD bisher kaum entwickelt (Oechsler 2005a, S. 133; 2005b, S. 11). Praktische Erfahrungen für die Umsetzung der nicht konkretisierten Ziele in verschiedenen Tätigkeitsbereichen liegen bei allen Beteiligten kaum vor; vor allem kleinere Kommunen, die über weniger Ressourcen verfügen, zögern bei der Einführung.

   „Insgesamt lassen sich drei Strömungen in der Ausgestaltung betrieblicher Leistungsentgeltsysteme ausmachen: In vielen Fällen sind in den Betriebs- und Dienstvereinbarungen nur recht vage gehaltene Regelungen enthalten und die Bewertungssysteme dabei teilweise in ... Anlehnung an die im öffentlichen Dienst bekannten Verfahren der Regelbeurteilung konzipiert. Hinzu kommen betriebliche Systeme, die die Zielvereinbarung als Bewertungsmethode vorsehen und auf die Partizipation der Beschäftigten Wert legen. Drittens finden sich Dienst- und Betriebsvereinbarungen, die Systeme mit einer Tendenz zur Selektion bzw. starker Leistungsdifferenzierung festschreiben." (Trittel et al 2010, S. 28f.)

- Trotz der tarifvertraglichen Vereinbarung weit reichender Besitzstands- bzw. Bestandsschutzregelungen für die aktuell Beschäftigten durch einen finanziellen Strukturausgleich kann es in relativer Betrachtung Gewinner und Verlierer geben, wodurch die Umsetzung der Rahmenregelungen in Form konkreter, bilateral geschlossener Vereinbarungen erschwert wird. – Vor allem aufgrund der engen finanziellen Rahmenvorgaben handelt es sich um ein neuartiges, potenziell konfliktreiches „Nullsummenspiel", bei dem grundlegende Interessengegensätze sowohl zwischen als auch innerhalb der Parteien vorhanden sind.

- Weiterhin ist das Problem der Entscheidungsträger, die notwendigerweise auf dezentraler Ebene alle aufkommenden prozeduralen Fragen klären müssen, schwierig zu entscheiden. Die Personalräte, die über garantierte Mitbestimmungsrechte bei der Implementation verfügen und im Einzelfall alle Verhandlungen mit der Leitung der Dienststelle zu führen sowie die Umsetzung der Vereinbarung – einschließlich ihres späteren Controlling – zu überwachen hätten, stehen dem Prinzip einer leistungsbezogenen Bezahlung mehrheitlich skeptisch und zurückhaltend gegenüber.[15] Sie sind bei jeder konkreten Ausgestaltung

---

15 Auch die Positionen der Gewerkschaften sind keinesfalls einheitlich. Bei ver.di dominiert eine skeptische Grundeinstellung und der Kompromisscharakter der Einführung, die DBB-Tarifunion betont eher positive Effekte (Schmidt et al. 2010a, S. 98ff.).

dieses neuartigen, internen Verteilungskonflikts mit Problemen einer für sie kaum zu überbrückenden Spaltung der Interessen ihrer „Basis" bzw. von Beschäftigtengruppen (u.a. Leistungsstarke und -schwache, Ältere und Jüngere) konfrontiert; sie kommen in stärkerem Maße als bisher in die schwierig auszufüllende Rolle von „Co-Managern" des Wandels, die an der Lösung von Verteilungsproblemen beteiligt werden. Die Bildung paritätisch zusammengesetzter „Betrieblicher Kommissionen" verursacht weitere Transaktionskosten im bereits diskutierten Sinne. Eine einseitige Implementation des Tarifvertrages durch Vorgesetzte oder Leitungsorgane ohne die explizite Beteiligung von Arbeitnehmern oder ihren Vertretern scheidet definitiv aus. – Auf jeden Fall wird das „Management" durch diese Variante der Dezentralisierung von Kompetenzen wichtiger und einflussreicher, zusätzliche Ressourcen zur Ausgestaltung der Handlungsspielräume werden notwendig.

– Die regelmäßig zu wiederholende, für alle Beteiligten transparente und nachvollziehbare Verteilung der zur Verfügung stehenden, insgesamt geringen Mittel an einzelne Mitarbeiter (anstatt der Anwendung des „Gießkannenprinzips" im Sinne einer linearen Verteilung an alle Mitarbeiter) verursacht zusätzlichen Aufwand (etwa durch Einsetzung paritätischer Kommissionen oder auch für die unmittelbaren Dienstvorgesetzten); außerdem entstehen erhebliche Mehraufwendungen im Sinne von Transaktionskosten, die bei der offiziellen Aushandlung nicht in Rechnung gestellt werden, obwohl sie finanziert werden müssen.

– Die Umstellung der Entgeltsysteme erweist sich auch aufgrund des Imperativs ihrer strikten Kostenneutralität als schwierig; sämtliche Veränderungen sollen aufgrund der andauernden Finanzprobleme aller öffentlichen Haushalte nicht zusätzlich zum Grundgehalt („pay on the top") erfolgen sondern innerhalb der gegebenen Personalbudgets durch sukzessiv durchgeführte Umschichtungen von fixen Entgeltbestandteilen (vor allem Kürzung bzw. Streichung des Urlaubs- und Weihnachtsgeldes) zu funktions- und leistungsabhängigen. Eine derartige Umstellung wäre bei früherer Einführung unter günstigeren finanziellen Rahmenbedingungen eher und leichter zu bewerkstelligen gewesen (Vesper/Feiter 2008, S. 5).[16] Insofern setzen die Maßnahmen in Zeiten limitierter Finanzierungs- und Handlungsspielräume zu spät ein.

---

16 Zur Erinnerung: Bereits in den frühen 1970er Jahren sprach die Studienkommission für die Reform des öffentlichen Dienstrechts (Studienkommission 1973) eine solche Empfehlung aus; in den folgenden Jahrzehnten wurden keine Initiativen zu entsprechenden Vereinbarungen ergriffen.

- Organisationstheoretisch, vor allem durch den soziologischen Neoinstitutionalismus fundierte Studien zeigen, dass Organisationen, wie öffentliche Verwaltungen sie darstellen, auf Anforderungen und Vorstellungen ihrer Umwelten reagieren, um sich dadurch Legitimität und Ressourcen zu sichern. Sie erfüllen aber diese heterogenen, bisweilen widersprüchlichen Erwartungen nicht unbedingt tatsächlich, sondern häufig lediglich symbolisch bzw. durch Aufbau von Fassaden und Rationalitätsmythen (von leistungsgerechter Bezahlung). Der Abschluss entsprechender Vereinbarungen lässt sich in dieser Perspektive als Akt symbolischer Politik, auch gegenüber der Öffentlichkeit, begreifen (Jörges-Süß 2007).
- In der Bundesrepublik erfolgt die Vereinbarung bzw. Einführung monetärer Anreizsysteme relativ spät; andere EU- und OECD-Mitgliedsländer verfügen über wesentlich längere und breitere Erfahrungen (Marsden 1997; OECD 1993; Bach/Kessler 2007). Die OECD trägt in zwei Metaanalysen (1997; 2005) die zahlreichen, verfügbaren Studien zusammen und gelangt zu einem überaus skeptischen Gesamturteil. Auf den ersten Blick wirken die Konzepte überzeugend; ihre Ergebnisse sind wegen der andauernden Schwierigkeiten während der Implementationsphase zweifelhaft. Die zur Bewältigung ihrer Einführung notwendigen Transaktionskosten können die potentiellen Effizienzvorteile durchaus aufwiegen. Die empirische Evidenz für die Überlegenheit einer dezentralen Umstrukturierung der Entgeltsysteme ist also auch im internationalen Vergleich nationaler ÖD keinesfalls eindeutig (ähnlich Demmke 2009). Auf der Basis dieser umfangreichen internationalen, in der Bundesrepublik jedoch weitgehend unbeachteten Evaluationsstudien sind die Erwartungen, die sowohl die vertragsschließenden Parteien als auch die veröffentlichte Meinung an die Regelung knüpfen, unrealistisch hoch und empirisch ungerechtfertigt.
- Last but not least: Eine analoge Regelung zur leistungsorientierten Besoldung für alle Beamten in Form von Leistungsprämien und Leistungszulagen für herausragende besondere Leistungen, die bereits seit 1997 im Bundesbesoldungsgesetz bestand und die 2002 das Besoldungsstrukturgesetz erweiterte, wurde kaum umgesetzt bzw. ihre flächendeckende Implementation ausgesetzt. Der 2009 geschlossene TV-L enthält im Gegensatz zu seinem Vorgänger keine analogen Regelungen über „leistungsbezogene Entgeltkomponenten" mehr. Im Gegensatz zu diesem offensichtlichen Verzicht auf Länderebene vereinbarten die Tarifpartner von Bund und Kommunen auf Betreiben der Arbeitgeber in ihrem Anfang 2010 geschlossenen Tarifvertrag eine allmähliche Ausweitung, ohne inhaltlich Einigkeit erzielen zu kön-

nen; vor allem die kommunalen Arbeitgeber insistierten auf der Beibehaltung des Prinzips, mit dem sie nach wie vor weit reichende Erwartungen verbinden.

Eine Studie zur Umsetzung der Vereinbarung auf kommunaler Ebene unterscheidet folgende Regelungstypen von Dienst- bzw. Betriebsvereinbarungen (Schmidt et al. 2010b): Selektion (bzw. Leistungsdruck), Minimalismus (bzw. Konventionalität), Partizipation, Minimalismus und Partizipation sowie Minimalismus und Leistungsdruck. Die Typen unterscheiden sich deutlich in ihren Akzeptanz- und Funktionsproblemen für die Beteiligten, d.h. Beschäftigte, Vorgesetzte und Interessenvertretungen. In Bezug auf die Alternative „Hinnehmen oder Gestalten" votieren die Autoren explizit für die zuletzt genannte Option.

■ 5.4 Materielle Veränderungen bei den Ländern

1. Die Verhandlungsgemeinschaft der Arbeitgeber von Bund, Länder und Gemeinden löste sich 2003 durch Austritt der Länder auf (vgl. Kap. 3.5). Anfang 2005 fanden die ersten getrennten Tarifverhandlungen zwischen Gewerkschaften, ver.di und DBB-Tarifunion, und den Arbeitgebern von Bund und Kommunen statt. Nachdem die Länder die Tarifverträge über Arbeitszeiten gekündigt hatten, brach ver.di wegen dieses Schrittes die Gespräche über die Ausgestaltung eines neuen Tarifrechts ab und erklärte deren Scheitern; die Bundesländer nahmen an den folgenden Verhandlungen nicht teil.

Nach deren Abschluss verweigerten sich die Länder aus Gründen finanzieller Mehrbelastungen kategorisch den wiederholten Forderungen der Gewerkschaft, den Abschluss „eins zu eins" zu übernehmen, bestanden auf unabhängigen Verhandlungen bzw. „strikter Kostenneutralität" und forderten die Vereinbarung von Öffnungsklauseln für Regelungen zu Arbeitszeiten und Sonderzahlungen (Weihnachts- und Urlaubsgeld). Streikdrohungen bzw. einzelne Streiks waren nicht in der Lage, die Einheitlichkeit der Arbeitsbedingungen wieder herzustellen (zu Einzelheiten Keller 2007).

Die auf Länderebene länger als ein Jahr gegebene Konstellation, dass es keine bzw. lediglich per Nachwirkungspflicht ausgelaufener Tarifverträge geltende kollektive Regelungen gab, bedeutete eine Diskreditierung der Tarifautonomie im ÖD durch deren Arbeitgeber und hatte Signalwirkung gegenüber dem Tarifpartner sowie der Öffentlichkeit. Diese Situation eines andauernden tariflosen Zustands war in der Geschichte des ÖD

ohne Parallele; damit stellte sich die Frage nach der Tarifbindung der Beschäftigten durch Flächentarifverträge zum ersten Mal auch im ÖD.[17]
Nachdem die Länder die Verhandlungsgemeinschaft mit Bund und Kommunen verlassen hatten, erfolgte auf Basis einer „Arbeitsrichtlinie der TdL" eine Veränderung der Arbeitsbedingungen (vor allem Verlängerung der Arbeitszeiten je nach Land auf bis zu 42 Wochenstunden, Kürzung der Sonderzuwendung) für neu eingestellte, beförderte oder nach der Ausbildung übernommene Arbeitnehmer, die individuelle Arbeitsverträge zu veränderten Konditionen erhielten. Für die bereits länger Beschäftigten hingegen galten wegen der Nachwirkungspflicht des ausgelaufenen Tarifvertrages die alten Arbeitsbedingungen weiter.

Die Verteilung der Lasten erfolgte also asymmetrisch. Problematisch waren u.a. die Folgen derartiger „two tier wage systems", die aus anderen nationalen Kontexten bekannt sind (Mitchell 1994), für die Arbeitsmotivation der neuen Mitarbeiter, für die ungünstigere Bedingungen galten. Je länger diese Situation einer strikteren Segmentierung des Arbeitsmarktes andauerte, desto mehr Arbeitnehmer waren zu den veränderten d.h. verschlechterten Konditionen tätig.[18] Der systematische Einsatz dieses Instruments seitens der Arbeitgeber unterminierte latent die Verhandlungsmacht der Gewerkschaften, die ihre Einflussmöglichkeiten auf die zentralen Verhandlungsparameter Entgelte und Arbeitszeiten allmählich für mehr Arbeitnehmer einbüßten.

2. Der neue Tarifvertrag für den öffentlichen Dienst der Länder (TV-L) löst die alten BAT-Regelungen erst 2006 ab (Beese 2006; Kutzki 2006). Die einzelnen Länder verfügen seitdem über das Instrument der Öffnungsklauseln zur Gestaltung der Arbeitsbedingungen, vor allem der Arbeitszeiten und Jahressonderzahlungen, die nach Entgeltgruppen gestaffelt werden und das bisherige Urlaubs- und Weihnachtsgeld ablösen. Damit können

---

17 Eine aufgrund von Forderungen der Arbeitgeber in den TVöD integrierte, in der Öffentlichkeit weitgehend unbeachtete so genannte Meistbegünstigungsklausel besagt: Sollten die Länder einen für sie vorteilhafteren Abschluss (etwa längere Arbeitszeiten) erzielen, gilt dieser „als unwiderrufliches Angebot an den Bund und die Kommunen, diese Regelungen zu übernehmen". Die Vereinbarung dieser Klausel erhöht auf Gewerkschaftsseite den Widerstand gegen abweichende Abschlüsse mit den Ländern (Keller 2006).

18 Laut Interviewäußerungen, die allerdings kaum intersubjektiv nachvollziehbar sind, lagen diese Anteile während des Arbeitskampfes bereits zwischen 25 und 30%. Rechtliche Grundlage dieser neuen Beschäftigungsverhältnisse waren nicht kollektive sondern einzelvertragliche Regelungen. Die TdL ermächtigte durch die Arbeitsrichtlinie ihre Mitglieder, sich an den Regelungen der Arbeitszeiten der Beamten im ihrem jeweiligen Organisationsbereich zu orientieren.

die Länder in ihrem Organisationsbereich von tarifvertraglichen Vereinbarungen abweichende Regelungen treffen. Diese Änderungen sind als Einstieg in langfristig weitergehende Differenzierungen bzw. Flexibilisierungen der Arbeitsbedingungen anzusehen.[19]

Der „Preis" für diese Wiederherstellung der einheitlichen Tarifbindung aller Beschäftigten auf Länderebene (einschl. Arbeitszeiten und Jahressonderzahlungen) bestand aus Perspektive der Gewerkschaften in Konzessionen bei der Länge der Arbeitszeiten, konkret bei deren Spreizung bzw. differenzierten Anhebung nach einer komplizierten, einheitlichen Formel (Meerkamp 2008). Der säkulare Trend einer allmählichen Verkürzung der einheitlichen Wochenarbeitszeiten ging spätestens in dieser Tarifrunde zu Ende.

Seitdem wird die Auflösung der Normalarbeitszeit zum Problem; im Mittelpunkt stehen nicht mehr Forderungen der Gewerkschaften nach Verkürzung, sondern Forderungen der Arbeitgeber nach Verlängerung. Während Streiks früher Erhöhungen der Entgelte zum Ziel hatten, führen nunmehr kontrovers eingeschätzte Fragen der Länge von Arbeitszeiten zu Konflikten. Die Arbeitgeber verschaffen sich eine zusätzliche Handlungsoption mit dem langfristigen Ziel, den andauernden, deutlichen Personalabbau (vgl. Kap. 2) fortzusetzen. Konsequenzen für die Höhe der Beschäftigung ergeben sich vor allem aus der rechnerischen Option, bei pauschal verlängerten Arbeitszeiten mit weniger Personal ein unverändertes Dienstleistungsangebot zu erstellen.

Die Arbeitszeitpolitik stand im ÖD in den 1980er und 1990er Jahren weniger im Mittelpunkt der Tarifpolitik als in zentralen Branchen der Privatwirtschaft (vor allem der Metall- und Druckindustrie). Deren „Tauschlogik" bestand in Verkürzung der Wochenarbeitszeit gegen weiter gehende Flexibilisierung, einschl. ihrer gruppen- bzw. bereichsspezifischen

---

19 Die Föderalisierung auf Länderebene bedeutet, dass die Arbeitszeiten in den einzelnen Bundesländern unterschiedlich sind. Zunächst wird die tatsächliche Arbeitszeit als Durchschnitt der Arbeitszeiten aller Vollzeit-Tarifbeschäftigten eines Bundeslandes ermittelt. Anschließend wird die Differenz zwischen dieser tatsächlichen Arbeitszeit und der 38,5 Stundenwoche ermittelt. Diese Differenz wird verdoppelt, wobei eine Deckelung bei 0,4 Stunden erfolgt. Dieser neue Wert wird zu den 38,5 Stunden addiert und bedeutet die neue durchschnittliche Wochenarbeitszeit. Für bestimmte Bereiche (u.a. ständige Wechsel- oder Nachtschicht, Krankenhäuser) gilt weiterhin die 38,5 Stundenwoche; dadurch werden die Arbeitszeiten für andere Gruppen über den errechneten Durchschnitt hinaus erhöht. Die Länder, die vor Abschluss des Tarifvertrages die längsten Arbeitszeiten hatten, behalten diese, wenngleich in reduzierter Form.

Differenzierung.[20] Nach der im Jahr 1984 getroffenen Vereinbarung über die stufenweise Einführung von zwei zusätzlichen bezahlten freien Tagen brachte die Tarifrunde 1988 eine schrittweise, geringfügige Verkürzung der Wochenarbeitszeit von 40 auf 39 (ab 1.4.1989) bzw. 38,5 (ab 1.4.1990) Stunden.

Tab. 15: Entwicklung der tariflichen wöchentlichen Arbeitszeit

bis 1957/1958	48	bis 1974	42
bis 1964	45	bis 1.4.1989	40
bis 1968	44	bis 1.4.1990	39
bis 1970	43	ab 1.4.1990	38,5

Quelle: Keller 2007, S. 175.

Dieser „Einstieg in die 35-Stunden-Woche" erfolgte relativ spät und wurde nicht konsequent fortgesetzt.[21] Die Gründe waren sowohl zunehmender Widerstand der Arbeitgeber als auch veränderte Präferenzen der Arbeitnehmer, die Entgeltsteigerungen vorzogen (zu Einzelheiten Keller 1993b). Die Umsetzung der tarifvertraglichen Rahmenregelung auf Ebene der Dienststellen führte zu ähnlichen Problemen wie in der Privatwirtschaft. In beiden Sektoren dominierten die täglichen und wöchentlichen Formen der Verkürzung und nicht die Reduzierung in Form von freien Tagen. Die rechtliche Unabhängigkeit der Länder in Fragen der Arbeitszeitregelung für die Beamten der Länder und Kommunen hatte zur Folge, dass keine bundeseinheitliche Lösung zustande kam, wie sie die öffentlichen Arbeitgeber sonst immer anstrebten.

Die Vereinbarung sollte in Zeiten hoher Arbeitslosigkeit zusätzliche Beschäftigungsmöglichkeiten schaffen. Die Konsequenzen blieben strittig; sie waren ungleich auf die Bereiche verteilt, wobei u.a. Gesundheit, öffentlicher Personennahverkehr, Energie- und Wasserversorgung sowie Kommunalverwaltung über dem Durchschnitt lagen. Einige Arbeitgeber

---

20 Die Arbeitszeitverkürzung im Rahmen des Tarifkompromisses des ÖD von 1988 war vergleichsweise „unflexibel", da sie keine Komponenten der Differenzierung und Indidividualisierung enthielt.

21 Beim schrittweisen Übergang zur 40-Stunden-Woche in den 1960er und frühen 1970er Jahren war eine ähnliche Verzögerung zu Lasten des ÖD zu beobachten: Die Wochenarbeitszeit von 40 Stunden wurde erst 1974 eingeführt. Im Übrigen lässt sich am Beispiel der Arbeitszeitpolitik zeigen, dass der ÖD eindeutig nicht der „pattern setter" für die Tarifpolitik der Privatwirtschaft ist, sondern die ÖD-Gewerkschaften nur versuchen können, nicht von Entwicklungen in der Privatwirtschaft abgekoppelt zu werden.

nutzten diese Optionen zur Kostenreduzierung, vor allem zur Sanierung ihrer Haushalte (Keller 1993a). – Das tarifpolitische Instrument einer Verkürzung der Wochenarbeitszeit hatte Priorität gegenüber einer Verkürzung der Lebensarbeitszeit. Die Arbeitgeber wollten letztere aus Kostengründen nicht einführen, obwohl die Altersstruktur der Beschäftigten hohe Effekte bei einer entsprechenden Ausgestaltung der Regelungen ermöglicht hätte.

Die aktuelle Konstellation steht im Gegensatz zu der 1990 eingeführten, einheitlichen 38,5-Stunden-Woche für alle Beschäftigten. Die zeitlich parallele Existenz mehrerer Tarifverträge reflektiert das vorhandene „patchwork" heterogener Interessen in der Arbeitzeitpolitik. Die noch geringen Unterschiede können den Beginn einer langfristigen, weiter gehenden Differenzierung und „Flexibilisierung" markieren. Das Zeitalter einheitlicher Arbeitszeiten ist jedenfalls – ähnlich wie in zentralen Branchen der Privatwirtschaft – vorbei. Mit den Beschäftigungs- werden auch die Lebensbedingungen heterogener, während früher alle Akteure deren „Einheitlichkeit" anstrebten.

Tab. 16: Index der wöchentlichen Arbeitszeiten

Bundesländer	Ist	Neu
Baden-Württemberg	39,05	39,45
Bayern	39,33	39,73
Hansestadt Bremen	38,90	39,30
Hansestadt Hamburg	38,76	39,02
Niedersachsen	38,98	39,38
Nordrhein-Westfalen	39,32	39,72
Rheinland-Pfalz	38,80	39,10
Saarland	38,90	39,30
Schleswig-Holstein	38,60	38,70
Ost	40,00	40,00

Quelle: dbb-Tarifunion.

3. Auf Basis dieser Tarifverträge erfolgt eine weitere Aufspaltung der ehemals einheitlichen Regelungen bzw. der Verhandlungsgemeinschaft der Arbeitgeber von Bund, Ländern und Gemeinden. Eine gewisse Differenzierung der Regelungen in Flächentarifverträgen, welche die Arbeitsbedingungen innerhalb des ÖD vereinheitlichten, besteht nunmehr nicht nur zwischen den drei Ebenen, sondern auch auf Länderebene (etwa nach Ost und West oder nach finanzschwachen und -starken Ländern). Damit gehört die über mehrere Jahrzehnte gegebene, ehemals von allen korporativen Akteuren favorisierte Bundeseinheitlichkeit der tarifvertraglichen Regelungen endgültig der Vergangenheit an (Keller 2006). M.a.W.: Die vormals weitgehend vereinheitlichten, standardisierten Arbeitsbedingungen

(vor allem Entgelte, Arbeitszeiten) werden sowohl vertikal als auch horizontal heterogenisiert bzw. flexibilisiert. Dieser Trend kann im Laufe der Zeit fortschreiten, vor allem wenn die Länder von ihrem Einzelkündigungsrecht in Bezug auf die Öffnungsklauseln zu Arbeitszeiten und Sonderzahlungen Gebrauch machen.[22]

Nach dieser als weit reichend zu bezeichnenden Zäsur der Verhandlungsstrukturen sind zwei Szenarien im Rahmen eines „institution building" möglich: Entweder verhandeln die Länder zukünftig gemeinsam, aber getrennt von Bund und Kommunen, oder die Länder verhandeln nicht nur unabhängig von Bund und Kommunen sondern auch getrennt voneinander. Die zuerst genannte Option einer ausschließlich vertikalen Differenzierung nach Ebenen wäre gleichbedeutend mit dem Fortbestand der TdL, die ein Eigeninteresse an der Realisierung dieser Alternative haben muss, sowie mit einer moderaten, kontrollierten Dezentralisierung. Die zuletzt genannte Option hingegen würde eine zusätzliche horizontale Differenzierung mit der faktischen Auflösung bzw. zunehmenden Bedeutungslosigkeit der TdL und eine weiter gehende Dezentralisierung (im Sinne einer strikten Regionalisierung der Tarifpolitik) bedeuten.

Anders formuliert: Falls weitere Länder (u.a. Baden-Württemberg, Bayern, Niedersachsen) ihre wiederholt und öffentlich vorgebrachte Austrittsdrohung realisieren, wäre die Stabilität der TdL – und damit die Verhandlungsstruktur auf Länderebene – gefährdet und die Frage nach ihrem organisatorischen Bestand würde sich stellen. Möglicherweise genügt aber bereits die Drohung mit Austritt, um eigene Interessen durchzusetzen. Insgesamt ist fraglich, ob die Dezentralisierung des Verhandlungssystems sich fortsetzt bzw. welches Ausmaß sie annimmt. Selbst im weiter gehenden Fall wäre sie allerdings noch weit von einer aus der Privatwirtschaft gekannten so genannten „Verbetrieblichung" entfernt.

Die mittel- und langfristigen Konsequenzen ihres Austritts aus der Verhandlungsgemeinschaft sind für die Länder keinesfalls eindeutig: Ob sie in getrennten Verhandlungen tatsächlich isoliert für sich günstigere Abschlüsse als gemeinsam mit Bund und Kommunen durchsetzen können, hängt wesentlich von der Verhandlungsmacht der Gewerkschaft (einschl. ihrer Streikfähigkeit in einem vergleichsweise schlecht organisierten Bereich) sowie deren Bereitschaft zum Einsatz zusätzlicher Ressourcen ab; insofern ist diese Entscheidung prinzipiell reversibel.

---

22 So galt auf Länderebene für Berlin und Hessen, die, wie skizziert, aus unterschiedlichen Gründen der TdL nicht mehr angehören, nicht der TVöD sondern zunächst weiterhin der BAT.

Die anderen korporativen Akteure sind jedenfalls nicht sonderlich an Regelungen interessiert, die nach den drei Ebenen unterschiedlich ausfallen (Grone-Weber 2004, S. 225). Sie widersprechen dem bis dato weitgehend akzeptierten Prinzip der Einheitlichkeit von Arbeits- und damit Lebensbedingungen im ÖD. Eine weiter gehende, materielle Konsequenz aus Sicht der Beschäftigten wäre eine Verschlechterung der Arbeitsbedingungen (Entgelte, Arbeitszeiten). Eine Mindestoption bestünde in einer Vereinbarung über die zeitliche Synchronisierung der Verhandlungen für Bund und Kommunen bzw. Länder.

■ 5.5 Der Krankenhausbereich

Die skizzierte Entwicklung der „Entsolidarisierung" setzte sich 2005 fort mit dem Marburger Bund – MB, dem Verband der angestellten und beamteten Ärztinnen und Ärzte Deutschlands. Die bis dato wenig bekannte „Gewerkschaft für Mediziner" (http://www.marburger-bund.de) kündigte die Verhandlungsgemeinschaft, die seit mehreren Jahrzehnten mit ver.di bzw. vor der ver.di-Gründung mit der DAG bestanden und stets zu gemeinsamen Tarifverträgen geführt hatte. Nach bundesweiten Protestveranstaltungen, gescheiterten Verhandlungen sowie einer Urabstimmung, die mit hohen Zustimmungsquoten endete, rief der MB seine Mitglieder zu einem unbefristeten, eigenständigen Arbeitskampf auf.

Er war der erste Medizinerstreik seit mehreren Jahrzehnten, der länger dauerte als der Arbeitskampf in den Kernbereichen des ÖD. Integraler Bestandteil der Streikstrategie war die medien- und öffentlichkeitswirksame Aufbereitung und Präsentation der eigenen Belange als Vertretung von Interessen der Allgemeinheit (u.a. überlange Arbeitszeiten einschl. Bereitschaftsdiensten versus Qualität der Patientenversorgung, Organisation von Notdiensten). Im Gegensatz zu „klassischen" Gewerkschaften verfügt der MB über keine Streikkasse, so dass die Mitglieder keine Unterstützungsleistungen erhielten. Auf der anderen Seite bestand eine Besonderheit darin, dass die Einnahmeausfälle der Kliniken erheblich waren, vor allem infolge der langen Dauer des Konflikts.

Die zentrale, von den Akteuren unterschiedlich beantwortete Frage war, ob der zwischen ver.di und der TdL geschlossene Tarifvertrag (vgl. Kap. 5.4) auch für Krankenhausärzte gelten sollte. TdL und MB schlossen, nachdem der Arbeitskampf ausgeweitet und verschärft worden war, einen „ärztespezifischen Tarifvertrag" für Universitätskliniken und Landeskrankenhäuser. Der MB setzte zwar in diesen getrennten Verhandlungen mit der TdL für die bei den Ländern beschäftigten Ärzte besondere

Arbeitsbedingungen durch (u.a. leistungsgerechtere Vergütung, auch der langen Bereitschaftszeiten und häufigen Überstunden).[23] Die materiellen Unterschiede zwischen den beiden Verträgen werden von den Kontrahenten unterschiedlich beurteilt, sind allerdings nicht erheblich (u.a. Vorziehen von Gehaltserhöhungen). Dieser gesonderte Tarifvertrag, der bundesweit gilt, beendet die Tarifeinheit innerhalb der Kliniken.

Die Tarifverhandlungen zwischen MB und VKA für den Bereich der Krankenhäuser in kommunaler Trägerschaft gingen unabhängig von diesem gesonderten Abschluss weiter.[24] Nach Scheitern der Verhandlungen und Urabstimmung kam es auch in diesem Bereich, der wesentlich größer ist als der der Uni-Kliniken und mehr Beschäftigte umfasst, zu einem längeren Arbeitskampf (so genannter Dauerstreik). Einzelne Krankenhäuser boten den bei ihnen beschäftigten Ärzten Individualverträge „auf übertariflicher Basis" an oder schlossen Haustarifverträge mit dem MB (so genannte Insel- bzw. zeitlich befristete Interimslösungen). Sie verstießen damit gegen die Satzung der VKA und riskierten ihren Ausschluss wegen verbandsschädigenden Verhaltens. Einen zwischenzeitlich von ver.di und VKA für alle Beschäftigtengruppen an Krankenhäusern, also einschl. der Ärzte, geschlossenen Vertrag akzeptierte der MB für die von ihm vertretene Gruppe nicht. Insofern waren die Strukturen dieses Konflikts ähnlich denen in den Kliniken auf Landesebene.

In organisations- bzw. verbandstheoretischer Sicht erreichte der MB durch den gesonderten Abschluss seine offizielle Anerkennung als eigenständig handelnder, von ver.di unabhängiger tariffähiger Verband. Diese formale Aufwertung des Verbandsstatus infolge des Streiks lag im Eigeninteresse des MB; darüber hinaus bescherte sie der „gewerkschaftlichen Interessenvertretung der Klinikärzte" eine Beitrittswelle – und erreichte auch insofern ihre Ziele.

„MB claims to have gained 20.000 new members during the dispute and to represent 105.000 doctors out of a total of 146.000 doctors in employment. Ver.di on the other hand highlights that it is a trade union for all staff in the healthcare service. Its strong position in hospitals is mainly visible among nurses and technical staff." (Dribbusch 2006, S. 2)

---

23   Kritisiert wurde verbandsintern u.a., dass aufgrund der Intervention der Finanzminister keine Angleichung zwischen Ost und West vereinbart wurde, dass die Entgeltsteigerungen für Oberärzte und leitende Oberärzte höher waren als die für Ärzte.
24   Die kommunalen Krankenhäuser werden über Krankenkassenleistungen finanziert, Uni-Kliniken und Landeskrankenhäuser über die Länderhaushalte.

Eine Konsequenz dieser Entwicklung ist eine weitere Zersplitterung der Tarifverträge innerhalb des ÖD in eine Reihe von Spartentarifverträgen. Als generelles Ergebnis gilt:

„Der Ärztestreik des Marburger Bundes nimmt in der Streikgeschichte der Bundesrepublik zweifellos eine Sonderrolle ein. Hinsichtlich Dauer und Intensität handelt es sich um den bedeutendsten Arbeitskampf, den eine einzelne Berufsgruppe hierzulande bislang geführt hat." (Bispinck 2006b, S. 380)

Im Übrigen bleibt ungeklärt, ob bei gesetzlich gedeckelten Budgets der Krankenhausfinanzierung – sowie bei den zu erwartenden Folgen der Gesundheitsreform – die Besserstellung einer Gruppe nicht quasi-automatisch zu Lasten der Arbeitsbedingungen anderer Gruppen geht (vor allem Pflegepersonal, Techniker, Verwaltungsangestellte, aber auch niedergelassenen Ärzte und Arzneimittelbudgets). Eine Schlechterstellung infolge steigender Personalkosten bzw. ein Konflikt zwischen Beschäftigtengruppen (ärztliches versus nicht-ärztliches Personal) im Sinne der Lösung eines „Nullsummenspiels" wirft Fragen der grundsätzlichen Verteilungsgerechtigkeit und der Ausgestaltung interner Kooperationsbeziehungen auf.

Eine organisatorische Spaltung bzw. Sondersituation besteht, wie bereits skizziert, in Krankenhäusern, insbesondere in Universitätskliniken: Krankenschwestern, Pflegekräfte und medizinisch-technische Assistenten sind in ver.di organisiert, die Ärzte überwiegend im MB. Die aktuelle Entwicklung verursacht außerdem verbandsinterne Probleme für ver.di, welche die genannten Gruppen des nicht-ärztlichen Personals organisiert und deren Interessen vertritt. Schließlich verbessert die materielle Besserstellung weder die Arbeitsstrukturen noch die Qualität der Arbeitsbedingungen von Ärzten (u.a. Länge der Arbeitszeiten einschl. Bereitschaftsdiensten).[25]

Insgesamt besteht Anlass zu der Vermutung, dass die bereits bestehende (Tarif-) Konkurrenz der Verbände auf Arbeitnehmerseite sowohl aufgrund der gegebenen Mitglieder- und die darüber vermittelten Interessenstrukturen (Multibranchengewerkschaft versus Standesorganisation) als auch aufgrund der aktuellen Erfahrungen in Zukunft zunimmt.[26] Auf

---

25 Im Frühjahr 2010 gab es erneut Streiks an kommunalen Kliniken, die nur Notfälle behandelten. Gegenstand des Konflikts zwischen MB und VKA waren neben Gehaltssteigerungen die Regelungen der Bezahlung von Nachtschichten und Bereitschaftsdiensten der Mediziner.
26 Der MB drohte im Sommer 2006, als der Konflikt zwischen den Verbänden auch öffentlich in polemischer Form diskutiert wurde, mit der Gründung einer neuen Gesundheitsgewerkschaft.

Arbeitgeberseite kann es zu weiteren Verbandsaustritten („Tarifflucht") oder -ausschlüssen wegen Verstoßes gegen die Verbandssatzung kommen. Infolge der Streikaktion setzt sich eine Form von Dezentralisierung im ehemals zentralisierten ÖD fort, die unterschiedlich nicht nur nach Ebenen (Bund, Ländern, Gemeinden) sondern auf den Ebenen auch nach einzelnen Funktions- bzw. Tätigkeitsbereichen erfolgt.[27] Damit ist das Prinzip des Flächentarifvertrags („multi-employer bargaining") durchlöchert – jedenfalls soweit es nicht nur berufsgruppenspezifisch gilt.

5.6 Streiks im ÖD

1. Streiks im ÖD sind stets auf die Erzielung so genannter Drittwirkungen bei großen (Konsumenten-)Gruppen gerichtet. Die Arbeitgeber werden finanziell kaum direkt getroffen, da ihre Einnahmen vor allem aus dem vom Arbeitskampf unabhängigen, allgemeinen Steueraufkommen und nur zu einem geringen Teil aus dem Verkauf von Gütern und Dienstleistungen resultieren (Keller 1983; Katz et al. 2008). Die Gewerkschaft muss einen schwierigen Spagat bewältigen: Einerseits muss der Streik in der Öffentlichkeit bzw. bei großen Gruppen spürbare Folgen haben, andererseits muss auf die unmittelbare Betroffenheit der Bürger in sensiblen Bereichen (wie Krankenhäusern) Rücksicht genommen werden.[28] Der Versuch, nicht Drittwirkungen über die vom Arbeitskampf direkt und unmittelbar betroffenen Konsumenten bzw. Bürger zu erzielen, sondern die Arbeitgeber (etwa in kaufmännischen oder logistischen Bereichen von Dienststellen) zu treffen, ist schwierig umzusetzen. – Diese Situation ist bei dem Arbeitskampf im Bereich der Universitätskliniken und Krankenhäuser oder Stadtwerken anders, da diese hohe, auch langfristig kaum zu kompensierende Einnahmeausfälle zu verzeichnen haben.

---

27 Zur aktuellen Situation in Großbritannien Kirkpatrick/Hoque (2005, S. 100). Die Autoren weisen auf ein bis dato in der Bundesrepublik unbeachtetes Problem hin: „By standardising practice and providing a degree of employment security for the majority, traditional systems have been crucial to the maintenance of wider notions of a public service ethos ... The risk is that further decentralization and increased variation in pay and conditions will undermine this. Hence, questions should be raised not only about the extent and feasibility of such change, but also its desirability" (ebd., S. 115).

28 Ein konkretes Beispiel ist die Einrichtung eines Notdienstes für berufstätige Alleinerziehende, wenn Erzieherinnen in kommunalen Kindergärten in den Arbeitskampf einbezogen sind.

Aus Sicht der Beschäftigten besteht ein zentrales Problem darin, dass für die Dauer des Streiks die Entgelte nicht weiter gezahlt werden; insofern sparen die Arbeitgeber Ressourcen bzw. Personalkosten. Die Streikunterstützung, welche die Gewerkschaft ihren Mitgliedern zahlt, ist wesentlich niedriger als das reguläre (Netto-)Einkommen; mit zunehmender Länge des Arbeitskampfes summieren sich die Einkommensausfälle (auf mehrere hundert Euro pro Monat bei vergleichsweise niedrigen Einkommen der wichtigen streikführenden Gruppen). Nicht-Mitglieder gehen leer aus und werden daher den Arbeitskampf nicht lange unterstützen. – Dieses grundlegende, schwierig zu lösende Problem der Sicherung der Geschlossenheit der Organisation bzw. der Folgebereitschaft ihrer Mitglieder muss die Gewerkschaft bei der Konzeption ihrer Strategie berücksichtigen, zumal die Erwartungen der Mitglieder in Bezug auf den Abschluss mit der Streikdauer zunehmen.[29]

Insgesamt gab es, im Gegensatz zu vergleichbaren Ländern, in der Bundesrepublik nur sehr wenige, jeweils kurze Streiks im ÖD, der zu den „wirtschaftsfriedlichen" Sektoren eines traditionell „streikarmen" Landes gehört. Dieser Befund ergibt sich bei unterschiedlichen Operationalisierungen (wie Häufigkeit, Dauer, beteiligte bzw. betroffene Arbeitnehmer). Im Februar 1974 dauerte der erste größere Arbeitskampf drei bis vier Tage, im Mai 1992 der zweite elf Tage (Keller 1983; 1993a). Ein institutioneller Grund dieses im internationalen Vergleich ungewöhnlich niedrigen Konfliktniveaus waren die skizzierten, über Jahrzehnte hochgradig zentralisierten Tarifverhandlungen zwischen den Gewerkschaften und der Verhandlungsgemeinschaft von Bund, Ländern und Gemeinden. – Der Vollständigkeit halber bleibt zu erwähnen, dass es im Laufe der Jahre einige spontane Arbeitsniederlegungen (wie 1969, 1973) bzw. Warnstreiks (u.a. 1998) gab.

Ein Schlichtungsabkommen als autonome Vereinbarung zur friedlichen Regelung kollektiver Regelungsstreitigkeiten bestand erst seit dem ersten großen Arbeitskampf 1974; 2002 wurde dieses Verfahren eines „private ordering" an die veränderten Verhandlungsstrukturen angepasst.

---

29 Die in der veröffentlichten Meinung aufmerksam registrierte, gelegentlich als eigentliche „Streikursache" dargestellte Tatsache, dass ver.di während des Streiks einen Mitgliederzuwachs bei den aktiv Beschäftigten verzeichnete, wäre erst dann bedeutsam, wenn es gelingen würde, diese Mitglieder dauerhaft an die Organisation zu binden. Insofern bleiben die Salden der Mitgliederentwicklung der entsprechenden Fachbereiche zu den folgenden Jahresenden abzuwarten, bevor valide Aussagen möglich sind. Ein ähnlicher Zusammenhang gilt auch für den Marburger Bund.

Die Ergebnisse von Schlichtungsverfahren haben lediglich empfehlenden Charakter und müssen von den Parteien angenommen werden. Diese bestehenden Optionen wurden wiederholt in Anspruch genommen. Sie erwiesen sich als effizient im Sinne einer Vermeidung offener Konflikte. Im Gegensatz zu anderen Ländern, wie z.B. Großbritannien oder USA, existieren keine anderen Verfahren der Konfliktbeilegung. Eine staatliche Zwangsschlichtung, wie sie in der Weimarer Republik existierte, wäre mit der im Tarifvertragsgesetz garantierten Tarifautonomie unvereinbar (zum internationalen Vergleich von Verfahren der Konfliktbeilegung im ÖD Dickens/Bordogna 2008).

2. 2006 fand der dritte und mit Abstand längste Streik statt. Bereits wenige Tage nach Inkrafttreten des TVöD erhoben mehrere kommunale Arbeitgeberverbände (Baden-Württemberg, Hamburg, Niedersachsen) die Forderung nach (Wieder-)Einführung der 40-Stunden-Woche in den alten Ländern. Die rechtliche Grundlage war eine beim Abschluss des TVöD (§ 6 Abs. 1b) auf Insistieren der Arbeitgeber vereinbarte, landesbezirkliche Öffnungsklausel, die eine Verlängerung der Wochenarbeitszeiten ermöglichte.[30] Ver.di führte zunächst Urabstimmungen in ausgewählten Bereichen durch und leitete anschließend Kampfmaßnahmen ein, um Arbeitszeitverlängerungen in den westdeutschen Kommunen zu verhindern („Arbeitszeitverlängerung ohne Lohnausgleich").[31] Die Länge der Arbeitszeiten, und nicht, wie zumeist üblich, die direkte Höhe der Entgelte waren der zentrale Konfliktpunkt der Auseinandersetzung.

Die Gewerkschaft unternahm außerdem den Versuch, durch Ausweitung des zunächst auf die kommunale Ebene begrenzten Arbeitskampfes auf die Länderebene die TdL zur Übernahme des TVöD zu bewegen, d.h. ver.di erhoffte sich Ausstrahlungseffekte trotz unterschiedlicher Streikziele auf beiden Ebenen.

Die schwierige Gemengelage heterogener Interessen auf beiden Seiten wurde weiter verkompliziert durch den „Tarifvertrag über die Vereinbarung einer so genannten Meistbegünstigungsklausel" (TV-Meistbegüns-

---

30 In den Kommunen der anderen Bundesländer bestand Friedenspflicht, da deren Arbeitgeberverbände die Öffnungsklausel nicht in Anspruch nahmen. Die Motive blieben unklar. Möglicherweise wollten sie den Ausgang des „Stellvertreterkonflikts" abwarten und dann die Übertragung seines Abschlusses für ihre Bereiche auf Basis der Meistbegünstigungsklausel reklamieren. In einigen Fällen gab es Warnstreiks und Solidaritätsbekundigungen.
31 Die überraschend hohen Zustimmungsraten bei den Urabstimmungen (ca. 95%) dokumentierten nach innen und außen Geschlossenheit und Konfliktbereitschaft der Beschäftigten.

tigung), der auf Initiative der Arbeitgeberseite unabhängig vom TVöD geschlossen wurde. Dessen Vorgaben waren in der bisherigen Tarifvertragspolitik, nicht nur des ÖD, einmalig: Falls ver.di mit einem oder mehreren Ländern einen Tarifvertrag schließt, der „in den Bereichen Arbeitszeit und Sonderzahlung (Zuwendung, Urlaubsgeld u.ä.) abweichende Inhalte hat oder beim Entgelt (insbesondere Einmalzahlung, Übergangskosten) für die Arbeitgeber günstigere Regelungen enthält", gilt die Unterschrift von ver.di „zugleich als unwiderrufliches Angebot" an Bund und Kommunen, „die Regelungen ... insgesamt oder in ihren einzelnen Bestandteilen (ersetzend oder ergänzend) zu übernehmen" (§ 1).[32]

Diese bis Ende 2007 geltende, juristisch als bindendes Angebot zu interpretierende Vereinbarung sollte ursprünglich die Arbeitszeitregelungen auf Landes- und kommunaler Ebene auf gleichem Niveau festlegen; sie ist in unserem Kontext wichtig, weil sie wegen der eingegangenen Selbstbindung die Kompromissfähigkeit von ver.di in den folgenden Verhandlungen erheblich einschränkte, da jeder Abschluss mit den Ländern auf die Kommunen übertragen worden wäre.

Nicht nur die Dauer des Konflikts (von jeweils über zwei Monaten auf kommunaler Ebene in Baden-Württemberg und auf Ebene der Länder) zeigt eine neue Qualität der Arbeitsbeziehungen an, die vor dem Arbeitskampf undenkbar bzw. unmöglich schien.[33] Eine schwierig zu kontrollierende Eskalation des Konflikts (etwa infolge der Kündigung von Notdienstvereinbarungen)[34] jenseits von Rechtsstreitigkeiten und deren Klärung vor den zuständigen Arbeitsgerichten (etwa die Blockade kommunaler Betriebsstätten) schien zeitweise möglich. – Es bleibt abzuwarten, ob dieser Streik ein singuläres Ereignis war oder den Beginn einer neuen Ära der Arbeitsbeziehungen anzeigt, in der, wie in anderen EU-Mitgliedsländern seit den 1980er Jahren, Streikaktivitäten sich von den Produktions- in die Dienstleistungsbranchen verlagern.

---

32 Die TdL sowie manche Arbeitsrechtler (Rieble/Klebeck 2006, S. 65) halten derartige „aggressive" Klauseln für rechtlich bedenklich bzw. unwirksam.

33 Der in einigen Kommunen (u.a. Freiburg) erfolgte Einsatz von Leiharbeitnehmern oder Privatunternehmen (etwa im Bereich der Müllabfuhr) brachte eine neue Dimension der Härte in die Tarifauseinandersetzung: Ein Einsatz von Privatfirmen war bei früheren Arbeitskämpfen nicht erfolgt.

34 Auch mehrere öffentlich geführte Auseinandersetzungen über die Einhaltung versus Nicht-Einhaltung getroffener Notdienstvereinbarungen (u.a. in Kliniken) verschärften den Konflikt. Auf Ebene der Länder kam es zur Verabschiedung der „Richtlinien der TdL für den Fall eines Arbeitskampfes (Arbeitskampfrichtlinien der TdL)", die auf mehr als 50 Seiten alle Eventualitäten akribisch auflisten und mögliche Reaktionen vorformulieren.

Der Umfang des Arbeitskampfes war trotz seiner ganz und gar ungewöhnlichen Länge gering, wenn man als üblichen Indikator die Zahl der beteiligten Arbeitnehmer wählt. Daher war er für ver.di trotz einer sukzessiven Ausweitung auf mehrere Länder relativ billig, d.h. die Streikkasse wurde im Vergleich zu einem Flächenstreik herkömmlichen Musters geschont.[35] Zudem verfolgte ver.di eine Art „Minimaxstrategie" und versuchte, mit einem Minimum an Input, d.h. wenigen Streikenden, ein Maximum an Output, d.h. möglichst große Wirkungen in der Öffentlichkeit, zu erzielen.

Die substantiell veränderte, strategische Ausrichtung zielte auf eine möglichst weitgehende Schonung der eigenen Ressourcen. Statt eines unbefristeten Flächen- wurden lediglich „flexible, punktuelle" (Schwerpunkt- bzw. Tages-)Streiks geführt, deren überraschende Wirkungen für die Arbeitgeber kaum auszumachen waren, und die zudem helfen sollten, das schwierige Problem der Mitgliedermobilisierung nach mehreren Streikwochen zu lösen. Allerdings reduzierte die Änderung der Strategie die Wahrnehmung des Streiks in der Öffentlichkeit.

Eine weitere Besonderheit bestand in Bezug auf die Zusammensetzung der streikführenden Gruppen. Die beteiligten Gruppen waren Müllwerker und Straßenreiniger, Kindergärtnerinnen/Erzieherinnen sowie Bedienstete des Gesundheitswesens. Im Gegensatz zu den früheren Arbeitskämpfen (Keller 1983; Dribbusch 2006) spielten einige vormals wichtige, weil hochgradig organisierte Gruppen, wie die Beschäftigten des öffentlichen Personennahverkehrs oder der Energie- sowie Abfallwirtschaft, keine wichtige Rolle mehr. In der Zwischenzeit waren umfangreiche Privatisierungsmaßnahmen durchgeführt und/oder aufgrund von Rechtsformänderungen eigenständige (Sparten-)Tarifverträge mit stärkerer Wettbewerbsorientierung außerhalb des ÖD geschlossen (Wendl 2002, S. 537; 2005, S. 40).

Diese Ausgliederungen und Verselbständigungen schwächen mittel- und langfristig die Handlungs- und Konfliktfähigkeit von ver.di (zur Selbsteinschätzung Wendl 2004, S. 27). Langfristig zeichnet sich eine ähnliche Entwicklung bei den kommunalen Entsorgungsbetrieben ab. Eine unmittelbare Reaktion von ver.di auf die veränderte Gesamtsituation ist der Einbezug neuer Gruppen in den Arbeitskampf (u.a. Beschäftigte des Gesundheits- und Erziehungsbereichs).

---

35 Wiederholt angestellte, öffentlich gemachte Spekulationen (u.a. aus dem Institut der deutschen Wirtschaft), wie lange ver.di den Streik finanziell überhaupt würde durchhalten können, hatten insofern keine reale Grundlage.

Auf kommunaler Ebene erfolgten die Streiks vor allem in Großstädten in Baden-Württemberg (u.a. Stuttgart, Karlsruhe, Mannheim) und kaum „in der Fläche", d.h. in kleinen und mittelgroßen Städten oder Landkreisen, deren Vertreter bis kurz vor Toresschluss gegen den eingegangenen Kompromiss votierten und mit Austritt aus der VKA drohten. Der Grund für diese spezifische Verteilung liegt in unterschiedlich hohen Organisationsgraden der Beschäftigten.

Die Länder führen, wie erwähnt, ihre Kollektivverhandlungen inzwischen getrennt von Kommunen und Bund. In Bezug auf gewerkschaftliche Handlungsoptionen ist die Tatsache relevant, dass im Gegensatz zur kommunalen auf Landesebene die Mobilisierungs- bzw. Streikfähigkeit aus verschiedenen Gründen traditionell gering ist:

- Die Organisationsgrade relevanter Gruppen sind im Vergleich zur kommunalen Ebene niedrig, so dass Streiks in potentiell sensiblen Bereichen (wie der Datenverarbeitung) faktisch kaum möglich sind und damit die Durchsetzungsfähigkeit niedrig ist.
- In einer Reihe von Einrichtungen und Behörden (u.a. Staatstheater, Landesämter für Statistik) würden Streiks, wenn sie aufgrund der bereichsspezifischen Organisationsgrade überhaupt geführt werden könnten, wenig bis keine unmittelbar spürbaren, sofortige und erhebliche Drittwirkungen für die Öffentlichkeit bzw. große Konsumentengruppen haben und weitgehend wirkungslos bleiben.[36]
- Der Anteil der nach herrschender Rechtsprechung und Rechtslehre nicht-streikberechtigten Beamten an den Beschäftigten ist aufgrund der im Grundgesetz vorgegebenen Aufgabenteilung zwischen den Gebietskörperschaften vergleichsweise hoch (u.a. Bildung einschl. Universitäten, Polizei).

Aufgrund dieser fehlenden Durchsetzungsfähigkeit blieben lange Zeit alle Versuche von ver.di erfolglos, die TdL zunächst durch Drohung mit Streiks sowie später durch Streikmaßnahmen zur Übernahme des TVöD zu bewegen.

3. Die begrenzte Handlungsfähigkeit der Gewerkschaft auf Länderebene stellt kein neues Phänomen dar, hatte allerdings so lange keine unmittelbaren Konsequenzen, wie auf Arbeitgeberseite die Verhandlungsgemeinschaft von Bund, Ländern und Gemeinden bestand: Die Ergebnisse von Streiks bzw. Streikdrohungen ausgewählter, hochgradig organisierter, mobilisie-

---

36 Ausnahmen sind vor allem, insbesondere bei kritischen Witterungsbedingungen, Autobahn- und Straßenmeistereien, deren Räumdienste lediglich Notdienste verrichteten.

rungs- und durchsetzungsfähiger Gruppen auf kommunaler Ebene wurden im „Geleitzugprinzip" für alle übrigen Gruppen – und letztendlich auch für die Beamten – übernommen (vgl. Kap. 5.1). M.a.W.: Arbeitskampfstarke, kleine Gruppen in Schlüsselpositionen auf kommunaler Ebene (vor allem öffentlicher Personennahverkehr, Müllabfuhr) waren bei zentralisierten Verhandlungen in der Lage, Bewegungen des gesamten Tarifbereichs und faktisch sogar darüber hinaus auszulösen (zu den Problemen kollektiver Arbeitskonflikte zusammenfassend Keller 1983; 2007).

Diese Handlungsoption eines „Stellvertreterkonflikts" besteht wegen der skizzierten Trends zu dezentralisierteren Verhandlungen sowie aufgrund durchgeführter Privatisierungsmaßnahmen nicht mehr. Anders formuliert: Die nach wie vor vorhandenen Gruppen mit spezifischer Verhandlungsmacht erzielen weniger weit reichende Effekte. Infolge dieser Veränderungen wird aus Sicht der Gewerkschaften eine grundlegende Neuorientierung der Streikstrategie erforderlich, um ihre externe Handlungsfähigkeit zu sichern. Die Einbeziehung neuer Bereiche bzw. die Mobilisierung anderer Gruppen (z.B. Kindergärtnerinnen und Erzieherinnen) gestalten sich wegen fehlender gruppenspezifischer Erfahrungen schwierig. Zugleich wird eine Verlagerung von Streikaktivitäten zwischen den Gewerkschaften notwendig, d.h. von ver.di zur GEW (zu Einzelheiten http://www.gew.de/Tarif-_und_Besoldungsrunde_2009.html).

4. Für Beamte besteht, wie bereits skizziert, ein statusgruppenspezifisches Streikverbot. Trotzdem haben, vor allem in den 1960er und 1970er Jahren, aber auch bei aktuellen Konflikten im Tarifbereich, verschiedene Gruppen wiederholt zu arbeitskampfähnlichen Maßnahmen gegriffen (wie go slow, go sick, Bummelstreik, Dienst nach Vorschrift, Teilnahme an Demonstrationen). Diese Aktionen zeigten zunächst ähnliche Wirkungen wie reguläre Streiks im Tarifbereich. Die Reaktion der Arbeitgeber bestand mehrfach in der Androhung oder Einleitung von Disziplinarverfahren.

Das Bundesverwaltungsgericht und das Bundesarbeitsgericht entschieden 1984 bzw. 1985 infolge eines Streiks im Bereich der damaligen Bundespost im November 1980 zwar, dass ein so genannter Streikeinsatz von Beamten auf Arbeitnehmerdienstposten zulässig ist. Die tatsächlichen Auswirkungen einer solchen Maßnahme wären vermutlich andere als die erwarteten: Da Beamte häufig nicht nur mit Tarifbediensteten eng kooperieren sondern auch von den Ergebnissen der Tarifverhandlungen zumindest mittelbar betroffen sind (vgl. Kap. 6), können sie sich durchaus „solidarisch" verhalten und nicht bereit sein, die Drittwirkungen eines Streiks faktisch zu unterlaufen. – Last but not least entschied das Bundesverfassungsgericht 1993, dass ein Streikeinsatz von Beamten verfassungswidrig ist.

6. Interessenpolitik der Beamtenverbände

6.1 Strukturen und Optionen der Interessenvertretung ■

Beamte haben, wie einleitend skizziert (vgl. Kap. 1), lediglich eine eingeschränkte Koalitionsfreiheit. Ihre Interessenverbände verfügen im Gegensatz zu den Gewerkschaften der Tarifbediensteten nicht über das Recht auf Kollektivverhandlungen bzw. über das stärkste kollektive Druckmittel des Streiks.[1] Dieses Verbot, welches Ausdruck der besonderen Treuepflicht ist, gilt im Gegensatz zu der Mehrzahl der EU- oder OECD-Länder (Ozaki 1990) jedoch gruppen- und nicht funktionsspezifisch, d.h. es ist traditionell am kollektiven Status bzw. dem Beschäftigungsverhältnis ausgerichtet und nicht an der funktionalen Bedeutung bzw. unverzichtbaren Wichtigkeit der individuell ausgeübten Tätigkeit („essential services" wie Polizei oder Feuerwehr), vor allem in den hoheitlichen Bereichen im engeren Sinne (u.a. Justiz-, Ministerial- sowie Finanz- und Steuerverwaltung).

Weiterhin gelten die rechtlichen Rahmenvorgaben einheitlich für die gesamte Bundesrepublik, d.h. sie weisen im Gegensatz zu anderen, vor allem föderalistisch organisierten Staaten keine Unterschiede etwa nach Ländern auf. Schließlich ist der Umfang der nicht-streikberechtigten Gruppe im internationalen Vergleich recht groß. Die formale Abgrenzung erfolgt also letztendlich aufgrund einer bewussten Setzung.

1. Diese rechtlich-institutionellen Rahmenbedingungen führen zu der Frage, wie die Beamtenverbände die Interessen ihrer Mitglieder überhaupt vertreten bzw. durchsetzen können. Verteilungskonflikte werden nicht wie in der Privatwirtschaft und im Tarifbereich des ÖD von tarifpolitischen Machtpositionen her ausgetragen, d.h. unter Einsatz von Streik und Streikdrohung bei der rechtlich-institutionellen Voraussetzung von Tarifautonomie, sondern mit anderen Formen der Einflussnahme, die umso wichtiger werden.[2]

---

1   Ob aktuelle Urteile des Europäischen Gerichtshofs für Menschenrechte (Lörcher 2009) langfristig diese Konstellation verändern, lässt sich derzeit kaum abschätzen.
2   Eine für die Privatwirtschaft häufig, für den ÖD hingegen selten diskutierte Frage ist die nach den makroökonomischen Effekten (u.a. Lohnentwicklung, Inflationsraten) unterschiedlicher Formen der Interessenvertretung bzw. der Arbeitsbeziehungen. Traxler (1998a) konstatiert, dass sich die beiden Regelungstypen in ihren Leistungseffekten nicht unterscheiden.

Zunächst verfügen die Dachverbände DBB und DGB in ihrer Eigenschaft als „Zusammenschlüsse der zuständigen Gewerkschaften" über formale Beteiligungs- bzw. Anhörungsrechte bei der Vorbereitung allgemeiner Regelungen der beamtenrechtlichen Verhältnisse (u.a. Gesetze, Rechtsverordnungen, Verwaltungsvorschriften, Erlasse). Diese Rechte sind in den Beamtengesetzen[3] verankert und damit abgesichert; diese Optionen der Einflussnahme auf politische Entscheidungsprozesse bei allen relevanten Problemen wurden seit den frühen 1990er Jahren mehrfach verbessert und durch öffentlich-rechtliche Verträge zwischen BMI und Spitzenorganisationen ausgestaltet.

Neben informellen Treffen finden einmal oder mehrfach so genannte Beteiligungsgespräche statt, die zu Revisionen des Gesetzentwurfs führen können und durchaus Verhandlungscharakter annehmen können: Die Dachverbände formulieren Forderungen, die Diskussion wird teilweise auch öffentlich geführt, Politiker können wegen des von ihnen angestellten Stimmenmaximierungskalküls Forderungen nicht pauschal zurückweisen. In einer offiziellen, aktuellen Broschüre des BMI heißt es:

> „Als ein gewisser Ausgleich für die fehlende Tarifmacht geht dieses Beteiligungsrecht über die bloße Anhörung hinaus. Es gibt den Gewerkschaften Gelegenheit, bereits in der Vorbereitungsphase von Gesetzen, Verordnungen, Verwaltungsvorschriften und Richtlinien durch Stellungnahmen und eigene Vorschläge mitzuwirken. Anregungen der Gewerkschaften, die keine Berücksichtigung finden, werden als Gegenvorstellungen der Spitzenorganisationen in einem Zusatz zur Begründung des Regelungsentwurfs aufgeführt und so dem Gesetz- oder Verordnungsgeber zur Kenntnis gebracht." (BMI 2009, 51)

Neben diesen rechtlich institutionalisierten Optionen der Einflussnahme in der frühen Phase der Gesetzesvorbereitung verfügen die Dachverbände faktisch über weitergehende, informelle Möglichkeiten bzw. Gelegenhei-

---

3   § 118 Bundesbeamtengesetz (BBG) besagt zur „Beamtenvertretung": „Die Spitzenorganisationen der zuständigen Gewerkschaften sind bei der Vorbereitung allgemeiner Regelungen der beamtenrechtlichen Verhältnisse zu beteiligen." In den Landesbeamtengesetzen finden sich entsprechende Regelungen. Ähnliche Vorgaben machte das Beamtenrechtsrahmengesetz (BRRG), welches nach der Föderalismusreform I (vgl. Kap. 6.2) weitestgehend durch das Beamtenstatusgesetz (BeamtStG) abgelöst wurde. Letzteres besagt (§ 53) zur „Beteiligung der Spitzenorganisationen": „Bei der Vorbereitung gesetzlicher Regelungen der beamtenrechtlichen Verhältnisse durch die obersten Landesbehörden sind die Spitzenorganisationen der zuständigen Gewerkschaften und Berufsverbände zu beteiligen. Das Beteiligungsverfahren kann auch durch Vereinbarung ausgestaltet werden."

Tab. 17: Beamtenrechtliche Beteiligung im Vergleich

Tatbestandsmerkmal	Kernpunkt der BMI/DGB-Vereinbarung
Beginn der Beteiligung	Referentenentwürfe werden Spitzenorganisationen zum Zeitpunkt der förmlichen Zuleitung an die Bundesressorts übersandt.
Intensität der Beteiligung	Dienstherren und Spitzenorganisationen wirken auf der Basis gegenseitigen Vertrauens zusammen, um mit dem Ziel der Einigung sachgerechte Lösungen zu erreichen.
Frist zur Stellungnahme	Die Dauer der Einlassungsfristen wird vereinbart. Falls eine Einigung nicht zustandekommt, beträgt sie im Regelfall sechs Wochen.
Beteiligungsgespräche	Unter Beachtung der Einlassungsfrist findet ein Beteiligungsgespräch statt. Hierauf kann nur im Einvernehmen mit den Spitzenorganisationen verzichtet werden. Bei Angelegenheiten von herausragender Bedeutung wird das Beteiligungsgespräch vom Minister oder Staatssekretär geleitet. Zeit und Ort des Beteiligungsgesprächs sind einvernehmlich festzulegen.
Spitzengespräche	Die Spitzenorganisationen und das Bundesministerium des Innern vereinbaren in der Regel zweimal im Jahr Spitzengespräche über allgemeine und grundsätzliche Fragen der Dienstrechtspolitik. Die Spitzengespräche können von den Spitzenorganisationen sowohl getrennt als auch gemeinsam geführt werden. Die Spitzengespräche werden vom Minister oder vom Staatssekretär geleitet.
Gespräche auf Fachebene	(...) finden mindestens einmal im Jahr statt. Bei gewerkschaftlichen Initiativen können auf Wunsch der Spitzenorganisationen Einzelgespräche stattfinden. Soweit erforderlich zieht das BMI Vertreter anderer Ressorts zu diesen Fachgesprächen hinzu.
Initiativen der Spitzenorganisationen	Die Spitzenorganisationen können Vorschläge zu beamtenrechtlichen Regelungen (Gesetze, Rechtsverordnungen und Verwaltungsvorschriften) vorlegen. Hierzu hat das BMI schriftlich Stellung zu nehmen. Sonstige Vorhaben können verabredet werden.
Nicht berücksichtigte Vorhaben der Spitzenorganisationen	(...) sind in einem Zusatz zur Gesetzesbegründung den gesetzgebenden Körperschaften mitzuteilen und zu erläutern. Dabei können Formulierungsvorschläge der Spitzenorganisationen berücksichtigt werden.
Beteiligung bei der Gegenäußerung der Bundesregierung und bei Bundesratsinitiativen	Der Entwurf der Gegenäußerung ist den Spitzenorganisationen zum Zeitpunkt der Zuleitung an die Bundesressorts zu übersenden. Die Spitzenorganisationen können innerhalb der den Ressorts freigeräumten Fristen Stellung nehmen.

Quelle: DGB-Bundesvorstand 2010, S. 24.

ten der Interessendurchsetzung in der späteren Phase der parlamentarischen Entscheidung; zu dem Interventionsinstrumentarium im Rahmen eines spezifischen Lobbyismus gehören u.a. (Keller 1983; 1993a):

- Kontakte zu einzelnen Parlamentariern;
- Gespräche der Verbandsfunktionäre mit verantwortlichen Spitzenpolitikern;

- Einwirkung in der vorparlamentarischen Phase des Gesetzgebungsverfahrens auf die Ministerialbürokratie, deren Mitglieder ebenfalls Beamte sind (Lokalisierung der Interessen innerhalb der Bürokratie);
- die so genannte Verbeamtung des Bundestages, einschließlich des für die Beamtengesetzgebung federführenden Innenausschusses, d.h. ein hoher Anteil von Angehörigen des ÖD, die sich im Zentrum der politischen Willensbildung befinden;
- Beeinflussung der öffentlichen Meinung durch umfangreiche mittel- und unmittelbare Öffentlichkeitsarbeit und -politik einschließlich einer strategisch angelegten Verrechtlichung der politischen Diskussion;
- sowie die Drohung, die Wahlentscheidungen von Verbandsmitgliedern und damit das Stimmenmaximierungskalkül der Politiker zu beeinflussen.

2. Die formalrechtliche Trennlinie verläuft nicht zwischen Privatwirtschaft und ÖD, sondern innerhalb des ÖD (Keller/Henneberger 1999). Allerdings sind die faktischen Konsequenzen dieser Unterscheidung nicht zu überschätzen. Bis in die 1990er Jahre erfolgten Veränderungen der Arbeitsbedingungen in Tarif- und Beamtenbereich als Prozesse wechselseitiger Angleichung bzw. in Richtung einer gewissen Nivellierung der Dienstverhältnisse (Keller 1993a). Die beiden, auf unterschiedlichen Rechtsgrundlagen basierenden Formen der Regulierung bzw. Interessenvertretung durchdrangen und beeinflussten sich im Laufe der Jahrzehnte wechselseitig. Einerseits übernahm der Gesetzgeber sukzessive wichtige Teile tarifvertraglicher Vereinbarungen in das Beamtenrecht (u.a. Teilzeitbeschäftigung), andererseits setzten die Gewerkschaften die Übernahme beamtenrechtlicher Regelungen in den Tarifbereich durch (u.a. Unkündbarkeit nach 15 Dienstjahren). Die Dienstverhältnisse glichen sich sowohl von ihren materiellen und sozialen Bedingungen als auch von den Tätigkeitsinhalten her an; eine gewisse Nivellierung trat ein (zu Einzelheiten Keller 1983).

Trotz der rechtlichen Unterschiede bestand eine faktisch enge Koppelung zwischen Tarif- und Beamtenbereich.[4] Im Regelfall waren die Tarifverhandlungen abgeschlossen, bevor der Bundestag deren materielle Ergebnisse sowohl zeit- als auch inhaltsgleich in die gesetzlichen Regelungen für die Beamten übernahm. Infolge dieses Quasiautomatismus gab es keine wesentlichen Differenzen in den Veränderungen der Arbeitsbedin-

---

4 § 14 Abs.1 des Bundesbesoldungsgesetzes besagt: „Die Besoldung wird entsprechend der Entwicklung der allgemeinen wirtschaftlichen und finanziellen Verhältnisse und unter Berücksichtigung der mit den Dienstaufgaben verbundenen Verantwortung durch Bundesgesetz regelmäßig angepasst."

gungen der Statusgruppen (z.B. in der Erhöhung der Entgelte oder der Verkürzung der Wochenarbeitszeiten) bzw. keine Verschlechterungen zu Lasten einer Gruppe; die politisch präferierte „Einheitlichkeit der Arbeits- und Beschäftigungsbedingungen im ÖD" blieb gewahrt.

Diese langfristig zu beobachtende Entwicklung war wegen der formalen Unabhängigkeit beider Bereiche, insbesondere der fehlenden Streikoption der Beamten, nicht selbstverständlich. Die beiden Dachverbände waren offensichtlich in der Lage, nicht nur ihre rechtlich garantierten Anhörungs- und Beteiligungsrechte in der Phase der Gesetzesvorbereitung zu nutzen, sondern konnten auch ihre darüber hinausgehenden, informellen Instrumente der Einflussnahme bzw. Interessendurchsetzung in der Phase der parlamentarischen Entscheidung erfolgreich einsetzen. Diese Handlungsoptionen standen, wenn man sie vom Ergebnis analysiert, denen des Tarifbereichs mit seinem im Grundgesetz garantierten Streikrecht nicht nach und stellten phasenweise ein funktionales Äquivalent zu Kollektivverhandlungen dar.

M.a.W.: Das nach herrschender Rechtsprechung und Rechtslehre bestehende Kollektivverhandlungs- und Streikverbot wirkte sich kaum negativ auf die Interessenvertretung der Beamten aus, die ihre strategischen Spielräume nutzten (Keller 1983; 1993a). Diese tatsächlichen Einflussmöglichkeiten über politische Mittel wie Lobbying durch Interessenverbände, also durch die Beeinflussung der Entscheidungen politischer Akteure, gingen über die gesetzlich garantierten hinaus. Anders formuliert: Die Dachverbände der Beamten mussten nicht nur auf ihre wirtschaftlichen, rechtlichen und politischen Umwelten bzw. deren Veränderungen reagieren, sondern konnten diese durchaus aktiv und in ihrem Sinne erfolgreich beeinflussen. Das Verhältnis von Verbänden und Umwelt war durchaus eines wechselseitiger Beeinflussung und Abhängigkeit.

Die beiden Formen der Regulierung führten trotz unterschiedlicher Rechtsgrundlage also zu sehr ähnlichen Ergebnissen, wobei der dominierende Einfluss – bei wenigen Ausnahmen – vom Tarifbereich ausgeht. Die Richtung dieser Koppelung war nicht verwunderlich, da die Gewerkschaften über das kollektive Druckmittel des Streiks verfügten. Die Initiativfunktion der Tarifpolitik zeigte sich auch in der zeitlichen Abfolge: Der Bundestag beschloss Verbesserungen der Besoldung und anderen Arbeitsbedingungen regelmäßig nach Abschluss der Tarifverhandlungen. Diese weitgehende Integration infolge der hochgradigen Zentralisierung ist der Grund für die Tatsache, dass in Deutschland weniger Untersuchungen über die Beschäftigungsbedingungen einzelner Gruppen vorliegen als dies bei dezentralisierten Strukturen, etwa in den angelsächsischen Ländern, der Fall ist.

■ 6.2 Aktuelle Entwicklungen

1. Die über mehrere Jahrzehnte enge faktische Koppelung von Tarif- und Gesetzesbereich löst sich seit den frühen 1990er Jahren unter den veränderten Rahmenbedingungen allmählich auf. Gründe sind u.a.: andauernde Finanzkrise bzw. notwendige Konsolidierungsanstrengungen infolge wachsender Defizite aller öffentlichen Haushalte, Einhaltung der strikten Konvergenzkriterien der Wirtschafts- und Währungsunion, insbesondere der Begrenzung der Neuverschuldung auf drei Prozent des Bruttosozialprodukts, vehemente Forderungen nach Fortsetzung der eingeleiteten Flexibilisierung und Deregulierung.

Die Arbeitgeber(-verbände) versuchen zunächst, das ehemals etablierte Muster eines ÖD-spezifischen „pattern setting" und „pattern following" bzw. einer Gleichbehandlung von Tarif- und Besoldungsbereich nach und nach aufzuweichen. Seit den frühen 2000er Jahren sind sie sogar bestrebt, das Muster der hochgradigen Integration umzudrehen, indem sie – vor allem unter wiederholtem Verweis auf die größere Arbeitsplatzsicherheit bzw. Beschäftigungsgarantie im ÖD – in zunehmender Intensität von ihrer einseitigen, rechtlich abgesicherten Regelungskompetenz im Beamtenbereich Gebrauch machen. Deren unmittelbarer Einfluss ist durchaus beachtlich, da, wie bereits skizziert (vgl. Kap. 2), der Anteil der Beamten an allen im ÖD Beschäftigten über ein Drittel beträgt.

Diese Vorgehensweise, die insgesamt zu früher nicht vorhandenen Unterschieden der gruppenspezifischen Arbeitsbedingungen führen, besteht aus mehreren Schritten, deren Abfolge nicht unbedingt Resultat strategischer Planung ist:

- Zunächst entkoppeln die Arbeitgeber die vormals inhalts- und zeitgleich stattfindenden Änderungen, indem sie die im Tarifbereich vereinbarten Veränderungen für die Beamten später in Kraft setzen (u.a. Verzögerung von Besoldungserhöhungen durch Einführung so genannter Nullmonate) oder Modifikationen für alle oder für bestimmte Besoldungsgruppen (vor allem den höheren Dienst) nicht oder zumindest nicht in vollem Umfang übernehmen.
- Dann schaffen sie mit Hilfe ihrer unilateralen Regelungsgewalt schnell und rechtlich unproblematisch neue Fakten bei den Arbeitsbedingungen der Beamten (vor allem durch Verlängerung der regelmäßigen Wochenarbeitszeiten von 38,5 auf mindestens 40, in einigen Ländern bis zu 42 Stunden sowie durch Kürzung oder vollständige Streichung von Sonderzahlungen wie Weihnachts- und Urlaubsgeld) (zu Einzelheiten DBB und Tarifunion 2009).

– Anschließend versuchen sie, unter Betonung einer nunmehr unbedingt gebotenen „Gleichbehandlung aller öffentliche Bediensteten" bzw. „Nichtbenachteiligung unter den Statusgruppen" diese einseitig verfügten Änderungen der Arbeitsbedingungen der Beamten auch in den Tarifverhandlungen durchzusetzen. Die Realisierung dieser weit reichenden Pläne erweist sich als schwierig, da sie – im Gegensatz zur unilateralen Regelungskompetenz im Beamtenbereich – die explizite, nur schwierig zu erreichende Zustimmung der Gewerkschaften erfordert (zu Einzelheiten Keller 2006; 2007). Insofern stoßen derartige Pläne an Grenzen ihrer Realisierung, was aber nicht notwendigerweise eine vollständige Rückkehr zum status quo ante bedeutet.

Diese durchgesetzten Veränderungen zielen in Anbetracht der andauernden Finanzkrise sowohl auf zeitliche als auch auf monetäre Flexibilisierung und erzielen im Rahmen der allgemeinen Haushaltskonsolidierung und -sanierung Einsparungen bei den Personalausgaben. Die Arbeitgeber verschieben das stets prekäre Machtgleichgewicht am Arbeitsmarkt bzw. in den Arbeitsbeziehungen zuungunsten der Interessenverbände, die nicht mehr in der Lage sind, eine Ungleichbehandlung von Tarif- und Besoldungsbereich und dadurch auftretende Unterschiede in den Arbeits- und Lebensbedingungen der Beschäftigten zu verhindern. Seit Mitte der 1990er Jahre verschlechtert sich die Verteilungsposition des ÖD im Vergleich zur Privatwirtschaft, die durchschnittlichen Zuwächse der Entgelte sind geringer (WSI-Tarifarchiv 2009).

Die Arbeitsbeziehungen verändern sich möglicherweise von weitgehender Konsens-, Vertrauens- und Kooperations- in Richtung auf stärkere Konfrontations-, Macht- und Konfliktorientierung. Die Verfahrensweisen einer „joint regulation" sowie einer allgemein anerkannten Machtbalance sind nicht mehr die Priorität aller Akteure. Politische Kosten im Sinne der Neuen Politischen Ökonomie, u.a. in Form von Stimmentzug bei den folgenden Wahlen, sind für die Arbeitgeber im Gegensatz zu früheren Phasen kaum zu befürchten, da die Mehrzahl der Wähler nicht im ÖD beschäftigt ist, ihre Wahlentscheidung an anderen Parametern orientiert oder aus Kosten- bzw. Steuergründen sogar einen kleineren ÖD präferiert.

2. Das Beamtenrecht und damit die Arbeitsbeziehungen des Beamtenbereichs waren in den ersten Jahrzehnten der Bundesrepublik ausgeprägt föderalistisch gestaltet. Die Kompetenzen der Gesetzgebung waren zwischen den Gebietskörperschaften aufgeteilt: Der Bundestag war für die Beamten des Bundes zuständig, die Länderparlamente für die Beamten der Länder und Kommunen (Keller 1983).

In den späten 1960er/frühen 1970er Jahren erfolgte in mehreren Schritten eine Vereinheitlichung und Harmonisierung der Kompetenzen bzw. deren Zentralisierung beim Bund (zu Einzelheiten Keller 1990). Diese Änderung (Art. 74a GG) erfolgte auf vehementes Betreiben der Arbeitgeber des Bundes sowie der Länder und gegen die ursprünglichen Bedenken der Gewerkschaften, die eine Einengung ihrer Handlungsspielräume befürchteten. Das Ziel der Reform bestand in der Eliminierung bestehender Unterschiede bei Besoldung und übrigen Arbeitsbedingungen sowie in der Verhinderung aufgetretener Konkurrenz zwischen öffentlichen Arbeitgebern sowie der Abwanderung von Arbeitnehmern (u.a. von Lehrern).

In den folgenden Jahrzehnten erfolgte die Regelung der Arbeitsbedingungen aller Beamten durch den Bund, der durch die ihm übertragene Kompetenz zur Rahmengesetzgebung verbindliche Vorgaben bzw. Leitlinien auch für die Gesetzgebung der Länder formulierte und damit vergleichbare (Mindest-)Standards für sämtliche beamtenrechtliche Vorschriften setzte. Die Konsequenz dieser Änderung der Rahmenbedingungen waren bundesweit vereinheitlichte Regelungen für alle Beamten (u.a. bei Besoldung und Arbeitszeiten) und eine weitgehende Aufhebung der vorher bestehenden Unterschiede sowie der Konkurrenz zwischen öffentlichen Arbeitgebern.

Die 2006 in Kraft getretene Reform der bundesstaatlichen Ordnung (Föderalismusreform I), welche die umfassendste Verfassungsreform in der Geschichte der Bundesrepublik bedeutet, intendierte eine Neuverteilung der Zuständigkeiten bzw. Aufgaben zwischen Bund und Ländern mit dem Ziel einer Effizienzsteigerung. Dieses komplexe politische Projekt der Regierung der großen Koalition hat erhebliche Konsequenzen auch für das Beamtenrecht und damit die Arbeitsbeziehungen des ÖD: Die vormals mühsam erreichte Vereinheitlichung von Regelungen wird – abermals auf heftiges Drängen der Arbeitgeber – abgeschafft, d.h. wieder dezentralisiert; die Länder erhalten im Rahmen der veränderten, deutlich abgeschwächten konkurrierenden Gesetzgebung die weitgehend autonome Regelungskompetenz für das Dienstrecht der Beamten von Ländern und Kommunen (vor allem bei Besoldung, Versorgung und Laufbahnrecht)[5] (zu rechtlichen Einzelheiten Pechstein 2006; Battis 2009).

Diesen durch die Föderalismusreform geförderten Trend zur Differenzierung der vormals einheitlich-homogenen Vorgaben leitete bereits das

---

5 Der Bund verfügt nur noch über die konkurrierende Zuständigkeit für „die Statusrechte und -pflichten der Beamten der Länder, Gemeinden und anderen Körperschaften des öffentlichen Rechts sowie der Richter in den Ländern mit Ausnahme der Laufbahnen, Besoldung und Versorgung" (Art. 71 Abs.1 Nr. 27 GG).

2002 in Kraft getretene „Gesetz zur Modernisierung der Besoldungsstruktur" ein (Henneberger/Sudjana 2005, S. 364). Er wird verstärkt im Sinne einer weiter gehenden Regionalisierung bzw. eines stärkeren Auseinanderdriftens der Beschäftigungsbedingungen durch abweichende Regelungen auf Länderebene. Die bis dato durch zentral-einheitliche Gesetzgebung vorgegebenen rechtlich-institutionellen Rahmenbedingungen der Arbeitsbeziehungen werden durch diese Verlagerung auf die Länder deutlich heterogenisiert.

Durch diese politisch motivierte (Re-)Föderalisierung des Beamtenrechts verändern sich die Handlungsalternativen der Verbände bei der Durchsetzung von Forderungen wesentlich: Von größerer Bedeutung für die Interessenvertretung werden die DBB-Landesbünde bzw. DGB-Bezirke, d.h. die Organisationen auf Ebene der Länder, während unter den alten, vereinheitlichten Bedingungen der Rahmenkompetenz des Bundes die Dachverbände DBB und DGB die wichtigsten korporativen Akteure waren.

Diese Strukturveränderungen erfordern den Einsatz von mehr knappen Ressourcen, u.a. in Form von Personal, das durch Umsetzung oder Neurekrutierung bereitgestellt werden muss. Die 2008 revidierte „Richtlinie Beamtenarbeit des DGB" fordert daher:

„Auf Bezirksebene sind Strukturen zu schaffen, die eine effektive beamtenpolitische Vertretung in jedem Bundesland ermöglichen. Der Bezirksvorstand entscheidet über die Struktur, Zusammensetzung und Ausgestaltung der Kommissionen ... Die Kommissionen sind sowohl Arbeits- als auch Beratungsgremium. Bestehende Informations- und Netzwerkstrukturen im DGB und in den Gewerkschaften müssen vorhandene Kompetenzen für alle nutzbar machen und Doppelarbeit vermeiden." (DGB-Bundesvorstand 2010, S. 16)

Die für den Tarifbereich bereits diskutierten Transaktionskosten infolge der Dezentralisierung (vgl. Kap. 5.2) steigen folglich auch im Beamtenbereich. Notwendig werden sowohl beim DBB als auch beim DGB innerverbandlich-organisatorische Anpassungsprozesse zwecks Stärkung der nunmehr dezentral auszurichtenden Beamtenpolitiken sowie die Entwicklung neuer Strategien der Interessenvertretung mit informellen Mitteln. Für beide Dachverbände verschieben sich die Aufgabenstellungen: Sie haben ebenso wie in der Vergangenheit Probleme der Interessenvereinheitlichung und -schlichtung zu lösen, d.h. als Clearingstellen zu fungieren, sowie verstärkt Koordinierungsaufgaben wahrzunehmen, u.a. durch Organisation von Informationsaustausch und Empfehlungen an ihre regionale Untergliederungen auf Länderebene. Sie sind nunmehr vor allem für die notwendige Koordinierung der dezentral auszurichtenden Aktivitäten zuständig. In der bereits zitierten, aktuellen „Richtlinie Beamtenarbeit des DGB" heißt es:

„Der Bereich Öffentlicher Dienst und Beamte der DGB Bundesvorstandsverwaltung koordiniert die Beamtenpolitik der DGB-Bezirke und stellt den Informationsaustausch zwischen dem Bund und den Bezirken sicher." (DGB-Bundesvorstand 2010, 17)

Gleichzeitig stellt sich die in der Vergangenheit kontrovers diskutierte Frage nach der konkreten Ausgestaltung der Anhörungs- bzw. Beteiligungsrechte erneut. Sie wurden bis dato zentral bzw. zentralistisch durch Bundesgesetze geregelt und ausschließlich von den Dachverbänden bzw. Spitzenorganisationen wahrgenommen. Nunmehr können sie auf Landesebene weitgehende Differenzierungen erfahren, u.a. nach parteipolitischer Zusammensetzung der Landesregierung oder Ausprägung der politischen Kultur. Die notwendigen, neu zu schließenden Vereinbarungen können sich von einem Verhandlungsmodell mehr oder weniger weit entfernen; die veränderten, d.h. heterogeneren Handlungsoptionen müssen, wie erwähnt, von den Landesbünden bzw. Bezirken der Dachverbände wahrgenommen werden.

Die Länder können nunmehr im Rahmen ihrer erweiterten Handlungsmöglichkeiten eigenständige Strategien verfolgen und veränderte Regelungen für ihren Zuständigkeitsbereich einführen (u.a. Höhe der Besoldung, vor allem der Jahressonderzahlungen, d.h. Weihnachts- und Urlaubsgeld, Länge der Wochenarbeitszeiten, Staffelung der Dienstalters- bzw. Erfahrungsstufen, aber auch Status- und Laufbahn- und sowie Versorgungsrecht). Diese Vorgaben können nach spezifischen Bedingungen differieren, etwa nach regionalen (Arbeitsmarkt-)Konstellationen für einzelne, „marktnahe" oder „marktferne" Beschäftigtengruppen oder nach den unterschiedlichen finanziellen Bedingungen der Länderhaushalte (u.a. nach West und Ost). Der Wettbewerb um Arbeitnehmer zwischen öffentlichen Arbeitgebern, vor allem zwischen den Ländern unter Einschluss der Stadtstaaten, dürfte nach einer Übergangsfrist bei bestimmten, insbesondere qualifizierten Gruppen zunehmen. Diese Dimension eines Wettbewerbs um Personal innerhalb des ÖD tritt zu der um die Wahrnehmung von Aufgaben zwischen Privatwirtschaft und ÖD (vgl. Kap. 2).

Infolge der erheblich erweiterten Gestaltungsspielräume können nicht nur die spezifischen Arbeits-, sondern in deren Folge auch die allgemeinen Lebensbedingungen der Beschäftigten der Länder stärker als in der Vergangenheit differieren, als der sozialstaatliche Anspruch der Schaffung und des Erhalts „einheitlicher Lebensverhältnisse" galt; sowohl vorhandene regionale Disparitäten (zu ersten empirischen Anhaltspunkten Kammradt 2009) als auch Unterschiede zwischen Gruppen von Beschäftigten können zunehmen. Diese (Re-)Föderalisierung im Rahmen eines „Wettbewerbsföderalismus" ist also zu verstehen als ein Schritt zur weiteren, vor allem vertikalen Segmentation der Arbeitsmärkte des ÖD (vgl. Kap. 2).

Die langfristigen Folgen dieser politisch gewollten Veränderungen der rechtlichen Umweltbedingungen (etwa in Bezug auf die Höhe der Entgelte oder deren unterschiedliche Veränderung im Sinne stärkerer Differenzierung bzw. monetärer Flexibilisierung) sind ungewiss; sie hängen ab vom Ausmaß der tatsächlichen Nutzung der eröffneten Gestaltungsoptionen: Einzelne Länder (etwa die so genannten Nordländer) wollen auf freiwilliger Basis kooperieren und gemeinsame, für alle Beteiligten verbindliche Regelungen treffen, die informell auf andere Länder ausstrahlen können. Oder einzelne, vor allem größere Länder (wie Bayern oder Baden-Württemberg) können Alleingänge unternehmen und tatsächlich in Konkurrenz um Arbeitnehmer mit knappen, in Zukunft häufig nachgefragten Qualifikationen (u.a. Lehrer oder IT-Experten) treten, indem sie Bewerbern günstigere Arbeitsbedingungen offerieren (etwa die Verbeamtung oder ein höheres Einkommen durch verbesserte Einstufung).

Weiterhin kann eine zukünftige Kooperation zwischen Ländern in einzelnen Politikfeldern in unterschiedlichem Maße erfolgen: Sie kann sich etwa auf die Ausgestaltung einer einheitlichen Dienstrechtsreform erstrecken, aber nicht, wie soeben diskutiert, auf die Arbeitsbedingungen (vor allem die Besoldung) im engeren Sinne, bei denen durchaus Wettbewerbskalküle dominieren können.

Falls nach einer Übergangsphase freiwillige, stabile und kooperative Beziehungen zwischen den nunmehr formalrechtlich unabhängigen Ländern – oder zumindest einer qualifizierten Mehrheit von Ländern – nicht zustande kommen, sind die langfristigen Konsequenzen dieser (beamten-)spezifischen Variante von Dezentralisierung der Kompetenzen von der Bundes- auf die Länderebene sogar weit reichender als die im Tarifbereich, die wir bereits behandelt haben (vgl. Kap. 5.2 und 5.3).

Eine grundlegende, (in etwa bundes-)einheitliche Strukturreform bzw. Modernisierung des Beamtenrechts, die in den 1990er Jahren stets hohe politische Priorität hatte (Keller 1999), wird in Anbetracht der erneuten Rechtszersplitterung infolge der Föderalisierung des Beamtenrechts schwieriger, wenn nicht unmöglich – von der Einführung eines vereinheitlichten, einigermaßen kohärenten Dienstrechts für alle Statusgruppen bzw. im ÖD Beschäftigten (zu einigen aktuellen Vorschlägen Bull 2006) ganz zu schweigen. Anders formuliert: Die erfolgte Dezentralisierung widerspricht allen früheren Absichten und Plänen einer Standardisierung.

Im Übrigen war im internationalen Vergleich die Zentralisierung der Kompetenzen beim Bund in Anbetracht des strikt föderalen Aufbaus der Bundesrepublik erstaunlich (zu gegenteiligen Strukturen in Kanada Thompson (2001) und Rose (2004, S. 271), in den USA Brock (2001, S. 97), in Australien Lansbury/Mcdonald 2001) – und nicht die Rückkehr zum status quo ante nicht einheitlich-zentraler Regelungen. In komparativer Perspektive ist der ÖD der Bundesrepublik in Hinsicht auf den Grad seiner Heterogenisierung bzw. Föderalisierung der Arbeitsbeziehungen eher ein Nachzügler (OECD 1997). Die Trends zur Dezentralisierung der Regelungsebene im Beamtenbereich sind sektorspezifische Varianten einer generellen Entwicklung. Sie sind aufgrund ihres vergleichsweise späten Beginns weniger weit fortgeschritten als in anderen föderalistisch organisierten Ländern.

7. Schluss

In den 2000er Jahren ergeben sich die im Einzelnen analysierten Tendenzen einer gewissen „Konvergenz" zwischen Privatwirtschaft und ÖD; ihre Bestimmungsgründe sind u.a. die kontrollierte Dezentralisierung der früher hochgradig zentralisierten Kollektivverhandlungen (vgl. Kap. 5) sowie ähnlich wirkende Entwicklungen im Beamtenbereich infolge der Re-Föderalisierung des Beamtenrechts (vgl. Kap. 6). Diese Prozesse des Wandels der Arbeitsbeziehungen vollziehen sich jedoch unter Bewahrung der rechtlich-institutionellen und faktischen Eigenständigkeit des ÖD; von einer „Harmonisierung" der Sektoren kann insofern keine Rede sein. Bei besonderer Berücksichtigung des ÖD gehört die Bundesrepublik nach wie vor zu den „coordinated market economies" und tendiert nicht zu den „liberal market economies" (Hall/Soskice 2001).

Insgesamt handelt es sich im ÖD nicht (mehr) um nur inkrementalen Wandel bzw. geringfügige Veränderungen der ehemals homogenen Verfahren – oder auch der Institutionen – der Interessenvertretung. Es sind vielmehr verschiedenartige, intern wie extern induzierte Prozesse einer grundlegenden Transformation in Richtung auf eine heterogene Gestaltung der vormals recht homogenen Arbeitsbeziehungen und Arbeitsmärkte. Die Konsequenzen nicht nur für die Arbeits-, sondern auch für die Lebensbedingungen der Beschäftigten sind inzwischen deutlich, der Umfang der Ungleichheit zwischen Status- bzw. Beschäftigtengruppen nimmt zu. – Insofern bedeuten die recht heterogenen Veränderungen in Zeiten und unter den Vorzeichen von Liberalisierungs- und Privatisierungsmaßnahmen „the end of an era" (Dribbusch/Schulten 2007, S. 155); die bis in die frühen 1990er Jahren zutreffende Diagnose weitgehender Stabilität bzw. von „Kontinuität statt Wandel" (Keller 1993b) gilt nicht mehr.

Der ÖD ist längst nicht mehr der „Modell"-Arbeitgeber, als der er mehrere Jahrzehnte galt; er hat seine Vorbildfunktion für die Privatwirtschaft und die Verfassung des Gesamtarbeitsmarktes („employer of last resort") längst aufgegeben.

„The state set an example to the private sector by endorsing principles of fairness, involvement and equity in its treatment of the workforce ... These principles were associated with the encouragement of trade union membership, support for centralised systems of collective bargaining and other forms of workforce participation. The main outcomes were relatively consensual employment relations and high levels of job security." (Bach et al. 2009, S. 309)

Zum einen hat der Abbau der Beschäftigung seit den frühen 1990er Jahren einen im internationalen Vergleich ungewöhnlich großen Umfang. Zum andern steigt deutlich der Anteil der atypischen, vor allem der Teilzeit- und der befristeten Beschäftigten, an allen Arbeitnehmern. Dadurch verschärft sich die bereits vorhandene, dauerhafte Spaltung des Arbeitsmarktes in stabile und instabile Segmente (Henneberger 1997; 2004). Erstere nehmen ab, letztere zu, individuelle Übergänge werden schwieriger. Die Arbeitgeber nutzen in ihren Management- und Personalpolitiken ihre durch Deregulierungs- und Flexibilisierungsmaßnahmen erweiterten Dispositionsmöglichkeiten auch tatsächlich.

Sowohl die Strukturen der Kollektivverhandlungen für die Tarifbediensteten als auch die Formen der Interessenvertretung für die Beamten befinden sich in Prozessen einer kumulativen Reorganisation. In organisationstheoretischer Perspektive handelt es sich eher um Prozesse eines „muddling through" und taktischen Manövrierens unter den Bedingungen zunehmender (Umwelt-)Unsicherheiten als um Resultate langfristig geplanter, strategischer Aktionen oder kohärentes politisches Design. Insgesamt erfolgt ein allmählicher Wechsel von traditionellem, sozialpartnerschaftlichem Konsens und Kooperation zur mehr Konfrontation und Konflikt zwischen den Arbeitsmarktparteien.

Die Parameter von Aktion und Reaktion verschieben sich auch im ÖD: Während früher stets die Gewerkschaften und Interessenverbände Forderungen stellten bzw. Verbesserungen der Arbeitsbedingungen, vor allem der Entgelte und Arbeitszeiten, erreichen konnten, ergreifen in den 2000er Jahren die Arbeitgeber und ihre Verbände die Initiative und setzen sukzessive Veränderungen in die entgegen gesetzte Richtung durch. Das stets labile Kräfteverhältnis bzw. Machtgleichgewicht zwischen den „labor market institutions" verschiebt sich zu Lasten der Arbeitnehmervertretungen; Marktmechanismen bzw. -kräfte (einschl. umfangreiche Privatisierungs- und Flexibilisierungsmaßnahmen) gewinnen größere Bedeutung in einem veränderten „institutional design". Die Transaktionskosten nehmen vor allem für die Gewerkschaften und Interessenverbände zu.

Zunehmender Druck infolge der sich verschlechternden finanziellen Rahmenbedingungen aller öffentlichen Haushalte, vor allem der notwendigen Haushaltskonsolidierung auf kommunaler Ebene, ist ein wichtigeres Motiv des aktuellen Handelns als prinzipielle politische Überzeugungen neo-liberaler oder neo-konservativer Provenienz, die in den angelsächsischen Ländern eine größere Rolle spielen; der von ihren Protagonisten ursprünglich hoch eingeschätzte Einfluss von NPM-Konzepten bleibt faktisch-empirisch durchaus begrenzt. Die öffentlichen Arbeitgeber sind Initiatoren und „driving forces" der nicht strikt koordinierten Veränderungen im Rahmen von Modernisierungs- und Restrukturierungsmaßnahmen einzelner Bereiche des ÖD; sie agieren in zunehmendem Maße wie private, indem sie Kostenkalküle ins Zentrum ihrer Strategien rücken und die Vorteile ausnutzen, über die sie infolge der allgemeinen Arbeitsmarktsituation verfügen.

In organisationstheoretischer Perspektive gilt zusammenfassend: Die korporativen Akteure stehen vor beträchtlichen organisatorischen Anpassungsproblemen. Auf Seiten der Arbeitgeber zerfiel die jahrzehntelang bestehende Verhandlungsgemeinschaft, die einheitliche Abschlüsse für alle Tarifbediensteten garantierte. Auf Seiten der Arbeitnehmer erschwert die nach wie vor gegebene Zersplitterung („multi unionism" bzw. Koalitionspluralismus) die notwendige Aggregation und Vereinheitlichung von Interessen; zudem setzen in mehreren privatisierten Infrastrukturbereichen kleine (Berufs-)Verbände in den 2000er Jahren eigenständige Tarifverträge durch (u.a. in Krankenhäusern und bei der Bahn). Im Rahmen der Trends zur Dezentralisierung können sich Einflussmöglichkeiten und Machtgleichgewichte zwischen zentralen und Dienststellenebene verschieben. – Diese Entwicklungen einer partiellen Desintegration haben erheblichen Einfluss auf die Strategien der Akteure und die Durchsetzungsfähigkeit ihrer Interessen.

Die skizzierten Veränderungen der ehemals recht homogenen Arbeitsbeziehungen führen zu sowohl vertikaler als auch horizontaler Heterogenisierung sowie zu kontrollierter Dezentralisierung, die sowohl den Tarif- als auch den Beamtenbereich treffen. Die Einschätzung des Umfangs bzw. der Bedeutung dieser prozeduralen und substantiellen Modifikationen hängt vom gewählten Referenzpunkt ab:

– Im Vergleich zu den bis weit in die 1990er Jahre auf nationaler Ebene vorhandenen Strukturen und dominierenden Verfahren sind sie durchaus erheblich und weit reichend. Dennoch kann von einer „Fragmentierung" oder „Erosion" der Arbeitsbeziehungen, wie sie in verschiedenen Branchen der Privatwirtschaft zu konstatieren sind, definitiv nicht die Rede sein. Die Verfahren der „joint regulation" dominieren weiterhin, verändern sich aber deutlich; gleichwohl sind die tariflichen Deckungsraten nach wie vor überdurchschnittlich hoch, eine so genannte stille Tarifflucht findet nicht statt.
– Im Vergleich zu Entwicklungen in einer Reihe anderer EU- (Bach et al. 1999) oder größerer OECD-Mitgliedsländer (Dell'Aringa et al. 2001) hingegen bleiben die Modifikationen nach wie vor begrenzt. In dieser international-komparativen Perspektive sind sie nicht einmal sonderlich überraschend: In vergleichbaren, vor allem föderalistisch

organisierten Ländern begannen ähnliche Entwicklungen (u.a. der Dezentralisierung nach Verhandlungsebenen, Status oder Funktionen einzelner Beschäftigtengruppen) früher und sind weiter fortgeschritten.

In Anbetracht des strikt föderalen Staatsaufbaus war die mehrere Jahrzehnte dominierende Zentralisierung der Kompetenzen für den Beamtenbereich beim Bund erstaunlich – und nicht die durch die Föderalismusreform I verursachte aktuelle Entwicklung einer Rückkehr zum status quo ante nicht-einheitlicher Regelungen. Auch der ursprünglich hohe Zentralisierungsgrad des collective-bargaining-Systems war im internationalen Vergleich ungewöhnlich und durchaus bemerkenswert (Bordogna/Winchester 2001, S. 48). – M.a.W.: In international-komparativer Perspektive steht der ÖD der Bundesrepublik vor ähnlichen Problemen wie der „public sector" in anderen Ländern (Beaumont 1996). Er war hinsichtlich des Grades seiner Heterogenisierung eher ein Nachzügler (OECD 1997) und entwickelt sich in den 2000er Jahren vom Ausnahme- zum Regelfall.

Last but not least: Das nur langfristig zu lösende Grundsatzproblem der „public policy agenda" lässt sich unabhängig von Verlauf und Ergebnis einzelner Tarif- und Besoldungsrunden in folgenden Fragen zusammenfassen, die öffentlich zu diskutieren und politisch zu entscheiden wären: Welchen ÖD sowohl in quantitativer wie auch in qualitativer Hinsicht wollen in Zukunft die Bürgerinnen und Bürger, mit welchen konkreten Dienstleistungsangeboten auch in bestimmten, derzeit unzureichend ausgestatteten Aufgabenbereichen weit jenseits der „klassischen" Hoheitsverwaltung (u.a. Kindergärten und Kindertagesstätten, Schulen und Hochschulen, Krankenhäuser und Altenheime)?

Eine Realisierung dieser Vorstellungen im Rahmen einer „mixed economy" würde zusätzliche Ressourcen erfordern – nicht nur in finanzieller Hinsicht für die materielle Ausstattung sondern auch in Form von mehr und besser qualifiziertem Personal. Wie viele Beschäftigte – zu welchen Entgelten und damit zu welchem Preis – sind zur Erstellung einer politisch mehrheitsfähigen Dienstleistungspalette notwendig? Die ständigen, recht einseitig betriebswirtschaftlich orientierten Wiederholungen der Forderungen nach weiteren Kürzungen und zusätzlichen Einsparungen bei Kosten und Personal gefährden mittel- und langfristig die Leistungs- und Handlungsfähigkeit des ÖD – und damit letztlich auch die Funktionsfähigkeit privatwirtschaftlicher Aktivitäten; sie stellen kein nachhaltig wirksames, politisches Konzept zu dessen Aus- bzw. Umbau, zu Gestaltung und Sicherung seines Zukunftsfähigkeit dar.

Die Notwendigkeit, die Folgelasten der globalen Finanzmarkt- und Wirtschaftskrise zu bewältigen, sowie die im Grundgesetz festgeschriebene gemeinsame Schuldenregel für Bund und Länder zwecks Konsolidierung der öffentlichen Haushalte (Art. 109 Abs. 3) erschweren die notwendige politische Auseinandersetzung über qualitative Problemlagen der Funktions- und Leistungsfähigkeit; eine allmähliche Umschichtung zwischen Bereichen der öffentlichen Aufgaben (z.B. aus dem Verteidigungsbereich) dürfte bei geringen bzw. nicht-vorhandenen Verteilungsspielräumen eher möglich sein als ein Ausbau. Weitere Kürzungen im ÖD können sich sowohl auf die Zahl als auch die Einkommen der Beschäftigten beziehen (BMF 2010); sie können mittel- und langfristig wegen der – im Gegensatz zur Privatwirtschaft – direkten Zugriffsmöglichkeiten der staatlichen Entscheidungsträger auf die zentralen Handlungsparameter, vor allem im Beamtenbereich, einmal mehr als kurzfristig probates, gleichwohl recht traditionelles Mittel zur Konsolidierung der Staatsfinanzen dienen ...

Literatur

Addison, J. T./Bellmann, L./Schnabel, C. /Wagner, J. (2002): German Works Councils Old and New: Incidence, Coverage and Determinants, IZA Discussion Paper 495. Bonn

Ahlers, E. (2004): Beschäftigungskrise im öffentlichen Dienst? In: WSI-Mitteilungen, Jg. 57/Heft 2, S. 78–83

Alemann, U.v./Schmid, J. (Hg.) (1998): Die Gewerkschaft ÖTV. Reformen im Dickicht gewerkschaftlicher Organisationspolitik. Baden-Baden

Altvater, L./Bacher, E./Hörter, G./Sabottig, G./Schneider, W./Vohs, G. (2008): Bundespersonalvertretungsgesetz mit Wahlordnung und ergänzenden Vorschriften. Kommentar für die Praxis mit vergleichenden Anmerkungen zu den Landespersonalvertretungsgesetzen (6. überarb. u. aktual. Aufl.). Frankfurt/M.

Altvater, L./Peiseler, M. (2009): Bundespersonalvertretungsgesetz. Basis-Kommentar mit Wahlordnung und ergänzenden Vorschriften für Gerichte, Bahn, Post, Bundeswehr und NATO (5. überarb. u. erw. Aufl.). Frankfurt/M.

Artus, I. (2001): Krise des deutschen Tarifsystems. Die Erosion des Flächentarifvertrags in Ost und West. Wiesbaden

Atzmüller, R./Hermann, C. (2004): Veränderung öffentlicher Beschäftigung im Prozess der Liberalisierung und Privatisierung. Rekommodifizierung von Arbeit und Herausbildung eines neoliberalen Arbeitsregimes. In: Österreichische Zeitschrift für Soziologie, Jg. 29/Heft 1, S. 30–48

Auer, A./Demmke, C./Polet, R. (1996): Civil services in the Europe of fifteen: Current situation and prospects. Maastricht

Autorengemeinschaft Paderborn (1985): Der Staat als Arbeitgeber. In: Buttler, F./ Kühl, J./Rahmann, B. (Hg.): Staat und Beschäftigung. Angebots- und Nachfragepolitik in Theorie und Praxis. Nürnberg, S. 399–444

Bach, S. (2010): Public sector industrial relations: The challenge of modernization. In: Colling, T./Terry, M. (Hg.): Industrial relations. Theory and practice (3rd ed.). Chichester, S. 151–177

Bach, S./Bordogna, L./Della Rocca, G./Winchester, D. (Hg.) (1999): Public service employment relations in Europe. Transformation, modernization or inertia. London

Bach, S./Kessler, I. (2007): HRM and the new public management. In: Boxall, P./ Purcell, J./Wright, P. (Hg.): The Oxford handbook of human resource management. Oxford, S. 469–488

Bach, S./Kolins Givan, R./Forth, J. (2009): The public sector in transition. In: Brown, W./Bryson, A./Forth, J./Whitfield, K. (eds.): The evolution of the modern workplace. Cambridge; New York, S. 307–331

Bach, S./Winchester, D. (2004): Industrial relations in the public sector. In: Edwards, P. (Hg.): Industrial relations (2nd ed.). Oxford, S. 285–312

Bahnmüller, R./Schmidt, W. (2009): Riskante Modernisierung des Tarifsystems. Die Reform des Entgeltrahmenabkommens in der Metall- und Elektroindustrie Baden-Württembergs. Berlin

Bamber, G./Lansbury, R./Wailes, N. (eds.) (2010): International and comparative employment relations. A study of industrialised market economies (5th ed.). Sydney, Singapore

Battis, U. (1986): Möglichkeiten und Grenzen der Teilzeitbeschäftigung von Beamten. Krefeld

Battis, U. (2009): Stand und Weiterentwicklung des deutschen öffentlichen Dienstes. In: der moderne staat – Zeitschrift für Public Policy, Recht und Management, Jg. 2/Heft 1, S. 93–107

Beaumont, P. (1996): Public sector industrial relations in Europe. In: Belman D./Gunderson, M./Hyatt, D. (eds.): Public sector employment in a time of transition. Madison, S. 283–307

Beaumont, P./Harris, R. (1998): Trends in public sector union membership. In: European Industrial Relations Review 293, S. 21–23

Bednarz-Braun, I./Bruhns, K. (1997): Personalpolitik und Frauenförderung im öffentlichen Dienst. Gleichberechtigungsgesetz zwischen Anspruch und Wirklichkeit. München

Beese, B. (2006): New collective agreement for public sector (Internet: http://www.eiro.eurofound.ie/2006/06/articles/de0606029i.html; zuletzt aufgesucht am 26.02.2010)

Behrens, M. (2003): Public sector employers' bargaining association collapses (Internet: http://www.eiro.eurofound.ie/2003/01/feature/DE0301204F.html; zuletzt aufgesucht am 26.02.2010)

Behrens, M./Traxler, F. (2004): Employer organisations in Europe. In: Eiro-observer, comparative supplement, Vol. 2004/No. 3, S. i–viii

Belman, D./Gunderson, M./Hyatt, D. (eds.) (1996): Public sector employment in a time of transition. Madison

Belman, D./Heywood, J. (1996): The structure of compensation in the public sector. In: Belman et al.: Public sector employment in a time of transition. Madison, S. 127–161

Bellmann, L./Fischer, G./Hohendanner, C. (2009): Betriebliche Dynamik und Flexibilität auf dem deutschen Arbeitsmarkt. In: Möller, J./Walwei, U. (Hg): Handbuch Arbeitsmarkt 2009. Bielefeld, S. 359–410

Berger, J. (1980): Die Kommunen als Arbeitgeber. In: Deutscher Städtetag (Hg.): Im Dienst deutscher Städte 1905–1980. Ein kommunales Sachbuch zum 75jährigen Jubiläum. Stuttgart, S. 217–222

Bewley, H. (2006): Raising the standard? The regulation of employment, and public sector employment policy. In: British Journal of Industrial Relations, Vol. 44/No. 2, S. 351–372

Bispinck, R. (2006a): Tarifpolitischer Halbjahresbericht. Eine Zwischenbilanz der Lohn- und Gehaltsrunde 2006. In: WSI-Mitteilungen, Jg. 59/Heft 7, S. 359–364

Bispinck, R. (2006b): Mehr als ein Streik um 18 Minuten – Die Tarifauseinandersetzung im öffentlichen Dienst 2006. In: WSI-Mitteilungen, Jg. 59/Heft 7, S. 374–381

Bispinck, R./Schulten, T. (2003): Verbetrieblichung der Tarifpolitik? Aktuelle Tendenzen und Einschätzungen aus Sicht von Betriebs- und Personalräte. In: WSI-Mitteilungen, Jg. 56/Heft 3, S. 157–166

Bispinck, R./WSI-Tarifarchiv (2008): WSI-Tarifhandbuch 2008. Frankfurt/M.
Bispinck, R./WSI-Tarifarchiv (2010): WSI-Tarifhandbuch 2010. Frankfurt/M.
Blanke, B./v. Bandemer, St./Nullmeier, F./Wewer, G. (Hg.) (2005): Handbuch zur Verwaltungsreform (3. völlig überarb. u. erw. Aufl.). Wiesbaden
BMF (2010): Nachhaltig sparen – gerecht sparen: Das Zukunftspaket der Bundesregierung. Berlin
BMI (1996): Daten und Schlussfolgerungen zum Entwurf des Versorgungsberichts 1993–2008 mit Ausblick bis 2040. Bonn
BMI (2009): Der öffentliche Dienst des Bundes (Internet: www.bmi.bund.de; zuletzt aufgesucht am 03.09.2010)
Bös, D. (1998): Theoretical perspectives on privatization: Some outstanding issues. In: Parker, D. (Hg.): Privatization in the European Union: Theory and policy perspectives. London, New York, S. 49–69
Bogumil, J. (2003): Ökonomisierung der Verwaltung. Konzepte, Praxis, Auswirkungen und Probleme einer effizienzorientierten Verwaltungsmodernisierung. In: Czada, R./Zintl, R. (Hg.): Politik und Markt. PVS-Sonderheft 34. Wiesbaden, S. 209–231
Bogumil, J./Jann, W. (2009): Verwaltung und Verwaltungswissenschaft in Deutschland. Einführung in die Verwaltungswissenschaft (2.völlig überarb. Aufl.). Wiesbaden
Bordogna, L. (2008a): Industrial relations in the public sector. Dublin
Bordogna, L. (2008b): Moral hazard, transaction costs and the reform of public service employment relations. In: European Journal of Industrial Relations, Vol. 14/No. 4, S. 381–400
Bordogna, L./Winchester, D. (2001): Collective bargaining in Western Europe. In: Dell'Aringa, C./Della Rocca, G./Keller, B. (Hg.): Strategic choices in reforming public service employment. An international handbook. Houndmills; New York, S. 48–70
Brandes, W./Buttler, F. (1990): Der Staat als Arbeitgeber. Daten und Analysen zum öffentlichen Dienst in der Bundesrepublik. Frankfurt/M., New York
Brock, J. (2001): United States public sector employment. In: Dell'Aringa, C./Della Rocca, G./Keller, B. (eds.): Strategic choices in reforming public service employment. An international handbook. Houndmills, New York, S. 97–126
Büchtemann, C. F. (unter Mitarbeit von Höland, A.) (1989): Befristete Arbeitsverträge nach dem Beschäftigungsförderungsgesetz (BeschFG 1985). Ergebnisse einer empirischen Untersuchung im Auftrag des Bundesministers für Arbeit und Sozialordnung. Bonn
Budäus, D. (1994): Public Management. Konzepte und Verfahren zur Modernisierung öffentlicher Verwaltungen. Berlin
Bull, H. P. (2006): Vom Staatsdiener zum öffentlichen Dienstleister. Zur Zukunft des Dienstrechts. Berlin
Bunn, R. F. (1984): Employers associations in the Federal Republic of Germany. In: Windmuller, J. P./Gladstone, A. (eds.): Employers associations and industrial relations. Oxford, S. 169–201

Casale, G./Tenkorang, J. (2008): Public service labour relations: A comparative overview. Geneva
Casale, G./Sivanenthiran, A. (2010): Fundamentals of labour administration. Geneva
Coleman, J. (1990): Foundations of Social Theory. Cambridge
Crouch, C. (1982): Trade unions: The logic of collective action. Glasgow
Czerwick, E. (2007): Die Ökonomisierung des öffentlichen Dienstes. Dienstrechtsreformen und Beschäftigungsstrukturen seit 1991. Wiesbaden
Czerwick, E. (2008): Flexibilisierung der Beschäftigungsstrukturen im öffentlichen Dienst. In: Der öffentliche Dienst. Personalmanagement und Recht, Jg. 61/Heft 3, S. 49–58
Damkowski, W./Precht, C. (1999): Public management – neuere Steuerungskonzepte für den öffentlichen Sektor. Stuttgart
Deckwirth, C. (2008): Der Erfolg der global player: Liberalisierung und Privatisierung in der Bundesrepublik Deutschland. In: Bieling, H.-J./Deckwirth, C./Schmalz, S. (Hg.): Liberalisierung und Privatisierung in Europa. Die Reorganisation der öffentlichen Infrastruktur in der Europäischen Union. Münster, S. 64–95
Dell'Aringa, C./Murlis, J. (1993): Agenda for the future public sector pay policies in the 1990s. In: OECD (ed.): Pay flexibility in the public sector, Paris, S. 43–77
Dell'Aringa, C./Della Rocca, G./Keller, B. (eds.) (2001): Strategic choices in reforming public service employment. An international handbook. Houndmills, New York
Demmke, C. (2006): Europäisierung der Personalpolitiken in Europa. Die öffentlichen Dienste zwischen Tradition, Modernisierung und Vielfalt. In: Bogumil, J./Jann, W./Nullmeier, F. (Hg.): Politik und Verwaltung. Wiesbaden, S. 373–396
Demmke, C. (2009): Leistungsbezahlung in den öffentlichen Diensten der EU-Mitgliedstaaten – Eine Reformbaustelle. In: der moderne staat – Zeitschrift für Public Policy, Recht und Management, Jg. 2/Heft 1, S. 53–71
Derlien, H.-U. (2008a): The German public service: between tradition and transformation. In: Derlien, H.-U./Peters, B.G. (Hg.): The state at work, Volume 1: Public sector employment in ten western countries. Cheltenham, Northhampton, S. 170–195
Derlien, H.-W. (2008b): Conclusion. In: Derlien, H.-U./Peters, B. G. (eds.): The state at work, Volume 1: Public sector employment in ten western countries. Cheltenham, Northhampton, S. 283–291
Derlien, H.-U./Frank, S. (2004): Öffentlicher Dienst und Gewerkschaftssystem im Wandel. In: Die Verwaltung, Jg. 37/Heft 3, S. 295–326
Deutscher Bundestag, 6. Wahlperiode (1972): Gutachten Nr.141561 der Deutschen Revisions- und Treuhand-Aktiengesellschaft Treuarbeit zur Frage eines Besoldungsrückstandes. Bonn
DBB und Tarifunion (2009): Zahlen, Daten, Fakten. Berlin
DGB-Bundesvorstand, Bereich Öffentlicher Dienst und Beamte (2010): Wissenswertes für Beamtinnen und Beamte. Ausgabe 2010/2011. Berlin
DGB-Bundesvorstand (2010): Beschlüsse 19. Bundeskongress (Internet http://www.dgb.de/++co++3d349ab2-5847-11df-7067-00188b4dc422; zuletzt aufgesucht am 03.09.2010)

Dickens, L./Bordogna, L. (eds.) (2008): Symposium ‚Regulating and resolving collective disputes in public services'. In: Journal of Industrial Relations, Vol. 50/No. 4, S. 539–645

DiPrete, T. A. (1989): The bureaucratic labor market: The case of the Federal Civil Service. New York

DIW (1998): Öffentlicher Dienst: Starker Personalabbau trotz moderater Tarifanhebungen. Entwicklungstendenzen in den neunziger Jahren. In: DIW-Wochenbericht, Jg. 1998/Heft 5, S. 8–97

Dörr, W. (2009): Mitbestimmung im öffentlichen Dienst. In: Czerwick, E./Lorig, W. H./Treutner, E. (Hg.): Die öffentliche Verwaltung in der Demokratie der Bundesrepublik Deutschland, Wiesbaden, S. 113–131

Dribbusch, H. (2003): Public sector employers' bargaining association collapses (Internet: http://www.eiro.eurofound.ie/2003/06/inbrief/de0306202n.html; zuletzt aufgesucht am 26.02.2010)

Dribbusch, H. (2006): Doctor's strike ends in new collective agreement (http://www.eiro.eurofound.ie/2006/07/articles/de0607019i.html; zuletzt aufgesucht am 26.02.2010)

Dribbusch, H./Schulten, T. (2007): The end of an era: Structural changes in German public sector collective bargaining. In: Leisink, P./Steijn, B./Veersma, U. (eds.): Industrial relations in the new Europe. Enlargement, integration and reform. Cheltenham, S. 155–176

Ebbinghaus, B. (2003): Die Mitgliederentwicklung deutscher Gewerkschaften im historischen und internationalen Vergleich. In: Schroeder et al. 2003, S. 174–203

Eliassen, K. A./Sitter, N. (2008): Understanding public management. Los Angeles

Ellguth, P./Kohaut, S. (2005): Tarifbindung und betriebliche Interessenvertretung: Aktuelle Ergebnisse aus dem IAB-Betriebspanel. In: WSI-Mitteilungen, Jg. 58/Heft 7, S. 398–403

Ellguth, P./Kohaut, S. (2007): Tarifbindung und betriebliche Interessenvertretung: Aktuelle Ergebnisse aus dem IAB-Betriebspanel 2006. In: WSI-Mitteilungen, Jg. 60/Heft 9, S. 511–514

Ellguth, P./Kohaut, S. (2010): Tarifbindung und betriebliche Interessenvertretung: Aktuelle Ergebnisse aus dem IAB-Betriebspanel. In: WSI-Mitteilungen, Jg. 63/Heft 4, S. 204–209

Ellwein, T. (1980): Gewerkschaften und öffentlicher Dienst. Zur Entwicklung der Beamtenpolitik des DGB. Opladen

Ellwein, T./Zoll, R. (1973): Berufsbeamtentum – Anspruch und Wirklichkeit: Zur Entwicklung und Problematik des öffentlichen Dienstes. Düsseldorf

Esser, H. (1999): Soziologie. Allgemeine Grundlagen (3. Aufl.). Frankfurt/M., New York

Esser, J. (1998): Privatisation in Germany. Symbolism in the social market economy. In: Parker, D. (ed.): Privatisation in the European Union. Theory and policy perspectives. London; New York, S. 101–122

European Foundation for the Improvement of Living and Working Conditions (2010): Current restructuring developments in local government. Background paper. Dublin

Färber, G. (1996): Projektion der Personalausgaben im öffentlichen Dienst. Empfehlungen und Konsequenzen. In: Görner, R. (Hg.): Beamtenversorgung. Daten, Fakten, Perspektiven. Düsseldorf, S. 18–41

Färber, G. (1997): Zur Entwicklung der Personal- und Versorgungsausgaben im öffentlichen Dienst. In: WSI-Mitteilungen, Jg. 50/Heft 6, S. 426–433

Färber, G. (2010): „Nachhaltige Finanzierung der Beamtenversorgung". Entwurf des Forschungsberichts zum Projekt. Manuskript. Speyer

Franz, W. (2009): Arbeitsmarktökonomik (7. vollst. überarb. Aufl.).Berlin, Heidelberg

Giesecke, J./Groß, M. (2006): Befristete Beschäftigung, In: WSI-Mitteilungen, Jg. 59/ Heft 3, S. 247–254

Gladstone, A. (1984): Employers associations in comparative perspective: Functions and activities. In: Windmuller, J. P./Gladstone, A. (eds.): Employers associations and industrial relations. Oxford, S. 24–43

Gladstone, A./Lansbury, R./Stieber; J./Treu, T./Weiss, M. (eds.) (1989): Current issues in labour relations: An international perspective. Berlin

Gottschall, K. (2009): Der Staat und seine Diener: Metamorphosen eines wohlfahrtsstaatlichen Beschäftigungsmodells. In: Obinger, H./Rieger, E. (Hg.): Wohlfahrtsstaatlichkeit in entwickelten Demokratien. Herausforderungen, Reformen und Perspektiven. Festschrift für Stephan Leibfried. Frankfurt/M., New York, S. 461–491

Grone-Weber, S. (2004): Dezentralisierung braucht den Rahmen eines Gesamtreformkonzeptes. In: Koch, R./Conrad, P. (Hg.): Verändertes Denken – bessere öffentliche Dienste. Wiesbaden, S. 225–236

Hamann, K./Kelly, J. (2008): Varieties of capitalism and industrial relations. In: Heery, E./Bacon, N./Blyton, P./Fiorito, J. (eds.): The SAGE handbook of industrial relations. London, S. 129–148

Hall, P. A./ Soskice, D. (2001): Varieties of capitalism. The institutional foundations of comparative advantage. Oxford

Hans-Böckler-Stiftung (Hg.) (2010): Tarifpolitischer Halbjahresbericht. Eine Zwischenbilanz der Lohn- und Gehaltsrunde 2010 (Internet: www.boeckler.de/pdf/ p_ta_hjb_2010.pdf; zuletzt aufgesucht am 03.09.2010)

Hebdon, R./Kirkpatrick, I. (2005): Changes in the organization of public services and their effects on employment relations. In: Ackroyd, S. /Batt, R./Thompson, P./ Tolbert, P.S. (eds.): The Oxford handbook of work and organization. Oxford, S. 531–553

Henneberger, F. (1997): Arbeitsmärkte und Beschäftigung im öffentlichen Dienst. Eine theoretische und empirische Analyse für die Bundesrepublik Deutschland. Bern

Henneberger, F. (2004): Studien zum Arbeitsmarkt. Bern, Stuttgart, Wien

Henneberger, F./Keller, B. (1992): Beschäftigung und Arbeitsbeziehungen im öffentlichen Dienst der neuen Bundesländer. In: Eichener, V./Kleinfeld, R./Pollack, D./Schmid, J./Schubert, K./Voelzkow, H. (Hg.): Organisierte Interessen in Ostdeutschland. Marburg, S. 175–194

Henneberger, F./Sudjana, S. (2005): Kollektivrechtliche Situation des Personals im öffentlichen Dienst der Schweiz. In: Der Personalrat, Jg. 48/Heft 12, S. 475–480

Hils, S./Streb, S. (2010): Vom Staatsdiener zum Dienstleister? Veränderungen öffentlicher Beschäftigungssysteme in Deutschland, Großbritannien, Frankreich und Schweden, SFB 597 „Staatlichkeit im Wandel", No. 111. Bremen, Oldenburg

Hirschman, A. O. (1974): Abwanderung und Widerspruch. Reaktionen auf Leistungsabfall bei Unternehmungen, Organisationen und Staaten. Tübingen

Hohendanner, Chr. (2010): Befristete Arbeitsverträge zwischen Auf- und Abschwung? Unsichere Zeiten, unsichere Verträge? IAB-Kurzbericht 14/2010. Nürnberg

Hyman, R. (2008): The state in industrial relations. In: Blyton, P./Bacon, N./Fiorito, J./Heery, E. (eds.): The SAGE handbook of industrial relations. London, S. 258–284

Ifo Institut (2004): Sieben Wahrheiten über Beamte. ifo Standpunkt Nr. 56. München

IWD (Hg.) (1998): Ostdeutschland. Fette Zeiten sind vorbei. In: Informationsdienst des Instituts der deutschen Wirtschaft, Jg. 24/Heft 16, S. 6–7

Jacobi, O. (2003): Renewal of the collective bargaining system? In: Müller-Jentsch, W./Weitbrecht, H.-J. (eds.): The changing contours of German industrial relations. München, Mering, S. 15–38

Jacobi, O./Keller, B. (Hg.) (1997): Arbeitsbeziehungen im öffentlichen Dienst Europas. Interessenvertretung und Mitbestimmung in der EU. Berlin

Jörges-Süß, K. (2007): Leistungsbezogene Bezahlung in der Öffentlichen Verwaltung. Eine neoinstutionalistisch-historische Analyse. München, Mering

Kammradt, N. (2009): Zur Besoldungsentwicklung in Bund und Ländern. Unterschiede nehmen zu. In: Die Personalvertretung, Jg. 52/Heft 5, S. 104–106

Katz, H./Kochan, T./Colvin, A. J. S. (2008): An introduction to collective bargaining and industrial relations (4th ed.). Boston

Keller, B. (1983): Arbeitsbeziehungen im öffentlichen Dienst. Tarifpolitik der Gewerkschaften und Interessenpolitik der Beamtenverbände. Frankfurt/M., New York

Keller, B. (1990): Die Zentralisierung des föderalistischen Besoldungsrechts. In: Die Personalvertretung, Jg. 33/Heft 4, S. 306–311

Keller, B. (1993a): Arbeitspolitik des öffentlichen Sektors. Baden-Baden

Keller, B. (1993b): Kontinuität statt Wandel. Zur Organisation der Erwerbsarbeit im öffentlichen Dienst. In: Strümpel, B./Dierkes, M. (Hg.): Innovation und Beharrung in der Arbeitspolitik. Stuttgart, S. 121–151

Keller, B. (1999): Germany. Negotiated change, modernization and the challenge of unification. In: Bach, S./Bordogna, L./Della Rocca, G./Winchester, D. (Hg.): Public service employment relations in Europe. Transformation, modernization or inertia? London, S. 56–93

Keller, B. (2001): Ver.di: Triumphmarsch oder Gefangenenchor? Neustrukturierung der Interessenvertretung im Dienstleistungssektor. Hamburg

Keller, B. (2002): Ver.di: Von der Industrie- zur Multibranchengewerkschaft. In: Klinkhammer, H. (Hg.): Personalstrategie. Personalmanagement als Business Partner. Neuwied, Kriftel, S. 282–306

Keller, B. (2004): Multibranchengewerkschaft als Erfolgsmodell? Zusammenschlüsse als organisatorisches Novum – das Beispiel ver.di. Hamburg

Keller, B. (2006): Aktuelle Entwicklungen der Beschäftigungsbeziehungen im öffentlichen Dienst. In: Die Verwaltung. Zeitschrift für Verwaltungsrecht und Verwaltungswissenschaften, Jg. 39/Heft 1, S. 79–99

Keller, B. (2007): Wandel der Arbeitsbeziehungen im öffentlichen Dienst: Entwicklungen und Perspektiven. In: Die Verwaltung. Zeitschrift für Verwaltungsrecht und Verwaltungswissenschaften, Jg. 40/Heft 2, 173–202

Keller, B. (2008a): Einführung in die Arbeitspolitik. Arbeitsbeziehungen und Arbeitsmarkt in sozialwissenschaftlicher Perspektive (7. völlig überarb. Aufl.). München, Wien

Keller, B. (2008b): Berufsverbände, Tarifautonomie und das System der Interessenvertretung. In: Leviathan. Berliner Zeitschrift für Sozialwissenschaft, Jg. 36/Heft 3, S. 364–390

Keller, B. (2009): Berufs- und Spartengewerkschaften: Konsequenzen und Optionen. In: Sozialer Fortschritt, Jg. 59/Heft 6, S. 118–128

Keller, B. (2010): Arbeitgeberverbände des öffentlichen Sektors. In: Schroeder, W./Weßels, B. (Hg.): Handbuch Arbeitgeber- und Wirtschaftsverbände in Deutschland. Wiesbaden, S. 105–125

Keller, B./Due, J./Andersen (2001): Employers associations and unions in the public sector. In: Dell'Aringa, C./Della Rocca, G./Keller, B. (eds.): Strategic choices in reforming public service employment. An international handbook. Houndmills, New York, S. 71–96

Keller, B./Henneberger, F. (1999): Privatwirtschaft und öffentlicher Dienst: Parallelen und Differenzen in den Arbeitspolitiken. In: Müller-Jentsch, W. (Hg.): Konfliktpartnerschaft. Akteure und Institutionen der industriellen Beziehungen (3. überarb. u. erw. Aufl.). München, Mering, S. 233–256

Keller, B./Schnell, R. (2003): Zur empirischen Analyse von Personalräten – Strukturdaten und Probleme der Interessenvertretung. In: WSI-Mitteilungen, Jg. 56/Heft 3, S. 185–193

Keller, B./Schnell, R. (2005): Sozialstruktur und Problemfelder der Interessenvertretung im öffentlichen Dienst. Eine empirische Untersuchung von Personalräten in West- und Ostdeutschland. In: Berliner Journal für Soziologie, Jg. 15/Heft 2, S. 87–102

Keller, B./Seifert, H. (2007): Atypische Beschäftigungsverhältnisse. Flexibilität, soziale Sicherheit und Prekarität. In: Keller, B./Seifert, H. (Hg.): Atypische Beschäftigung – Flexibilisierung und soziale Risiken. Berlin, S. 11–25

Kempe, M. (2008): Beamtenbund und ver.di – eine Tarifpartnerschaft. In: Die Mitbestimmung, Jg. 54/Heft 4, S. 24–27

Killian, W./Schneider, K. (1998): Verwaltungsmodernisierung im Spiegel der Literatur. Eine Sammelrezension. In: Industrielle Beziehungen, Jg. 5/Heft 3, S. 340–354

Kirkpatrick, I./Hoque, K. (2005): The decentralisation of employment relations in the British public sector. In: Industrial Relations Journal, Jg. 36/Heft 2, S. 100–120

Kriete-Dodds, S. (2004): Beschäftigte der öffentlichen Arbeitgeber am 30. Juni 2003. In: Wirtschaft und Statistik, Jg. 56/Heft 9, S. 992–1000

Kriete-Dodds, S. (2005): Beschäftigte der öffentlichen Arbeitgeber am 30. Juni 2004. In: Wirtschaft und Statistik, Jg. 57/Heft 12, S. 1297–1308

Kroos, D./ Streb, S. /Hils, S. (2010): Are good competitors bad employers? Competition structures and their impact on public personnel policies. SFB 597 „Staatlichkeit im Wandel". Manuskript. Bremen, Oldenburg

Kuhlmann, S. (2008): Reforming local public services. Trends and effects in German and France. In: Public Management Review, Vol. 10/No. 5, S. 574–596

Kuhlmann, S./Bogumil, J./Grohs, S. (2008): Evaluating administrative modernization in German local governments: Success of failure of the „New Steering Model"?. In: Public Administration Review, Vol. 68/No. 5, S. 851–863

Kutzki, J. (2006): Die ‚Tariffamilie' des öffentlichen Dienstes wächst – der neue Tarifvertrag für die Länder (TV-L). In: Recht im Amt, Jg. 53/Heft 10, S. 193–201

Lansbury, R/Macdonald, D. K. (2001): Employment relations in the Australian public sector. In: Dell'Aringa, C./Della Rocca, G./Keller, B. (eds.): Strategic choices in reforming public service employment. An international handbook. Houndmills, New York, S. 216–242

Lindbeck, A./Snower, D. J. (1988): The Insider-Outsider-Theory of Employment and Unemployment. Cambridge

Lindbeck, A./Snower, D. J. (2001): Insiders versus outsiders. In: Journal of Economic Perspective, Vol. 15/No. 2, S. 165–188

Lindecke, C. (2005): Geschlechterpolitik im Betrieb. In: WSI-Mitteilungen Jg. 58/Heft 6, S. 322–328

Lörcher, K. (2009): Das Menschenrecht auf Kollektivverhandlung und Streik – auch für Beamte. In: Arbeit und Recht Jg. 57/Heft 7–8, S. 229–241

Luz, F. (2008): Partielle Kooperation statt Fusion? Zur Entwicklung der Gewerkschaft Erziehung und Wissenschaft und des ver.di-Fachbereichs Bildung, Wissenschaft und Forschung nach dem gescheiterten Integrationsversuch. Eine vergleichende Studie. Diplomarbeit im Fach Verwaltungswissenschaft, Universität Konstanz

Macher, J. T./Richmann, B. D. (2008): Transaction cost economics: An assessment of empirical research in the social sciences. In: Business and Politics, Vol. 20/No. 1, S. 1–63

McPherson, W. H. (1971): Public employee relations in West Germany. Ann Arbor

Marsden, D. (1993): Reforming public sector pay. In: OECD (Hg.): Pay flexibility in the public sector. Paris, S. 19–41

Marsden, D. (1997): Public service pay reform in European countries. In: Transfer. European Review of Labour and Research, Vol. 3/No. 1, S. 62–85

Martin, B. (1993): In the public interest? Privatisation and public sector reform. London

Masters, M. F./Gibney, R./Shevchuk, I./Zagenczyk, T. (2008): The state as employer. In: Blyton, P./Bacon, N./Fiorito, J./Heery, E. (eds.): The SAGE handbook of industrial relations. London, Thousands Oaks, S. 305–324

Matiaske, W./Holtmann, D. (Hg.) (2007): Leistungsvergütung im öffentlichen Dienst. München, Mering

Meerkamp, A. (2008): Neue Gestaltung des Tarifrechts im öffentlichen Dienst. In: Bispinck, R. (Hg.): Verteilungskämpfe und Modernisierung. Aktuelle Entwicklungen in der Tarifpolitik. Hamburg, S. 109–122

Mitchell, D. J. B. (1994): A decade of concession bargaining. In: Kerr, C./Staudohar, P. D. (eds.): Labor economics and labor relations. Cambridge, S. 435–474

Morgan, P./Allington, N./Heery, E. (2000): Employment insecurity in the public services. In: Heery, E./Salmon, J. (eds.): The insecure workforce. London, New York, S. 78–111

Müller-Jentsch, W. (1997): Soziologie der industriellen Beziehungen. Eine Einführung (2., überarb. u. erw. Aufl.). Frankfurt/M., New York

Naschold, F./Bogumil, J. (2000): Modernisierung des Staates. New Public Management in deutscher und internationaler Perspektive (2. völlig überarb. Aufl.). Opladen

Nienhüser, W./Hoßfeld, H. (2004): Bewertung von Betriebsvereinbarungen durch Personalmanager. Eine empirische Studie. Frankfurt/M.

Nomden, K./Franham, D./Onnee-Abbruciati, M.-L. (2003): Colletive bargaining in public services. Some European comparisons. In: The International Journal of Public Sector Management, Vol. 16/No. 6, S. 412–423

OECD (1986): Flexibility in the labour market. The current debate. Paris

OECD (1993): Public management developments. Paris

OECD (1996): Pay reform in the public service. Initial impact on pay dispersion in Australia, Sweden and the United Kingdom. Paris

OECD (1997): Trends in public sector pay in OECD countries. Paris

OECD (2005): Performance-related pay policies for government employees. Paris

Oechsler, W. A. (2005a): Human Resource Management in der öffentlichen Verwaltung – Ansätze zur organisatorischen Umsetzung. In: Koch, R./Conrad, P. (Hg.): Verändertes Denken – bessere öffentliche Dienste. Wiesbaden, S. 133–151

Oechsler, W. A. (2005b): Der Tarifvertrag für den öffentlichen Dienst (TVöD) – eine Beurteilung aus personalwirtschaftlicher Sicht. In: ifo-Schnelldienst, Jg. 58/Heft 7, S. 8–11

Oeckl, A. (Hg.) (2010): Taschenbuch des Öffentlichen Lebens. Deutschland 2010, 59. Jg. Bonn

Offe, C. (1974): Politische Herrschaft und Klassenstrukturen. In: Widmaier, H. P. (Hg.): Politische Ökonomie des Wohlfahrtsstaates. Frankfurt/M., S. 264–276

Olsen, T. (Hg.) (1996): Industrial relations systems in the public sector in Europe. Oslo

Olson, M. (1968): Die Logik des kollektiven Handelns. Tübingen

Olson, M. (1982): The rise and decline of nations. Economic growth, stagflation, and social rigidities. New Haven

Olson, M. (1985): Aufstieg und Niedergang von Nationen. Ökonomisches Wachstum, Stagflation und soziale Starrheit. Tübingen

Oppen, M./Naschold, F./Wegener, A. (1997): Personal und Arbeitsorganisation im Modernisierungsprozess. In: Naschold, F./Oppen, M./Wegener, A. (Hg.): Innovative Kommunen. Internationale Trends und deutsche Erfahrungen. Stuttgart, S. 163–201

Ozaki, M. (1990): Labour relations in the public sector. In: Blanpain, R. (Hg.): Comparative labor law and industrial relations in industrialized market economies (4th rev. ed.). Deventer, S. 221–245

ÖTV (1997): Das Neue Steuerungsmodell der Kommunalen Gemeinschaftsstelle. Position der Gewerkschaft ÖTV. Stuttgart

Pechstein, M. (2006): Wie können die Länder ihre neuen beamtenrechtlichen Kompetenzen nutzen? In: Zeitschrift für Beamtenrecht, Jg. 54/Heft 9, S. 285–288

Pege, W. (2001): Rückzug aus der Fläche. Ausblick auf das Gewerkschaftsjahr 2001. In: Gewerkschaftsreport, Jg. 34/Heft 1, S. 3–19

Pollitt, C./van Thiel, S. /Homburg, V. (Hg.) (2007): New public management in Europe. Adaptation and alternatives. Basingstoke

Preis, U. (2008): Grünbuch und Flexicurity – auf dem Weg zu einem modernen Arbeitsrecht. In: Konzen, H./Krebber, S. / Raab, Th./Veit, B./ Waas, B. (Hg.): Festschrift für Rolf Birk zum siebzigsten Geburtstag, Tübingen, S. 625–642

Rampelt, J. (1979): Zur Organisations- und Entscheidungsstruktur in westdeutschen Unternehmerverbänden. Ein Literaturbericht. Berlin

Reichert, J./Stöbe, S./Wohlfahrt, N. (1995): Leistungsanreizsysteme im öffentlichen Dienst. Stand und Perspektiven der Einführung von Motivations- und Leistungsanreizen in der Kommunalverwaltung. Düsseldorf

Rieble, V./Klebeck, U. (2005): Tarifvertragliche Meistbegünstigung. In: Recht der Arbeit, Jg. 59/Heft 2, S. 65–77

Rosdücher, J. (1994): Kommunale Arbeitgeberverbände in den neuen Bundesländern. In: Zeitschrift für öffentliche und gemeinwirtschaftliche Unternehmen, Jg. 17/ Heft 8, S. 414–429

Rosdücher, J. (1997): Arbeitsplatzsicherheit durch Tarifvertrag: Strategien – Konzepte – Vereinbarungen. München, Mering

Rosdücher, J. (1998): Beschäftigungssicherung im öffentlichen Dienst der neuen Länder. In: Alemann et al. 1998, S. 225–239

Rose, J. (2004): Public sector bargaining. From retrenchment to consolidation. In: Relations Industrielles/Industrial Relations, Vol. 59/No. 2, S. 271–294

Rose, R. (Hg.) (1985): Public employment in Western nations. Cambridge

Schäfer, C. (2001): Die WSI-Befragung von Betriebs- und Personalräten 1999/2000 im Überblick. In: WSI-Mitteilungen, Jg. 54/Heft 2, S. 65–75

Schmidt, W./Müller, A./Trittel, N. (2010a): Der Konflikt um die Tarifreform des öffentlichen Dienstes. Projekt „Begleitforschung zur Entgeltreform im öffentlichen Dienst (mit Schwerpunkt Kommunen Nordrhein-Westfalens)". Forschungsinstitut für Arbeit, Technik und Kultur, Tübingen

Schmidt, W./Müller, A./Trittel, N. (2010b): Leistungsentgelt bekämpfen oder gestalten? Erste Befunde zur Umsetzung leistungsorientierter Bezahlung in den Kommunen. In: Sterkel, G./Ganser, P./Wiedemuth, J. (Hg.): Leistungspolitik neu denken. Erfahrungen – Stellschrauben – Strategien. Hamburg, S. 60–92

Schmitter, P. C./Streeck, W. (1981): The organization of business interests. A research design to study the associative action of business in the advanced industrial societies of Western Europe. Revised and extended version, August 1981. Discussion paper IIM/LMP 81-13. Berlin

Schnabel, C. (1998): Betriebliche Flexibilisierungsspielräume durch tarifvertragliche Öffnungsklauseln. In: Personal, Jg. 50/Heft 4, S. 160–164

Schnabel, C. (2007): Arbeitnehmervertretungen im öffentlichen Sektor: Bedeutung und (potenzielle) Effizienzwirkungen. In: Neumärker, K. J. B./Schnabel, C.

(Hg.): Ordnungspolitik für den öffentlichen Sektor. Festschrift für Cay Folkers. Marburg, S. 193–212

Schroeder, W. (2000): Das Modell Deutschland auf dem Prüfstand. Zur Entwicklung der industriellen Beziehungen in Ostdeutschland (1990–2000), Wiesbaden.

Schroeder, W./Weßels, B. (Hg.) (2003): Die Gewerkschaften in Politik und Gesellschaft der Bundesrepublik Deutschland. Ein Handbuch. Wiesbaden

Seibel, W./Benz, A./Mäding, H. (Hg.) (1993): Verwaltungsreform und Verwaltungspolitik im Prozess der deutschen Einigung. Baden-Baden

Sengenberger, W. (1987): Struktur und Funktionsweise von Arbeitsmärkten, Frankfurt/M., New York

Sesselmeier, W./Funk, L./Waas, B. (2010): Arbeitsmarkttheorien. Eine ökonomischjuristische Einführung (3., vollst. überarb. Aufl.). Heidelberg

Stamm, S./Busch, G. (2006): Politisch und moralisch gewonnen – materiell eine halbe Stunde verloren – Der Streik der Kommunalbeschäftigten in Baden-Württemberg. In: Sozialismus, Jg. 33/Heft 5, S. 39–44

Statistisches Bundesamt (2008): Atypische Beschäftigung auf dem deutschen Arbeitsmarkt. Begleitmaterial zum Pressegespräch am 9. September 2009 in Frankfurt/M., Wiesbaden

Statistisches Bundesamt (2010): Personal des öffentlichen Dienstes – Fachserie 14 Reihe 6 – 2008. Wiesbaden

Studienkommission für die Reform des öffentlichen Dienstrechts (1973): Bericht der Kommission. Baden-Baden

TdL (2008): Tarifgemeinschaft deutscher Länder. Satzung (http://www.tdl-online.de/satzung/default.asp)

Tepe, M. (2009): Public administration employment in 17 OECD nations from 1995 to 2005, REC-WP 12/2009. Edinburgh

Tepe, M./Gottschall, K./Kittel, B. (2008): Marktwirtschaftsmodelle und öffentliche Beschäftigungsregimes in der OECD. In: der moderne staat, Jg. 1/Heft 2, S. 377–397

Tepe, M./Kroos, D. (2010): Lukrativer Staatsdienst? Lohndifferenzen zwischen öffentlichem Dienst und Privatwirtschaft. In: WSI-Mitteilungen, Jg. 63/Heft 1, S. 3–10

Terry, M. (Hg.) (2000): Redefining public sector unionism. UNISON and the future of trade unions. London, New York

Thompson, M. (2001): Canadian public sector employment. In: Dell'Aringa, C./Della Rocca, G./Keller, B. (eds.): Strategic choices in reforming public service employment. An international handbook. Houndmills, New York, S. 127–154

Tondorf, K. (1995): Beschäftigungssicherung in ostdeutschen Kommunalverwaltungen – Probleme einer neuen Tarifpolitik im öffentlichen Dienst. In: Industrielle Beziehungen, Jg. 2/Heft 2, S. 180–202

Tondorf, K. (1997): Leistung und Entgelt im öffentlichen Dienst. Rechtliche Grundlagen und Handlungsmöglichkeiten. Köln

Tondorf, K./Jochmann-Döll, A. (2004): Monetäre Leistungsanreize im öffentlichen Sektor. In WSI-Mitteilungen, Jg. 57/Heft 8, S. 428–434

Tondorf, K. (2008): Neue Entgeltordnung und Leistungsentgelt. In: Bispinck, R. (Hg.): Verteilungskämpfe und Modernisierung: Aktuelle Entwicklungen in der Tarifpolitik. Hamburg, S. 123–135

Traxler, F. (1980): Unternehmerverbände und Gewerkschaften: Bedingungen kollektiver Handlungsfähigkeit. In: Journal für Sozialforschung, Jg. 20/Heft 1, S. 7–25

Traxler, F. (1985): Arbeitgeberverbände. In: Endruweit, G./Gaugler, E./Staehle, W. H./Wilpert, B. (Hg.): Handbuch der Arbeitsbeziehungen. Deutschland, Österreich, Schweiz. Berlin, New York, S. 51–64

Traxler, F. (1996): Collective bargaining and industrial change: A case of disorganization? A comparative analysis of eighteen OECD countries. In: European Sociological Review, Vol. 12/No. 3, S. 271–287

Traxler, F. (1997): Der Flächentarifvertrag in der OECD. Entwicklung, Bestandsbedingungen und Effekte. In: Industrielle Beziehungen, Jg. 4/Heft 2, S. 101–124

Traxler, F. (1998a): Der Staat in den Arbeitsbeziehungen. Entwicklungstendenzen und ökonomische Effekte im internationalen Vergleich. In: Politische Vierteljahresschrift, Jg. 39/Heft 2, S. 235–260

Traxler, F. (1998b): Collective bargaining in the OECD: Developments, preconditions and effects. In: European Journal of Industrial Relations, Vol. 4/No. 2, S. 207–226

Traxler, F. (1999): Gewerkschaften und Arbeitgeberverbände: Probleme der Verbandsbildung und Interessenvereinheitlichung. In: Müller-Jentsch, W. (Hg.): Konfliktpartnerschaft. Akteure und Institutionen der industriellen Beziehungen (3. überarb. und erw. Aufl.). München, Mering, S. 57–77

Traxler, F./Blaschke, S./Kittel, B. (2001): National labor relations in internationlized markets. A comparative analysis of institutions, change and performance. Oxford

Treu, T. (Hg.) (1987): Public service labor relations: Recent trends and future prospects. Geneva

Treu, T. (1997): Human resource policy and industrial relations: The Italian experience. In: Heidack, C. (Hg.): Arbeitsstrukturen im Umbruch. Festschrift für Prof. Dr. Dr. h.c. Friedrich Fürstenberg (2. verb. u. erw. Aufl.). München, Mering, S. 251–272

Trittel, N./Schmidt, W./Müller, A./Meyer, T. (2010): Leistungsentgelt in den Kommunen. Typologie und Analyse von Dienst- und Betriebsvereinbarungen. Berlin

VKA (2003): 2003 der Vereinigung der kommunalen Arbeitgeberverbände (VKA) (Stand: 1. Januar 2003). Köln

Vesper, E./Feiter, M. (2008): „LOB" bewirkt mehr als Tadel! – Leistungsorientierte Bezahlung nach einem Jahr TVöD. In: Zeitschrift für Tarifrecht, Jg. 22/Heft 1, S. 2–17

Visser, J. (2010): The first decade: Variations and trends in European industrial relations. In: European Commission, Industrial relations in Europe 2010. Brussels (im Erscheinen)

Waddington, J. (Hg.) (2005): Restructuring representation. The merger process and trade union structural development in ten countries. Brussels

Walton, R. E./McKersie, R. B. (1991): A behavioral theory of labor negotiations. An analysis of a social interaction system (2nd ed.). New York

Weitbrecht, H. (1969): Effektivität und Legitimität der Tarifautonomie. Berlin

Weitbrecht, H. (1973): Wirkung und Verfahren der Tarifautonomie. Ein soziologischer Vergleich zum Konflikt der Tarifpartner in Wirtschaft und öffentlichem Dienst. Baden-Baden

Wendl, M. (1998): Konkurrenz erzwingt Absenkung. Die Erosion der Flächentarifverträge des öffentlichen Dienstes am Beispiel des Personennahverkehrs. In: König, O./Stamm, S. /Wendl, M. (Hg.): Erosion oder Erneuerung? Krise und Reform des Flächentarifvertrags. Hamburg, S. 100–115

Wendl, M. (2002): Jenseits des Tarifgitters. Krise und Erosion des Flächentarifvertrags in Deutschland. In: PROKLA. Zeitschrift für kritische Sozialwissenschaft, Jg. 32/ Heft 4, S. 537–555

Wendl, M. (2004): Brüning light. Tarifpolitik im Öffentlichen Dienst. In: Sozialismus, Jg. 31/Heft 1, S. 27–31

Wendl, M. (2005): Öffentlicher Dienst: Abschied vom einheitlichen Entgeltniveau. In: Sozialismus, Jg. 32/Heft 2, S. 40–43

Williamson, O. E. (1985): The economic institutions of capitalism. Firms, markets, relational contracting. New York, London

Williamson, O. E. (1996): The mechanisms of governance. Oxford

Windmuller, J. P. (1984): Employers associations in comparative perspective: organization, structure, administration. In: Windmuller, J. P./Gladstone, A. (eds.): Employers associations and industrial relations. Oxford, S. 1–23

Windmuller, J. P. (1987): Comparative study of methods and practices. In: ILO (ed.): Collective bargaining in industrialised market economies. A reappraisal. Geneva, S. 3–160

Wise, L. R. (1996): Internal labor markets. In: Bekke, H. G./James L./Toonen, T. A. J. (eds.): Civil service system in comparative perspective. Indiana, S. 100–118

WSI-Tarifarchiv (2009): Öffentlicher Dienst: Unterdurchschnittlicher Anstieg der Tarifverdienste (Internet: http://www.boeckler.de/320_102228.html; zuletzt aufgesucht am 26.02.2010)

Abkürzungsverzeichnis

Abs.	Absatz
AG	Aktiengesellschaft
Art.	Artikel
BAG	Bundesarbeitsgericht
BAT	Bundesangestelltentarifvertrag
BBG	Bundesbeamtengesetz
BDA	Bundesvereinigung der Deutschen Arbeitgeberverbände
BDF	Bund Deutscher Forstleute
BDI	Bundesverband der Deutschen Industrie
BDR	Bund Deutscher Rechtspfleger
BDZ	BDZ – Deutsche Zoll- und Finanzgewerkschaft
BetrVG	Betriebsverfassungsgesetz
bgv	Bundespolizeigewerkschaft
BLBS	Bundesverband der Lehrerinnen und Lehrer an beruflichen Schulen
BMF	Bundesministerium der Finanzen/Bundesminister der Finanzen
BMI	Bundesministerium des Innern/Bundesminister des Innern
BMT-G	Bundes-Manteltarifvertrag für Gemeindearbeiter
BPersVG	Bundespersonalvertretungsgesetz
BRH	Seniorenverband BRH – Bund der Ruhestandsbeamten, Rentner und Hinterbliebenen
BRRG	Beamtenrechtsrahmengesetz
BSBD	Bund der Strafvollzugsbediensteten Deutschlands
BTB	Gewerkschaft Technik und Naturwissenschaft
BTE	Gewerkschaft Mess- und Eichwesen
BVÖGD	Bundesverband der Ärztinnen und Ärzte des öffentlichen Gesundheitsdienstes
bzw.	beziehungsweise
ca.	circa
DAAV	Deutscher Amtsanwaltsverein
DAG	Deutsche Angestelltengewerkschaft
DBB	Deutscher Beamtenbund – dbb beamtenbund und tarifunion
DBSH	Deutscher Berufsverband für Soziale Arbeit
DDR	Deutsche Demokratische Republik
DGB	Deutscher Gewerkschaftsbund
DGVB	Deutscher Gerichtsvollzieherbund
d.h.	das heißt
div.	diverse
DIW	Deutsches Institut für Wirtschaftsforschung
DJG	Deutsche Justiz-Gewerkschaft
DPG	Deutsche Postgewerkschaft
DPhV	Deutscher Philologenverband
DPolG	Deutsche Polizeigewerkschaft
DPVKOM	Kommunikationsgewerkschaft DPV
DSTG	Deutsche Steuer-Gewerkschaft

DVG	Deutsche Verwaltungs-Gewerkschaft
ebd.	ebenda
einschl.	einschließlich
EntgeltO	Entgeltordnung
ERA	Entgeltrahmentarifvertrag
et al.	et alii (und andere)
EU	Europäische Union
f.	folgende (Singular)
ff.	folgende (Plural)
FWSV	Fachverband Wasser- und Schifffahrtsverwaltung
GDBA	Verkehrsgewerkschaft GDBA (vormals Gewerkschaft Deutscher Bundesbahnbeamten und Anwärter)
GdED	Gewerkschaft der Eisenbahner Deutschlands
GdF	Gewerkschaft der Flugsicherung
GDL	Gewerkschaft Deutscher Lokomotivführer
GdP	Gewerkschaft der Polizei
GdS	Gewerkschaft der Sozialversicherung
GdV	Gewerkschaft der Sozialverwaltung
GEW	Gewerkschaft Erziehung und Wissenschaft
Gew.	Gewerkschaft
ggf.	gegebenenfalls
GG	Grundgesetz für die Bundesrepublik Deutschland
GGVöD	Gemeinschaft der Gewerkschaften und Verbände des öffentlichen Dienstes
HBV	Gewerkschaft Handel, Banken, Versicherungen
HRG	Hochschulrahmengesetz
Hg.	Herausgeber
IG BAU	Industriegewerkschaft Bauen, Agrar, Umwelt
IG BCE	Industriegewerkschaft Bergbau, Chemie, Energie
IG Medien	Industriegewerkschaft Medien – Druck und Papier, Publizistik und Kunst
IG Metall	Industriegewerkschaft Metall
IT	Informationstechnologie
KAV	Kommunale Arbeitgeberverbände der Länder
Kap.	Kapitel
KEG	Katholische Erziehergemeinschaft
KiTa(s)	Kindertagesstätte(n)
k.w.	künftig wegfallend
LAG	Landesarbeitsgericht
M.a.W.	mit anderen Worten
MB	Marburger Bund
Mio.	Million(en)
MTArb	Metalltarifvertrag Arbeiter
MTB	Manteltarifvertrag für die Arbeiter des Bundes
MTL	Manteltarifvertrag für die Arbeiter der Länder
NPM	New Public Management
Nr.	Nummer

OECD	Organisation für wirtschaftliche Zusammenarbeit und Entwicklung
ÖD	öffentlicher Dienst
ÖTV	Gewerkschaft Öffentliche Dienste, Transport und Verkehr
OT	ohne Tarifbindung
S.	Seite
SPD	Sozialdemokratische Partei Deutschlands
TdL	Tarifgemeinschaft deutscher Länder
Tsd.	tausend
TV	Tarifvertrag
TV-L	Tarifvertrag für den öffentlichen Dienst der Länder
TVöD	Tarifvertrag für den öffentlichen Dienst
TzBfG	Teilzeit- und Befristungsgesetz
u.a.	unter anderem
UFO	Unabhängige Flugbegleiterorganisation
USA	Vereinigte Staaten von Amerika
VAB	Verband der Arbeitnehmer der Bundeswehr
VBB	Verband der Beamten der Bundeswehr
vbba	vereinigung der beschäftigten der berufs- und arbeitsmarktdienstleister (Eigenschreibweise)
VBE	Verband Bildung und Erziehung
VBGR	Verband der Beschäftigten des gewerblichen Rechtsschutzes
VBOB	Verband der Beschäftigten der obersten und oberen Bundesbehörden
VdB	Bundesbankgewerkschaft
VC	Vereinigung Cockpit
VDL	Berufsverband Agrar, Ernährung, Umwelt
VDR	Verband Deutscher Realschullehrer
VDStra.	Fachgewerkschaft der Straßen- und Verkehrsbeschäftigten
ver.di	Vereinte Dienstleistungsgewerkschaft
vgl.	vergleiche
VHW	Verband Hochschule und Wissenschaft
VKA	Vereinigung der kommunalen Arbeitgeberverbände
VLW	Bundesverband der Lehrer an Wirtschaftsschulen
VRB	Verein der Rechtspfleger im Bundesdienst
VRFF	Mediengewerkschaft Vereinigung der Rundfunk-, Film- und Fernsehschaffenden
WissZeitVG	Wissenschaftszeitvertragsgesetz
WSI	Wirtschafts- und Sozialwissenschaftliches Institut der Hans-Böckler-Stiftung
z.B.	zum Beispiel
z.T.	zum Teil

Verzeichnis der Abbildung und Tabellen

Abbildung

Abb. 1: Tarifentwicklung 2000–2009 in ausgewählten Branchen — 27

Tabellen

Tab. 1: Entwicklung der Beschäftigtenzahlen nach dem Beschäftigungsverhältnis 1960–1990 — 21

Tab. 2: Entwicklung der Beschäftigtenzahlen nach dem Beschäftigungsverhältnis 1991–2009 — 23

Tab. 3: Entwicklung der Personalausgaben bei Bund, Ländern und Gemeinden 1970–2006 — 29

Tab. 4: Entwicklung der Teilzeitbeschäftigung 1960–2009 — 34

Tab. 5: Mitgliederentwicklung der ver.di Mitgliedsgewerkschaften 1990-2000 — 70

Tab. 6: Entwicklung der Mitgliederzahlen von ver.di 2001–2009 — 71

Tab. 7: Mitglieder der DGB-Gewerkschaften, insbes. Beamte — 72

Tab. 8: Mitgliederentwicklung GEW nach Statusgruppen 1994–2009 — 73

Tab. 9: Mitgliederzahlen und Organisationsgrade von Berufsverbänden — 76

Tab. 10: Mitgliederzahlen der DBB-Mitgliedsverbände — 80

Tab. 11: Mitgliederentwicklung des DBB nach Statusgruppen 1990–2009 — 82

Tab. 12: Mitgliederentwicklung des DGB nach Statusgruppen 1990–2009 — 83

Tab. 13: Deckungsraten nach Branchen — 91

Tab. 14: Gegenüberstellung neues und altes Tarifrecht — 101

Tab. 15: Entwicklung der tariflichen wöchentlichen Arbeitszeiten — 111

Tab. 16: Index der wöchentlichen Arbeitszeiten — 112

Tab. 17: Beamtenrechtliche Beteiligung im Vergleich — 127

Ebenfalls bei edition sigma – eine Auswahl

Aktuelle Sonderbände in dieser Reihe – eine Auswahl:

Nele Trittel, Werner Schmidt, Andrea Müller, Thomas Meyer
Leistungsentgelt in den Kommunen
Typologie und Analyse von Dienst- und Betriebsvereinbarungen
2010   142 S.   ISBN 978-3-8360-7285-4   € 12,90

Jörg Bogumil, Rolf Heinze (Hg.)
Neue Steuerung von Hochschulen
Eine Zwischenbilanz
2009   166 S.   ISBN 978-3-8360-7284-7   € 15,90

Volker Hielscher, Peter Ochs
Arbeitslose als Kunden?
Beratungsgespräche in der Arbeitsvermittlung zwischen Druck und Dialog
2009   153 S.   ISBN 978-3-8360-7282-3   € 14,90

Aktuelle Standardbände in dieser Reihe – eine Auswahl:

Jochen Franzke, Heinz Kleger
Bürgerhaushalte
Chancen und Grenzen
2010   99 S.   ISBN 978-3-8360- 7236-6   € 8,90

Elke Wiechmann, Leo Kißler
Kommunale Demographiepolitik
Antworten auf den sozio-demographischen Wandel in den Rathäusern
2010   91 S.   ISBN 978-3-8360- 7237-3   € 8,90

Tobias Bach, Julia Fleischer, Thurid Hustedt
Organisation und Steuerung zentralstaatlicher Behörden
Agenturen im westeuropäischen Vergleich
2010   95 S.   ISBN 978-3-8360- 7234-2   € 8,90

Lars Holtkamp
Kommunale Haushaltspolitik bei leeren Kassen
Bestandsaufnahme, Konsolidierungsstrategien, Handlungsoptionen
2010   95 S.   ISBN 978-3-8360- 7233-5   € 8,90

edition sigma	Tel. [030] 623 23 63	www.
Karl-Marx-Str. 17	Fax [030] 623 93 93	**edition-sigma.de**
D-12043 Berlin	verlag@edition-sigma.de	